中国管理思想精粹

【第二辑】"（朝）代"系列 吴

# 隋唐管理思想

On the Management Thoughts during Sui and Tang Dynasty

（第二版）

龚 贤 著

**图书在版编目(CIP)数据**

隋唐管理思想/龚贤著．—2 版．—北京：经济管理出版社，2017．2

ISBN 978－7－5096－4989－3

Ⅰ．①隋… Ⅱ．①龚… Ⅲ．①管理学－思想史－研究－中国－隋唐时代 Ⅳ．①C93-092

中国版本图书馆 CIP 数据核字(2017)第 043530 号

出版发行：经济管理出版社

北京市海淀区北蜂窝 8 号中雅大厦 11 层

电话：(010)51915602　　邮编：100038

印刷：玉田县昊达印刷有限公司　　经销：新华书店

组稿编辑：杜　菲　　责任编辑：杜　菲

责任印制：黄　铄　　责任校对：陈　颖

720mm×1000mm/16　　16．5 印张　　298 千字

2017 年 2 月第 1 版　　2017 年 2 月第 1 次印刷

定价：88．00 元

书号：ISBN 978－7－5096－4989－3

# 目　录

# CATALOGUE

# 第一章　隋代管理思想

隋代即隋朝，是中国历史中最伟大的朝代之一。从公元 581 年隋文帝杨坚建隋，至公元 619 年王世充篡隋，隋代共历 38 年。隋代的统一结束了汉末以来近四个世纪南北军阀混战、分裂的局面，开启了中国历史上的第二个盛世——唐代。

## 第一节　隋代管理思想概述

隋代是古代大统一形势下的短命王朝之一，这个王朝苦难而辉煌。隋朝是短暂的，但是隋朝的强盛在中国历史上也是空前的。隋文帝开创了“开皇之治”，当时社会改革开放，国泰民安，经济繁荣，文化昌盛，社会安定，户口锐长，垦田速增，积蓄充盈，甲兵强锐，威动殊俗，幅员万里。隋文帝推行汉化，为后来唐宋汉文化大发展奠定坚实的基础。这个时期，中华在政治、经济、文化、外交等方面都达到史无前例的高峰，东亚邻国新罗、渤海国、倭国（即日本）等国家的政治体制、文化等方面都受其很大影响，是中国历史上唯一让倭国称臣朝贡的朝代，大隋帝国与倭国是宗主与藩属的关系。隋明帝杨广①修通大运河，营建东都洛阳，西巡张掖，东征高丽，也耗尽国财民力，但不减损隋代的辉煌和伟大。

① 隋明帝，隋代第二位皇帝杨广的谥号。关于杨广的谥号，隋代为“明皇帝”，唐代为“炀皇帝”，综览杨广一生，前者似比后者更接近历史事实，但后世多称之为“隋炀帝”。

## 一、隋代管理思想的形成和发展

北周宣帝时，政治腐败，加重了对民众的剥削和压迫，阶级矛盾尖锐化，引起统治集团内部分裂，给了杨坚夺取政权的机会。公元 580 年，周宣帝病死，继位的周静帝仅 8 岁，杨坚以大丞相身份辅政，控制了北周军政大权，并先后平定了相州总管尉迟迥、郧州总管司马消难、益州总管王廉的叛乱，消灭了北周的残余势力。公元 581 年，杨坚接受北周皇帝禅让，改国号为大隋，改元开皇，仍建都长安。杨坚就是隋文帝。隋朝建立后，隋文帝为统一全国做多方面的准备，加强了中央集权，澄清吏治，发展了经济，大大增强了国力，同时处理好与突厥的关系。开皇八年（公元 588 年），隋文帝命晋王杨广为行台尚书令，主管灭陈之事。公元 589 年，杨广统领 51 万大军南下向陈朝发动进攻。隋军在杨广的指挥下，纪律严明，英勇善战，一举突破长江天堑，完成了统一全国的大业，也结束了中国近四百年的分裂局面，中华帝国从此进入了一个统一、强盛的时代。

隋文帝为了加强对全国的管理，在政治上进行了一系列整顿和改革，吸收庶族地主参政，限制士族地主在政治上的特权，加强对地方的控制，以巩固中央集权统治。在政治制度方面，确立了重要的三省六部制；在人才选拔方面，开始采用分科考试的办法选拔官吏；改革律令；在军事方面，继续推行和改革府兵制；在经济方面，一是实行均田制和租庸调制，二是采取了“大索貌阅”和“输籍定样”等措施，增加了政府收入。隋明帝还兴修了举世闻名的大运河，加强了南北经济和文化联系。

## 二、隋代管理思想的代表人物

隋代的管理在许多方面具有开创性，这个时期管理思想的代表人物主要有隋文帝杨坚、苏威和隋明帝杨广。

### （一）杨坚

隋文帝杨坚（公元 541～604 年），弘农华阴（今陕西华阴县）人，鲜卑赐姓普六茹，小字那罗延，汉族。隋代开国皇帝，谥号文帝，庙号高祖，在位 24 年。杨坚是西魏随国公、北周柱国、大司空杨忠之子，北周时曾官拜骠骑大将军，封大兴郡公，后袭父爵柱国。公元 581 年，北周静帝禅让帝位于大丞相、上柱国杨坚，隋朝建立。杨坚成功统一了南北分裂数百年之久的中国。鉴于五胡乱华以来南北长期分裂，民生困苦，国库空虚，杨坚自开皇九年（公元589年）统一全国后，即以富国为首要目标，轻徭薄赋以解民困。魏晋以来，户籍不清，税收不稳，杨坚于开皇五年（公元585年）下令实行大索貌阅；并采纳高颎建议，推行输籍法，进行全国性户口调查，增加国家税收，扫清了魏晋以来隐瞒户籍之弊，为“开皇之治”奠定了基础。他还采纳了苏威建议，罢盐、酒专卖及入市税，其后多次减税，减轻民众负担，促进农业生产。他还在全国推行均田制，既增加了赋税，又稳定了社会经济，还致使南朝士族由衰弱渐趋于消逝。隋代以关中为本位，关中粮食短缺，需赖关东漕运供给，杨坚于洛州等地设立常平仓等官仓，储存关东运来粮食；并修建广通渠，便利关中漕运，这也是修建大运河的开始；又于民间设义仓，民众捐纳粮食以防凶年。在地方行政管理方面，杨坚鉴于魏晋南北朝政区划分毫无标准，地方行政混乱，于开皇三年（公元583年）尽罢诸郡，实行州县二级制，地方行政由此渐上正轨，也减省了国家管理支出。因前朝酷刑过多，杨坚命苏威等人编纂《开皇律》，修订刑律，订立国家刑法，并减省刑罚，使人民有法可守。在澄清吏治方面，杨坚励精图治，罢免长吏赃污不称者200余人，州县肃然。杨坚还十分节俭，关怀民生疾苦。杨坚在不长的时间内将中国重新置于一个统一政权治理下，外御强敌突厥、契丹，内令人民安宁生息，经济繁荣，国势强盛，被史书誉为“开皇之治”。他也是西方人眼中最伟大的中国皇帝，被尊为“圣人可汗”。

### （二）苏威

苏威（公元534～623年），字无畏，京兆武功（今陕西武功西北）人，隋代宰相。其父苏绰，西魏名臣。北周时，苏威袭爵美阳县公。隋代建立后，杨坚任他为太子少保兼纳言、民部尚书。他建议减轻赋役，被采纳。后又兼任大理卿、京兆尹、御史大夫。苏威很有才能，历任要职，与高颎参掌朝政，齐心协力辅佐隋文帝。政刑不论大小，均参与筹划。文帝修订隋代典制，律令格式多为苏威所定。开皇九年（公元589年）被任为尚书右仆射。开皇十二年（公元592年），他被告发和主持选举的吏部官员结为朋党，任用私人，遂被免除官爵。此后屡次起用，又屡被免官。隋明帝大业元年（公元605年），他继杨素任左仆射。大业三年（公元607年）因事罢免，后又任太常卿、纳言参掌朝政，加开府仪同三司，颇受尊重，但不久又被罢免。他对明帝不敢直言进谏，遇事多望风承旨。隋末，宇文化及弑明帝，以苏威为光禄大夫。王世充称帝，署苏威为太师。唐平王世充后，苏威未被李唐任用。武德六年（公元623年）病死于长安。

### （三）杨广

隋明帝杨广（公元569～618年），一名英，小字阿𪁄，杨坚次子。隋朝的第二个皇帝，唐谥其为“炀皇帝”，隋恭帝杨侗谥其为“明皇帝”。杨广于开皇元年（公元581年）被立为晋王。开皇八年（公元588年）隋朝兴兵平南方的陈，以年仅20岁的杨广为统帅。平陈后，他晋封为太尉。此后，杨广亦屡立战功。开皇十年（公元590年），他奉命赴江南任扬州总管，平定了江南高智慧的叛乱；开皇二十年（公元600年），他率军北上击破突厥。开皇二十年杨坚废太子杨勇，改立杨广为太子。仁寿四年（公元604年），杨坚驾崩于大宝殿，杨广继位。杨广即位以后，开通大运河，对南北经济、文化交流贡献卓著，但过度耗损了国家的人力、物力。在教育制度上，隋明帝开设进士科，官员逐渐由世族门阀过渡到科举选拔，标志着科举制度的正式诞生。政治上，他为了真正实现大一统的理想，企图打破由关陇贵族垄断高官的局面，限制、削弱关陇集团的强大势力和影响，重用了虞世基、裴蕴等南方集团官员，整饬吏政，加强中央集权，破除南北隔阂，扩大统治的社会基础。但是，由于他急于推进未尽成熟的政治改革方案，未能与建立民生顺遂、安定团结的政治局面结合起来，最终引发贵族大规模叛变。军事上，他即位前曾参与指挥突厥、契丹战事，皆有所获。大业五年（公元609年），他亲征平定了吐谷浑，设置西海、河源、鄯善、且末四郡。大业八年（公元612年），首度亲征高丽失败后，为扳回颜面，他连续3年一再亲征，虽然最终取得了胜利，但也使国家元气大伤。他还营建东都洛阳，劳民伤财。晚年，三下扬州，逃避现实。大业十四年（公元618年）被宇文化及所率领的叛军攻入江都宫缢弑。

## 三、隋代管理思想的特点

作为数百年南北分裂之后重新统一的国家，隋代极为重视国家行政管理，注重开疆拓土和对外关系，这是隋代管理思想的特点。

首先，重视国家行政管理。杨坚、苏威、杨广都极为重视国家行政管理，可以说，重视国家行政管理是隋代管理思想最重要的特点。

文帝废除不合时宜的北周六官制，恢复了汉魏时期的体制，初步建立三省六部制度，三省指内史省、门下省、尚书省，都是最高政务机构。内史省负责决策；门下省负责审议，尚书省负责执行；尚书省下设吏、民、礼、兵、刑、工六部，每部设尚书，总管本部政务。之后，文帝又对地方机构进行了改革，隋初沿北齐、北周设州、郡、县三级地方机构，开皇三年（公元583年），文帝废郡，改为州、县二级制，州设刺史，县设县令。还废除九品中正制，开始采用分科考试的方式选拔官员。为了更好地行使权力，文帝下令九品以上的官员一律由中央任免，进一步加强了中央对地方的管理。

隋初，文帝为奖励平定三总管叛乱的功臣，摆平山东士族与关陇士族的关系，对功臣士族兼并土地比较放纵。开皇三年（公元583年），苏威针对豪强兼并现象建议“以为户口滋多，民田不赡，欲减功臣之地以给民”，但遭到山东士族、大司徒王谊的反对。王谊上奏说：“百官者，历世勋贤，方蒙爵土。一旦削之，未见其可。如臣所虑，正恐朝臣功德不建，何患人田有不足?”（《隋书·王谊传》）[①] 虽然苏威为了加强对豪族的控制和缓解社会矛盾，建议抑制兼并，但文帝为了笼络功臣士族，否定了苏威的建议。可见，苏威为了加强国家行政管理，不惜得罪权贵功臣。

文帝改革北周官制，实际上只是对魏晋以来职官制度进行了初步改革，仍然存在诸多问题，如国家管理机构设置不合理，三省制并没有完全确立，官吏名号重叠，官员队伍庞大，爵、散、勋以及品阶制度繁杂混乱，等等。明帝从大业三年（公元607年）以来继续对官制进行改革，“三年定令，品自第一至于第九，唯置正从，而除上下阶。罢诸总管，废三师、特进官。分门下、太仆二司，取殿内监名，以为殿内省，并尚书、门下、内史、秘书，以为五省。增置谒者、司隶二台，并御史为三台。分太府寺为少府监。改内侍省为长秋监，国子学为国子监，将作寺为将作监，并都水监，总为五监。改左右卫为左右翊卫，左右备身为左右骑卫。左右武卫依旧名。改领军为左右屯卫，加置左右御。改左右武侯为左右侯卫。是为十二卫……品同则以省府为前后，省府同则以局署为前后焉”（《隋书·百官志》）。[②] 通过一系列改革，减少冗官，并改州设郡，打击了旧贵族势力，基本上消除了文帝时期的诸多弊病，加强了中央集权和对地方的管理。值得一提的是，大业二年（公元606年），明帝开设进士科，量才录用各类人才，这是对科举制发展的重大贡献。科举制的推行，不仅彻底打破了门阀士族对仕进的垄断，也为选拔下层优秀知识分子提供了极好的机会，更重要的是加强了中央集权和国家管理。

---

① （唐）魏征等撰：《隋书》，中华书局1973年版，第1169页。

② （唐）魏征等撰：《隋书》，中华书局1973年版，第793～794页。

其次，注重开疆拓土和对外关系。杨坚登基后，为了进一步开拓隋之疆土，完成统一大业，于开皇七年（公元587年）灭后梁，一年之后下诏伐陈。开皇九年（公元589年），他派遣大军挥师南下，灭亡了割据南方的陈朝，统一了全国。在隋朝国势强盛的背景下，外交方面，开皇九年琉球群岛归降隋朝。突厥可汗尊杨坚为"圣人可汗"，愿为藩属，永世归顺。杨坚征服了各族蛮夷部落，使中国又回到了和平年代，为"开皇之治"创造了必要条件。

开皇九年（公元589年），明帝杨广直接指挥隋军攻灭南方的陈。大业元年（公元605年），明帝派韦云起率突厥兵大败契丹。大业四年（公元608年），明帝派军灭了吐谷浑，开拓疆域数千里，范围东起青海湖东岸，西至塔里木盆地，北起库鲁克塔格山脉，南至昆仑山脉，并在那里设置西海、河源、鄯善、且末四郡，推动了甘肃、青海、新疆等大片西北疆土成为中国不可分割部分的进程。大业五年（公元609年），明帝亲自西征吐谷浑，他率大军从长安出发到甘肃陇西，西上青海横穿祁连山，经大斗拔谷北上，到达河西走廊的张掖郡。明帝这次西巡张掖，历时半年之久，在高原寒冷等恶劣的自然条件，冒着暴风雪的袭击，远涉到了青海和河西走廊，这是中华帝国时代唯一一位抵达到西北如此远地方的皇帝。明帝到达张掖之后，西域27国君主与使臣纷来朝见，表示臣服。各国商人云集张掖，通商贸易。明帝亲自打通了丝绸之路，并在古丝绸之路举行了盛大的万国博览会，加强中原与西方的各个方面的联系与交往，完成千古名君的壮举。明帝即位两年之后，开始大规模开发经营西域，委派黄门侍郎裴矩负责具体事务，保证了和西域之间往来的通畅。大业四年（公元608年），隋明帝派将军薛世雄率军进兵伊吾，迫使伊吾人投降。

公元612～613年的两年之内，明帝三征高丽，旨在平定边陲，驯服强邻，开拓疆土。但是，第一次遇高丽军伏击大败，第二次又因礼部尚书杨玄感反叛而被迫撤军，第三次隋军终于打败了高丽，高丽王遣使投降。三征高丽耗费巨大，激起人民的反抗，是导致隋朝灭亡的一个重要原因。

## 第二节　杨坚的管理思想

隋文帝杨坚在位期间成功统一了已经严重分裂的中国，开设了先进的选官制度。之后，他在巩固统一和加强中央集权的同时，采取了一系列改革措施，

表现出卓越的领导和管理才能。

## 一、改革中央和地方管理机构，确保政令通畅

在国家行政管理方面，隋文帝改革了中央和地方行政管理机构，提高行政效率，确保政令畅通。

北周大象二年（公元 580 年），周宣帝驾崩，仅 7 岁的周静帝即位，丞相杨坚当政。他一反周宣帝所作所为，“大崇惠政，法令清简，躬履节俭，天下悦之”。(《隋书·高祖纪》)[①] 公元 581 年周静帝禅位，杨坚称帝，世称文帝。据《资治通鉴》记载，文帝“勤于为治，每临朝，或至日昃，五品已上，引坐论事，卫士传餐而食”。[②] 杨坚为了整顿和改革各项制度，加强国家行政管理，巩固和发展新建立的隋政权，在政治、经济方面采取了许多措施。首先改革中央管理机构：废除不合时宜的北周六官（天、地、春、秋、冬、夏）制，命苏威等综合汉魏以来历朝官制，制定了新的职官制度。在朝廷设置尚书、门下、内史、秘书、内侍五省，御史、都水二台，太常、光禄、卫尉、宗正、太仆、大理、鸿胪、司农、太府、国子、将作十一寺，左右卫、左右领军等十二府。朝廷五省中，内侍省、秘书省在国家政务中不起重要作用，内侍省管理宫中事务，秘书省掌管书籍历法；掌握实权的是内史、门下、尚书三省。尚书省事无不总，是一个执行各种政令的机构，置尚书令 1 人，左右仆射各 1 人，统领吏、礼、兵、都官（后改刑部）、度支（后改民部）、工 6 部。6 部是执行部门，各设尚书 1 人，分统 36 侍郎。门下省置纳言 2 人。内史省置内史令 2 人。3 省长官共同定令立法，参决军国大政，担任宰相的职务。6 部中的吏部，掌管全国官吏任免、考核、升降和调动；民部，掌管全国土地、户籍以及赋税、财政收支；礼部，掌管祭祀、礼仪和对外交往；兵部，掌管全国武官选拔，及兵籍、军械等；刑部，掌管全国刑律、断狱；工部，掌管各种工程、工匠、水利、交通等。三省六部制从此确立起来。这是一整套规模庞大、组织完备的官僚机构，其内部分工明确，组织严密，标志着中国古代宗法地主阶级专制的中央官制发展的高度成熟，对唐及以后历代王朝影响巨大，成为后代中央政权的固定制度一直沿袭到清朝。

---

① （唐）魏征等撰：《隋书》，中华书局 1973 年版，第 3 页。

② （北宋）司马光编著：《资治通鉴》卷 193。

文帝在确立了三省六部制的中央机构后，又对地方机构进行了改革。南北朝以来郡县设置过繁，形成了“民少官多，十羊九牧”的局面。隋初沿北齐、北周制设州、郡、县三级地方机构。开皇三年（公元583年），文帝采纳杨尚希的建议，废郡，改为州、县二级制，州设刺史，县设县令。开皇十年（公元590年），文帝诏府兵入州县户籍，兵农合一自此开始。他还进一步对地方机构也进行了改革，采用“存要去闲、并大去小”的方法，撤消境内500多郡；同时裁汰大量冗官，这样就大大节省了政府开支，提高了国家行政管理的效率，也减轻了人民的负担。为了更好管理和控制地方，他下令九品以上的官员一律由中央任免，由吏部掌握，禁止地方官就地录用僚佐；每年都要由吏部进行考核，以决定奖惩、升降；后来又实行三年任期制。为了选拔人才，文帝开皇初年就废除九品中正制，实行分科考试的办法选任官吏。开皇十八年（公元598年）七月，设立“志行修谨”和“清平干济”二科，令五品以上的京官和地方官总管、刺史以上述二科推举人才。虽然仅开二科，但由于科目具体，标准也明确，容易将符合要求的人才选拔出来。隋文帝首开的科举，得到隋明帝的进一步发展并正式作为国家选拔各类人才的考试制度，在中国历史上保留使用达1300多年，直到清朝末期才废除。

## 二、改革土地和赋税制度，整顿户籍，统一货币

在发展经济、增加国家财政收入和保障民生方面，文帝改革了土地和赋税制度，并对全国户籍进行了全面整顿，统一了货币，还在各地修建了许多粮仓。

首先，改革土地和赋税制度。开皇二年（公元582年），杨坚下令推行均田制。《隋书·食货志》云：“及颁新令……自诸王已下，至于都督，皆给永业田，各有差。多者至一百顷，少者至四十亩。其丁男、中男永业露田，皆遵后齐之制。并课树以桑榆及枣，其园宅，率三口给一亩，奴婢则五口给一亩……京官又给职分田，一品者给田五顷，每品以五十亩为差；至五品，则为田三顷，六品二顷五十亩；其下每品以五十亩为差，至九品为一顷。外官亦各有职分田，又给公廨田，以供公用。”[①] 虽然许多农民受田不足定额，但继续推行均田制毕竟使无地或少地的农民分到土地，提高了他们的生产积极性，也在一

① （唐）魏征等撰：《隋书》，中华书局1973年版，第680～681页。

定程度上抑制了土地兼并，对农业的恢复发展起了积极的作用。文帝还实行“轻徭薄赋”政策，减轻租调力役。开皇二年（公元582年）的“新令”规定：“男女三岁已下为黄，十岁已下为小，十七已下为中，十八已上为丁。丁从课役。六十为老，乃免。”还规定一夫一妇为一床，每年交租粟3石：受桑田者交调绢1匹（4丈）、绵3两，受麻田者交调布1端（6丈）、麻3斤。无妻室的单丁及奴婢纳一半租调。丁男每年服力役1个月。开皇三年（公元583年），规定成丁年龄由18岁提高到21岁，受田年龄仍为18岁；受田者前三年不纳租调不服力役，调绢由每年1匹减为2丈，力役由每年1个月减为20天。（《隋书·食货志》）[①] 开皇十年（公元590年），又规定50岁以上者，可“免役输庸”，即纳布帛以代替力役（《隋书·高祖纪》）。[②] 轻徭薄赋，减轻农民的租调力役，进一步提高了农民生产的积极性，促进了农业的发展。

其次，整顿户籍。南北朝时期，百姓脱离户籍，佃客户口为豪强隐瞒。《隋书·食货志》记载，开皇五年（公元585年）隋文帝下令清查户口，“令州县大索貌阅（依照户籍簿上登记的年龄体貌进行核对），户口不实者，正长远配，而又开相纠之科。大功已下，兼令析籍，各为户头，以防容隐。于是计帐进四十四万三千丁，新附一百六十四万一千五百口。”另外，宰相高颎建议，“以人间课输，虽有定分，年常征纳，除注恒多，长吏肆情，文帐出没，复无定簿，难以推校，乃为输籍定样，请遍下诸州。每年正月五日，县令巡人，各随便近，五党三党，共为一团，依样定户上下。”即由国家制定“输籍定样”（划分户等的标准），发到各州县，每年正月五日，县令派人到农村，依定样划分户等，作为征调赋税和力役的依据。“帝从之。自是奸无所容矣。”（《隋书·食货志》）[③] 由于国家规定的赋税和力役数量低于豪强地主对佃农的剥削量，许多原来依附豪强地主的农民纷纷脱离地主，向官府申报户口，纳税服役，成为国家的编户。“大索貌阅”与“输籍之法”的推行，增加了国家的所辖户口和财政收入，扩大了力役来源；豪强地主势力的膨胀也得到有效限制。

最后，统一货币。《隋书·食货志》云：“高祖既受周禅，以天下钱货轻重不等，乃更铸新钱。背面肉好，皆有周郭，文曰‘五铢’，而重如其文。每钱

① （唐）魏征等撰：《隋书》，中华书局1973年版，第680～681页。
② （唐）魏征等撰：《隋书》，中华书局1973年版，第35页。
③ （唐）魏征等撰：《隋书》，中华书局1973年版，第681页。

一千重四斤二两。是时钱既新出，百姓或私有熔铸。三年四月，诏四面诸关，各付百钱为样。从关外来，勘样相似，然后得过。样不同者，即坏以为铜，入官。诏行新钱已后，前代旧钱，有五行大布、永通万国及齐常平，所在用以贸易不止。四年，诏仍依旧不禁者，县令夺半年禄。然百姓习用既久，尚犹不绝。五年正月，诏又严其制。自是钱货始一，所在流布，百姓便之。”[①] 杨坚重新统一了货币，奠定了隋代社会经济发展的基本条件。《四库全书总目提要》亦云：“隋氏混一南北，凡齐、周之故老，梁、陈之旧臣，咸萃萃一朝，成文章之总汇。”（《隋文纪》）

另外，杨坚还在全国各地设置粮仓，保障粮食供给。开皇三年（公元 583 年），“朝廷以京师仓廪尚虚”，为备水旱之年，文帝下诏蒲、陕、虢等 13 州置募运米丁，京师设太仓，“又于卫州置黎阳仓，洛州置河阳仓，陕州置常平仓，华州置广通仓，转相灌注。”（《隋书·食货志》）[②] 其他还有含嘉仓、子罗仓、洛口仓（又称兴洛仓）、回洛仓等。这些粮仓规模巨大，储粮多者可达数千万石，少者也有数百万石；各地府库中储存的布帛也很多，如京都和并州（今山西太原）府库的布帛就各有数千万匹。唐太宗贞观十一年（公元 637 年），监察御史马周对李世民说：“隋家贮洛口仓，而李密因之；东都积布帛，而世充据之；西京府库，亦为国家之用，至今未尽。”（《旧唐书·马周传》）[③] 隋朝已灭亡了 20 年，可那时的粮食布帛还未用完。

## 三、根据形势的需要选任各类人才

北周大象二年（公元 580 年），杨坚以丞相身份入宫辅佐年幼的周静帝。初掌大权的杨坚面临十分严峻的形势：周宣帝初崩，局势混乱；杨坚趁虚掌权，难服众心。具体而论，一是北周宗王戚党仍手握重兵镇守各地，绝不会无视政权丧失，坐以待毙；二是北周旧臣或心存狐疑，不知去就，有的抵制杨坚专权；三是杨坚当政，事发仓促，几无援党，他深感自己势单力薄，形势危急。正如其友元谐所云：“公无党援，譬如水间一堵墙，大危矣。”（《隋书·元谐传》）[④] 面对这种局面，杨坚重用亲信，广纳贤才，并拉拢利用北周旧臣，

① （唐）魏征等撰：《隋书》，中华书局 1973 年版，第 691～692 页。

② （唐）魏征等撰：《隋书》，中华书局 1973 年版，第 683 页。

③ （后晋）刘昫等撰：《旧唐书》，中华书局 1975 年版，第 2617 页。

④ （唐）魏征等撰：《隋书》，中华书局 1973 年版，第 1170 页。

孤立打击北周统治集团中的少数顽固分子。

首先，杨坚重用亲信，广纳贤才。杨坚当政之初，就将其亲信逐一安插在自己身边的重要位置上。一方面，他将京城和皇宫戍卫交付给心腹将领元胄、司武上士卢贲，令其姨夫窦荣定、族弟杨弘带兵“常宿禁中”，命密友宇文庆典承相府军事。这样便将京城的军事力量完全控制起来，掌握了京城军事行动的主动权。同时，杨坚将掌握国家重要权力的相府官职全部授予自己的亲党，将其死党人物裴矩、郭荣、庞晃等人火速召回寄以重任。通过这一系列的人事安排，他不仅基本控制了朝廷，也为自己构建了一道安全屏障。另一方面，杨坚认为建隋大业不仅要重用亲信，更要广招贤才，尤其是忠于自己的人才。因此，他派族子杨惠等人四处招揽人才。杨惠（一名杨雄）首先去游说李德林，李德林很高兴地允诺“必望以死奉公”（《隋书·李德林传》）。[①] 李德林不负重望，为杨坚定下出任大丞相之计，确立了他独尊的地位，断了郑译、刘昉欲共持朝柄的图谋，也奠定了杨坚篡周建隋的基础。李德林后任丞相府属，成为杨坚高度信赖的谋臣。又令杨惠招来高颎：“高祖得政，素知颎强明，又习兵事，多计略，意欲引之入府，遣邗国公杨惠谕意。颎承旨欣然曰：‘愿受驱驰。纵令公事不成，颎亦不辞灭族。’于是为相府司录。”（《隋书·高颎传》）[②] 杨坚广招贤才，网罗了一批愿意效忠自己的人才，为建朝奠定了人才基础。

其次，杨坚还拉拢利用北周旧臣，打击死忠北周的人。杨坚当权，绝大部分北周旧臣并不支持，颇为嫉妒，但他们大多经历了魏末混乱，对改朝换代并不陌生，他们首要考虑的是如何保护自己的身家性命、官爵富贵、家族利益，而不是皇朝姓谁。杨坚深谙其情，一方面对他们施加一定的压力，另一方面又对他们封官许愿，于是绝大多数北周旧臣便倒向杨坚。如太傅、并州总管李穆，是当时举足轻重的人物，其统领的并州军队是北周最精锐的部队，拉拢他成了杨坚重要的目标。杨坚先是派心腹柳裘前往并州，利用李穆与杨坚之父杨忠是老交情的关系，并晓以利害。但杨坚仍不放心，又派李穆子李浑乘驿马奔赴并州进一步劝诱，成功拉拢了李穆。李穆还派李浑奉熨斗献给杨坚，并说：“愿执威柄以熨安天下。”（《隋书·李穆传》）[③] 李穆影响、带动了一大批北周

① （唐）魏征等撰：《隋书》，中华书局 1973 年版，第 1198 页。
② （唐）魏征等撰：《隋书》，中华书局 1973 年版，第 1179 页。
③ （唐）魏征等撰：《隋书》，中华书局 1973 年版，第 1120 页。

旧臣倒向杨坚，如李崇、韦孝宽、梁睿、宇文忻等，尤其是李、韦等名臣的归附，不仅壮大了杨坚的力量，而且也大大削弱了北周的力量。

同时，杨坚无情打击死忠北周王朝的人。杨坚当权，北周朝中仍有部分大臣效命于周静帝，反对杨坚，御正中大夫颜之仪为其中代表，他多次与杨坚抗争，杨坚颇为恼怒，但顾及颜之仪的声望，没有杀他，而是将他逐出京师，出为西疆郡守。通过放逐和罢免等手段，杨坚清除了中央的反对派。对于分封各地的北周诸王，杨坚向他们隐瞒宣帝去世的消息，借故将他们招回京师，置于自己的控制之下；在自己地位日渐巩固之后，又将他们逐一歼灭，从而清除了周静帝羽翼。杨坚还委派忠于自己的韦孝宽为相州总管以代尉迟迥，梁睿为益州总管以代王谦，长孙平代寿州刺史贺若弼等。虽然后来尉迟迥、王谦举兵反叛，但数月即为杨坚荡平。通过这一系列的措施，杨坚不仅壮大了自己的势力，也清除了北周皇朝的支持者。当清除了北周皇朝的势力后，杨坚便南面称帝了。可见，杨坚建隋，在很大程度上得益于他灵活的用人措施。

杨坚建隋后，欲革除北周末年之弊政，振兴经济，完成统一，励精图治，更是重用贤能之才。如他极为重用高颎。高颎是当时著名的政治家，见识深远，才智超群，杨坚对他十分赏识，宠信有加，任其为尚书左仆射，兼纳言、左卫大将军等职，将治国重任交付给他，“朝臣莫与为比”(《隋书・高颎传》)①。高颎对隋王朝亦忠心耿耿，任劳任怨，忠心竭诚，处事公平，举贤任能，谦诚无私，深受时人推崇。高颎的才干和权势招致一些大臣的妒忌，“右卫将军庞晃及将军卢贲等，前后短颎于上”，文帝大怒，将其疏黜。“未几，尚书都事姜晔、楚州行参军李君才并奏称水旱不调，罪由高颎，请废黜之”，文帝不听(《隋书・高颎传》)。② 又如名将韩擒虎、贺若弼。在平陈战争中贺若弼违反军命，先期决战，破敌甚多。战后晋王杨广将其扣押。杨坚闻讯，立即派人召贺进京，大加慰劳。并下诏杨广曰：“此二公者，深谋大略，东南逋寇，朕本委之，静地恤民，悉如朕意。九州不一，已数百年，以名臣之功，成太平之业，天下盛事，何用过此！闻以欣然，实深庆快。平定江表，二人之力也。”(《隋书・韩擒虎传》)③ 文帝用人不计前嫌。如他为相时曾招苏威，苏威闻禅

① （唐）魏征等撰：《隋书》，中华书局 1973 年版，第 1180 页。
② （唐）魏征等撰：《隋书》，中华书局 1973 年版，第 1181 页。
③ （唐）魏征等撰：《隋书》，中华书局 1973 年版，第 1340 页。

代之议，遁归乡里。杨坚建隋后，亦不追究苏威的不合作，反而授予他太子少保，很快又提升为纳言、民部尚书，与高颎同参朝政。苏威颇具才略，尤其具有经济管理方面的才干，他帮助杨坚制定新的赋税政策，为隋朝经济发展作出了突出贡献，获得文帝高度赞扬："苏威不值我，无以措其言；我不得苏威，何以行其道？杨素才辩无双，至若斟酌古今，助我宣化，非威之匹也。苏威若逢乱世，南山四皓，岂易屈哉！"（《隋书·苏威传》）[①] 正因为文帝重用贤能，君臣将相和睦同心，才共同开创了经济繁荣、国势强盛的"开皇之治"。

## 四、颁行《开皇律》

鉴于北周的法律残酷和混乱，杨坚在当政北周时就曾经进行过改革，并亲手删定《刑书要制》，但不太彻底。隋朝建立后，开皇元年（公元581年）杨坚命高颎等人参考魏晋旧律，组织制定了《开皇律》。开皇三年（公元583年），杨坚又命苏威等进行修改，删除苛酷条文。《开皇律》废除秦汉以来的旧律，几经删改，定律500条，分名例、卫禁、职制、户婚、厩库、擅兴、贼盗、斗讼、诈伪、杂律、捕亡、断狱12卷，形成了比较具体的法律条文系统。《开皇律》将原来的宫刑、车裂、枭首等残酷刑法废除；规定一概不用灭族刑；减去死罪81条，流罪154条，徒、杖等罪千余条，保留了律令500条；刑罚分为死、流、徒、杖、笞5种。《开皇律》基本上完成了自汉文帝刑制改革以来的刑罚制度改革历程，形成了中华帝国时代的五刑制。开皇十二年（公元595年）杨坚下诏："制天下死罪，诸州不得便决，皆令大理覆治。"（《隋书·高祖纪》）[②]"（开皇）十五年制，死罪者三奏而后决。"（《隋书·刑法志》）[③] 由此形成了死刑复奏制度，规定凡判处死刑的案件，须经"三奏"才能处决罪犯。

《开皇律》制定后，使当时属国家监察机构的御史台（隋明帝时为司隶台）的职能更规范和明确。依据《开皇律》，负责监察全国各级官员在执政中的行为弊端，主要是六条问事："其所掌六条：一察品官以上理政能不。二察官人贪残害政。三察豪强奸猾，侵害下人，及田宅逾制，官司不能禁止者。四察水

---

① （唐）魏征等撰：《隋书》，中华书局1973年版，第1186页。

② （唐）魏征等撰：《隋书》，中华书局1973年版，第37页。

③ （唐）魏征等撰：《隋书》，中华书局1973年版，第714页。

旱虫灾，不以实言，枉征赋役，及无灾妄蠲免者。五察部内贼盗，不能穷逐，隐而不申者。六察德行孝悌，茂才异行，隐不贡者。”（《隋书·百官志》）[①] 可以说职责重大，权限广泛，上至朝廷，下至郡县，无不在其监察范围之内。御史台秉公执律，充分发挥了《开皇律》的作用。犯律者不论官职大小，地位高低，皆按律处治。如御史台发现刑部尚书苏威之弟苏肃左足挛蹇，才庸能劣，却担任别驾，吏部尚书卢凯还要提升苏肃为朝请郎。御史台依据《开皇律》向杨坚奏报了这一事件，文帝随即罢了卢凯吏部尚书之职，苏肃也没升任朝请郎。又如青州总管张威遣权鬻芦菔案：张威派家奴经营当时很赚钱的芦菔买卖，由于张家财力充足，有权势，信息灵通，很快就形成垄断之势，严重冲击了地方百姓经营芦菔。御史台认为张威严重扰民，便奏报文帝，使其坐废于家。如此事例兹不一一列举，不仅可见御史台忠于职守，也可证《开皇律》律条的严明。《开皇律》对官吏尤为严苛，这是它有别于其他朝代律制的一大突出特点。《开皇律》的有效实施，制约了官员们的犯律行为，限制了豪强过分作恶，很好地遏制了各种犯罪行为，有力地保证了各项改革措施的推行，也从客观上保障了民众的利益，缓解了当时的阶级矛盾，使百姓得以安心生产，保障了社会向进步的方向发展。《隋书·高祖纪》叙述杨坚在位期间：“躬节俭，平徭赋，仓廪实，法令行，君子咸乐其生，小人各安其业，强无凌弱，众不暴寡，人物殷阜，朝野欢娱。二十年间，天下无事，区宇之内晏如也。”[②]《开皇律》的制定与实施，是杨坚的一大功绩，也是隋初政权稳固，经济发展，社会安定，国家走向强盛的必要条件。

## 五、边疆和民族关系管理

杨坚能在短期统一全国，并将国家发展强盛，不仅与他在内政诸方面的改革关系密切，也与他采取的促进民族融合的灵活包容的治边策略密切关联。

首先，杨坚无隔华夷，采取促进民族融合的治边策略。西晋灭亡后，匈奴、鲜卑、羯、氐、羌等西北和北方少数民族纷纷入据中原，先后建立了 16 个少数民族政权，历史上称为“五胡十六国”。尽管这些政权存在时间不长，但内迁的各民族长期与汉民族杂居，在生产生活过程中自然与汉族融合在一起

① （唐）魏征等撰：《隋书》，中华书局 1973 年版，第 797 页。

② （唐）魏征等撰：《隋书》，中华书局 1973 年版，第 55 页。

了。鲜卑族的拓跋氏建立北魏后，为了巩固政权，魏孝文帝不得不推行全面的汉化政策。到了北周时期，内迁的少数民族与汉族进一步融合。杨坚身处鲜卑族和汉族相杂而成的关陇集团，他建立隋朝所倚重的大多是与鲜卑族有密切关系的汉人及汉化的鲜卑人，所以他的思想中自然形成华夷同重的观念。杨坚建隋后，虽曾两次下令改姓者都可以恢复原来的姓氏，但他顺应了魏晋南北朝以来民族融合的历史趋势，推行无隔华夷的民族政策，为其在短期内统一全国奠定了基础。杨坚在处理边疆民族关系时，实行民族融合政策，仁爱边民。他说："普天之下，皆曰朕臣，虽复荒遐，未识风教，朕之抚育，俱以仁孝为本。"(《隋书·吐谷浑传》)① 开皇元年（公元 581 年），吐谷浑扰掠凉州（今甘肃武威），为了平定吐谷浑，稳定西北，杨坚派元谐为行军元帅率领数万步骑兵前往讨平。他诏令元谐曰："公受朝寄，总兵西下，本欲自宁疆境，保全黎庶，非是贪无用之地，害荒服之民。王者之师，意在仁义。浑贼若至界首者，公宜晓示以德，临之以教，谁敢不服也!"文帝的诏令不仅阐明了出兵吐谷浑是为了"自宁疆境，保全黎庶"的目的，而且指示元谐应采取"晓示以德，临之以教"的抚绥方法。元谐遵照他的指令，在以武力打败吐谷浑之后，又"移书谕以祸福"，使得吐谷浑"名王十七人、公侯十三人各率其所部来降"(《隋书·元谐传》)，② 从而实现稳定边疆、和境安民的目的。开皇九年（公元 589 年），文帝向全国发下诏书曰："往以吴越之野，群黎涂炭，干戈方用，积习未宁。今率土大同，含生遂性，太平之法，方可流行。凡我臣僚，澡身浴德，开通耳目，宜从兹始。"(《隋书·高祖纪》)③ 明确指出在南北统一后，全国从"干戈方用"的战争时期转变到"率土大同"的和平时期，可以在全国实行"太平之法"。同年，杨坚为了完全控制岭南，派江州总管韦洸率军南进。他在给韦洸的诏令中云："若使干戈不用，兆庶获安，方副朕怀。"(《隋书·韦洸传》)④ 韦洸遵照他的指示，率军进至广州，采取政治争取的策略，很快平定岭南 24 州。开皇十四年（公元 594 年），他又下诏，再次阐述了"天下大同，归于治理"(《隋书·高祖纪》)⑤ 的思想。

---

① （唐）魏征等撰：《隋书》，中华书局 1973 年版，第 1844 页。
② （唐）魏征等撰：《隋书》，中华书局 1973 年版，第 1171 页。
③ （唐）魏征等撰：《隋书》，中华书局 1973 年版，第 32 页。
④ （唐）魏征等撰：《隋书》，中华书局 1973 年版，第 1268 页。
⑤ （唐）魏征等撰：《隋书》，中华书局 1973 年版，第 38 页。

杨坚推行无隔华夷、促进民族融合的政策措施，积极招纳、安抚和争取周边各民族，取得了较好的成效，使得他们相继归顺、朝贡。开皇九年（公元589年），杨坚任命令狐熙为桂州（今广西）总管，令狐熙“大弘恩信”，溪洞渠帅“于是相率归附”。“先是，州县生梗，长吏多不得之官，寄政于总管府。熙悉遣之，为建城邑，开设学校，华夷感敬，称为大化。”使得当地百姓“颇亦见识皇化”（《隋书·令狐熙传》）。[①] 开皇十五年（公元595年），他派遣韦冲为营州总管，后者到任后正确实施杨坚的民族政策，“宽厚得众心。怀抚靺鞨、契丹，皆能致其死力。奚、霫畏惧，朝贡相续。”（《隋书·韦冲传》）[②]

其次，杨坚采用了灵活包容的治边策略，进一步维护了边境的安宁稳定。在战略层面上，杨坚采取远交近攻、离强合弱的方略。建隋之初，突厥联合原北齐营州刺史高宝宁南侵，北境形势严峻。多年留居突厥，对突厥情况比较了解的长孙晟此时向杨坚上表进献远交近攻、离强合弱战争策略：“臣闻丧乱之极，必致升平，是故上天启其机，圣人成其务。伏惟皇帝陛下当百王之末，膺千载之期，诸夏虽安，戎场尚梗，兴师致讨，未是其时，弃于度外，又复侵扰。故宜密运筹策，渐以攘之，计失则百姓不宁，计得则万代之福。吉凶所系，伏愿详思。臣于周末，忝充外使，匈奴倚伏，实所具知。玷厥之于摄图，兵强而位下，外名相属，内隙已彰，鼓动其情，必将自战。又处罗侯者，摄图之弟，奸多而势弱，曲取于众心，国人爱之，因为摄图所忌，其心殊不自安，迹示弥缝，实怀疑惧。又阿波首鼠，介在其间，颇畏摄图，受其牵率，唯强是与，未有定心。今宜远交而近攻，离强而合弱，通使玷厥，说合阿波，则摄图回兵，自防右地。又引处罗，遣连奚、霫，则摄图分众，还备左方。首尾猜嫌，腹心离阻，十数年后，承衅讨之，必可一举而空其国矣。”（《隋书·长孙晟传》）[③] 长孙晟先分析了当时在处理与突厥关系的困境：想要改变北齐、北周以来倾府藏以羁縻突厥的状况，但进讨未得其时；若不加征讨，则对方又多为侵扰。因此，应该“密运筹策”，制定得当的方略。接下来长孙晟深入分析了突厥内部摄图、玷厥、阿波、突利等人之间的矛盾，根据隋朝和突厥的具体情况，提出的远交近攻、离强合弱的指导思想，成为杨坚处理北方民族关系时

① （唐）魏征等撰：《隋书》，中华书局1973年版，第1386页。

② （唐）魏征等撰：《隋书》，中华书局1973年版，第1270页。

③ （唐）魏征等撰：《隋书》，中华书局1973年版，第1331页。

最重要的指导方略。

就强大的突厥而言，游牧民族的分散性和流动性决定了其内部组织的分散性，及大、小可汗之间会存在诸多矛盾；被突厥征服的异姓部落，无论是奚、契丹诸部，还是铁勒、坚昆、葛逻禄等部，他们与突厥之间缺乏政治、经济和文化上的联系，具有强烈的离心倾向，且苦于突厥汗国的沉重剥削，总想伺机而动。杨坚发布的讨伐突厥的诏书中清晰地分析了这些情况："且彼渠帅，其数凡五，昆季争长，父叔相猜，外示弥缝，内乖心腹，世行暴虐，家法残忍。东夷诸国，尽挟私仇，西戎群长，皆有宿怨。突厥之北，契丹之徒，切齿磨牙，常伺其便。达头前攻酒泉，其后于阗、波斯、挹怛三国一时即叛。沙钵略近趣周盘，其部内薄孤、束纥罗寻亦翻动。往年利稽察大为高丽、靺鞨所破，娑毗设又为纥支可汗所杀。与其为邻，皆愿诛剿。部落之下，尽异纯民，千种万类，仇敌怨偶，泣血拊心，衔悲积恨。"(《隋书·突厥传》)[1] 就隋朝内部情况而言，新建的隋政权虽然统一了长江以北，结束了北齐、北周的分裂局面，但从经济实力和军事实力上看都不足以一举讨平突厥。因此，在知己知彼的基础上，杨坚只有采取远交近攻、离强合弱的方略。具体而言，远交近攻就是指联合距隋朝较远、威胁较小的达头和突利等部落，进攻距离隋朝边境较近、威胁较大的沙钵略和高宝宁部落。离强合弱一方面是利用突厥汗国内部的矛盾，促成与大可汗有矛盾的小可汗、弱小部落与大可汗脱离，并促成他们之间的联合；另一方面隋军联合突厥汗国内部弱小的部族，以及羁属于突厥的契丹、奚、霫等民族，抗击强大的突厥。

杨坚看了长孙晟的表文后，立即召见他。长孙晟乘机再次"口陈形势，手画山川，写其虚实，皆如指掌。"(《隋书·长孙晟传》)[2] 杨坚大为叹服，全部采纳了长孙晟的策略，并立即派出两路使团前往东北和西北：以太仆元晖为首的一路，经由伊吾（今新疆哈密），到达达头可汗居处，赐予他狼头纛，并与之达成默契，令其从西面牵制沙钵略部；达头同意并遣使随同元晖入朝，隋又把其使者的位置安排在沙钵略可汗的使者之上，"反间既行，果相猜贰"，从而达到远交近攻的目的。以车骑将军长孙晟为首的一路，出黄龙道，经过奚、霫、契丹等族居住区，对这些部族首领晓之以义，在他们引导下至处罗侯部落

---

① （唐）魏征等撰：《隋书》，中华书局1973年版，第1866～1867页。

② （唐）魏征等撰：《隋书》，中华书局1973年版，第1331页。

处，“深布心腹，诱令内附”。长孙晟的东北之行，使奚、霫、契丹等族与新建立的隋朝有了联系，争取了处罗侯部，孤立了沙钵略部，为之后征服突厥奠定了良好的基础。开皇三年（公元583年），杨坚在充分准备的基础上派杨爽率军北伐突厥，屡次打败突厥阿波可汗军。长孙晟于是派使者与阿波可汗联系，并对阿波的使者说：“今达头与隋连和，而摄图不能制。可汗何不依附天子，连结达头，相合为强，此万全之计。岂若丧兵负罪，归就摄图，受其戮辱邪?”阿波可汗也怕因战败受到沙钵略可汗的惩罚和侮辱，遂接受长孙晟的建议，“因留塞上，使人随晟入朝”（《隋书·长孙晟传》）。[①] 沙钵略可汗得知阿波与达头皆已附隋，袭掠了阿波原来的牙帐，并杀死其母。阿波返回时已无家可归，遂投奔达头可汗。长孙晟促使突厥汗国分裂，削弱了沙钵略部的力量。突厥分为东、西突厥之后，东突厥沙钵略部屡被隋军打败，西面又遭达部汗攻击，加之东面还受契丹威胁，被迫于开皇四年（公元584年）遣使与隋通好。隋由此基本解除了突厥的威胁，直到开皇十二年（公元592年）突厥各部都遣使朝贡。可见，文帝在处理与突厥的关系中，一直根据突厥内部大、小可汗实力的对比起伏，灵活采用远交近攻、离强合弱的策略，实现了制御突厥、消弭北方边患的目的。

在战术层面上，杨坚采用多管齐下的治边措施，体现了他灵活的边疆管理思想。这些措施包含以下几个方面：一是筑长城以巩固北部边防。杨坚在位期间，面对北方诸多游牧民族军队对中原的袭扰，北部边防仍然沿袭秦汉以来的措施，主要以防御为主，令“缘边修堡障，峻长城，以备之。”（《隋书·突厥传》）[②] 据史载，杨坚前后修筑长城多达5次。二是大兴屯田，积谷备边。隋初，为了抵御北方的强敌突厥，不得不在北部边境驻扎重兵，军粮及其他后勤补给需从内地转输，需要耗费巨大的民力。“是时突厥犯塞，吐谷浑寇边，军旅数起，转输劳敝。帝（杨坚）乃令朔州总管赵仲卿，于长城以北大兴屯田，以实塞下。又于河西勒百姓立堡，营田积谷。”（《隋书·食货志》）[③] 为了根本解决这种“转输劳敝”的问题，杨坚下令在长城以北大兴屯田，并任命朔州总管赵仲卿负责。“于时塞北盛兴屯田，仲卿总管统之……事多克济，由是收获

① （唐）魏征等撰：《隋书》，中华书局1973年版，第1331页。
② （唐）魏征等撰：《隋书》，中华书局1973年版，第1865页。
③ （唐）魏征等撰：《隋书》，中华书局1973年版，第681页。

岁广，边戍无馈运之忧。”(《隋书·赵仲卿传》)[①] 开皇五年（公元585年），杨坚任命郭衍为朔州总管。郭衍赴任后，鉴于其所辖地区“北接蕃境，常劳转运”，“（郭）衍乃选沃饶地，置屯田，岁剩粟万余石，民免转输之劳。”(《隋书·郭衍传》)[②] 北境屯田，充实了北部边境边防军资，为日后大败突厥奠定了基础。杨坚在边境屯田这一措施的推行，不仅直接减轻了军民沉重的转输负担，使边疆荒地得到了开垦，还充实了边境守军的军资，保证了边疆生产生活的正常进行。后来，隋明帝杨广很好地继承了这一措施。三是建立地方卫戍制度。杨坚建隋后，在加强北部边防的同时，还省并之前冗繁的州、郡建置，在边境也推行州、县两级管理体制，州刺史为地方行政长官，处于战略要冲地带的州叫总管，称“总管刺史加使持衔”，可以兼理数州以上地区范围的军事事务。在军事要地、重要关隘分别设置镇、戍、关，掌管所辖地的戍守事宜，建立了完善的地方卫戍制度(《隋书·百官志》)。[③] 据《隋书》记载，杨坚时期前后置总管的州计约60个，其间虽经历了拆并州县，常设不废的州总管仍有约30个。这些设置总管的州，分布于从西北到东北、从西南到东南的边境地区，从而加强了对这些地方的控制。

## 第三节 苏威的管理思想

苏威出身显赫的关陇士族家庭。北周时，苏威与权臣宇文护之女成婚，为避祸入寺读书。杨坚建隋，征拜苏威为太子少保，兼纳言、度支尚书。苏威参掌朝政后，知无不言，深得文帝信任。开皇九年（公元589年）任尚书右仆射，与高颎及虞庆则、王雄称朝中“四贵”。后虽一度免职，但不久又拜纳言，复爵邳国公，仁寿初复拜尚书右仆射，直至文帝杨坚去世。明帝杨广即位，加苏威上大将军，后复为纳言，与宇文述、裴矩、裴蕴、虞世基参掌朝政，时人称为朝中“五贵”。苏威直言敢谏，亦为杨广见重。苏威在长达三十余年的仕隋生涯中，多次免官，但不久又恢复官爵，对隋朝前期的政治、经济及社会稳

① （唐）魏征等撰：《隋书》，中华书局1973年版，第1696页。
② （唐）魏征等撰：《隋书》，中华书局1973年版，第1469页。
③ （唐）魏征等撰：《隋书》，中华书局1973年版，第784页。

定做出了突出的贡献。

## 一、主修《开皇律》，主张刑律宽简

由于长期分裂和战乱，隋朝初年许多制度遭到严重破坏，显得混乱不堪。开皇元年（公元581年）隋文帝令裴政等重修刑律："诏与苏威等修定律令。政采魏、晋刑典，下至齐、梁，沿革轻重，取其折衷。同撰著者十有余人，凡疑滞不通，皆取决于政。"（《隋书·裴政传》）[①] 裴政在修律过程中发挥了重要作用。但是，裴政主修的律典还存在法条繁苛等情况，并未完全做到"杂格严科，并宜除削"。于是到了开皇三年（公元583年），文帝"因览刑部奏，断狱数犹至万条。以为律尚严密，故人多陷罪。又敕苏威、牛弘等，更定新律。"（《隋书·刑法志》）[②] 文帝又令苏威等重修新律，颁行全国。苏威作为《开皇律》的主修人之一，在该法典的制定过程中起到了重要作用。苏威等删定律典主要从三个方面展开：一是减省刑名，律典条文大量削减；二是废除酷法，降从轻典；三是规范完善律典编撰体例。修订后的《开皇律》比原来减少死罪81条，流罪154条，徒杖等罪1000余条，只保留500条律文，共12卷（详见上节）。此次修订充分体现出用法唯简，刑罚从轻的立法精神。

虽然如此，苏威作为宗法地主阶级专制的政治家，《开皇律》的再次修订虽然删减刑名，降从轻典，但仍然充分体现了地主阶级的意志。该律典充分保护了宗法地主阶级的利益，贵族官僚只要不触及十恶之条的罪行，都可以减刑赎刑，具体来说，凡是在议亲、议故、议贤、议能、议功、议贵、议勤、议宾"八议"之科者及官在第七品以上犯罪，皆减一等治罪；九品以上官吏犯罪者，听以铜赎罪："其在八议之科及官品第七已上犯罪，皆例减一等。其品第九已上犯者，听赎。应赎者，皆以铜代绢。赎铜一斤为一负，负十为殿。笞十者铜一斤，加至杖百则十斤。徒一年，赎铜二十斤，每等则加铜十斤，三年则六十斤矣……犯私罪以官当徒者，五品已上，一官当徒二年；九品已上，一官当徒一年；当流者，三流同比徒三年。若犯公罪者，徒各加一年，当流者各加一等。其累徒过九年者，流二千里。"（《隋书·刑法志》）[③] 这些律条，充分体现

---

① （唐）魏征等撰：《隋书》，中华书局1973年版，第1549页。
② （唐）魏征等撰：《隋书》，中华书局1973年版，第712页。
③ （唐）魏征等撰：《隋书》，中华书局1973年版，第711页。

了古代宗法地主阶级在法律上的特权。

隋朝的刑法经过苏威这次修订，固然没有改变压迫人民的本质，但与南北朝各政权的刑律相比要宽轻疏简得多，尤其是对前代枭首、孥戮等残酷刑罚的废除，显示了《开皇律》的进步和开明。所以魏征在《隋书·刑法志》中作出这样的评价："自是刑网简要，疏而不失。"[①]《资治通鉴》亦云："自是法制遂定，后世多遵用之"。[②]《开皇律》上承南北朝的刑法，下启唐代刑法，在中国刑法史上占有重要地位。苏威作为《开皇律》的主修者，其功绩应予以充分肯定。但是，苏威等主修的《开皇律》虽宽简轻疏，统治阶层有时却根据个人意志不按法律办事，法外加刑，轻罪重判。文帝就数次在朝廷上打人，在朝廷上杖杀官吏甚至"盗一钱已上皆弃市"，"此后又定制，行署取一钱已上，闻见不告言者，坐至死。自此四人共盗一榱桷，三人同窃一瓜，事发即时行决。"皇帝这样，地方执法也开始严峻起来，"其诸司属官，若有愆犯，听于律外斟酌决杖。于是上下相驱，迭行棰楚，以残暴为干能，以守法为懦弱"（《隋书·刑法志》），[③] 大大损害了法律的尊严，也减损了《开皇律》的进步性。为了维护《开皇律》的尊严和公平公正，苏威曾极力谏止文帝的滥杀行为。《隋书·苏威传》记载："上尝怒一人，将杀之，威入阁进谏，不纳。上怒甚，将自出斩之，威当上前不去。上避之而出，威又遮止。上拂衣而入。良久，乃召威谢曰：'公能若是，吾无忧矣。'于是赐马二匹，钱十余万。"[④] 苏威以国家为己任，敢于触犯龙颜，再三谏止文帝的滥杀行为。开皇初年（公元 581 年），文帝虚心纳谏，对苏威直言谏止不仅没有怪罪，还给予奖励。

## 二、奏减赋役，抑制兼并

首先，奏减赋役，务从轻典。隋文帝减轻了赋役，苏威力谏起到了重要作用。《隋书》记载，苏威的父亲苏绰在西魏时，"以国用不足，为征税之法，颇称为重。既而叹曰：'今所为者，正如张弓，非平世法也。后之君子，谁能弛乎？'威闻其言，每以为己任。"杨坚建隋后，征拜苏威为太子少保，兼纳言、民部尚书，苏威便"奏减赋役，务从轻典"，"上悉从之，渐见亲重，与高颎参

① （唐）魏征等撰：《隋书》，中华书局 1973 年版，第 711 页。
② （北宋）司马光编著：《资治通鉴》卷 175。
③ （唐）魏征等撰：《隋书》，中华书局 1973 年版，第 714 页。
④ （唐）魏征等撰：《隋书》，中华书局 1973 年版，第 1185～1186 页。

掌朝政”(《隋书·苏威传》)。[①] 在父亲苏绰轻税思想的影响下，苏威向文帝奏减赋役，得到了文帝的批准。史书记载表明，文帝确实推行了一些减免赋税的政策措施。关于此，上节论之已详。

苏威还奏请文帝抑制豪族兼并。隋初，由于文帝为了奖励拥戴其登上皇帝宝座和平定相州、陨州、益州三州总管叛乱的功臣，以及为了摆平山东士族与关陇士族的关系，对功臣豪族兼并土地颇为放任。开皇三年（公元 583 年），针对豪强兼并土地造成许多平民丧失土地的现象，苏威立议，“以为户口滋多，民田不赡，欲减功臣之地以给民”(《隋书·王谊传》)，但遭到山东豪族、大司徒王谊的反对。王谊上奏说：“百官者，历世勋贤，方蒙爵土，一旦削之，未见其可。如臣所虑，正恐朝臣功德不建，何患人田有不足?”(《隋书·王谊传》)[②] 虽然文帝否定了苏威的建议，但从中可见苏威不畏豪强、为民请命的精神。苏威还敢于同违法乱纪的大官僚作斗争。北周大象末年，杨坚曾让李德林“自选一好宅”，李德林乃奏取原北齐宰相高阿那肱的“卫国县市店八十堰”。开皇九年（公元 589 年），车驾幸晋阳（今山西太原），卫国县市店人上奏说李德林占有的田宅“地是民物，高氏强夺，于内造舍”，文帝命有司计值付还，正好遇到苏威从长安到来，并奏白文帝“德林诬罔，妄奏自入”，加之大臣李圆通、冯世基亦主张田宅应该立即归还原主：“此店收利如食千户，请计日追赃”。李德林不肯，文帝强令其归还(《隋书·李德林传》)。[③] 可见，苏威秉公立心、刚正不阿的品质。

## 三、赞行德政，注重匡救时弊

杨坚建隋后，苏威受诏辅政。他抱着致君尧舜的崇高理想，竭尽心力辅佐杨坚，实现了他的政治思想，为开皇盛世建立了不朽功勋。为了巩固国家政权，恢复和发展社会经济，苏威积极建议文帝推行“仁政”。据《隋书》记载，隋初，苏威与高颎俱见重于文帝，苏威“见宫中以银为幔钩，因盛陈节俭之美以谕上”，“上为之改容，雕饰旧物，悉命除毁”(《隋书·苏威传》)。[④] 从苏威“奏减赋役，务从轻典”，到主修《开皇律》，删除“死罪八十一条，流罪一百

① （唐）魏征等撰：《隋书》，中华书局 1973 年版，第 1185～1186 页。
② （唐）魏征等撰：《隋书》，中华书局 1973 年版，第 1169 页。
③ （唐）魏征等撰：《隋书》，中华书局 1973 年版，第 1207 页。
④ （唐）魏征等撰：《隋书》，中华书局 1973 年版，第 1185 页。

五十四条”，都体现了他赞行德政的管理思想。

苏威作为隋初宰相，大力褒奖淡泊名利而又有才干的官吏。开皇初年，卢昌衡为尚书祠部侍郎，“高祖尝大集群下，令自陈功绩，人皆竞进，昌衡独无所言。左仆射高颎目而异之。陈使贺彻、周濆相继来聘，朝廷每令昌衡接对之。未几，出为徐州总管长史，甚有能名”。时任吏部尚书的苏威考评卢昌衡曰：“德为人表，行为士则。”（《隋书·陆昌衡传》）[①] 苏威将卢昌衡树为官吏的榜样。苏威还注重以德化民。隋平陈后，苏威作“五教”（五伦之教：父义、母慈、兄友、弟恭、子孝），令民习颂。隋文帝虽然已经是鲜卑化的汉族，但特别重视华夏礼乐，对苏威赞行儒家德政的思想极为认可，并较好采纳了苏威赞行仁治德化的主张。

文帝去世后，杨广即位，是为明帝。明帝后期，仍旧大兴土木，生活上骄奢淫逸，西巡张掖，东征高丽，极大地耗费了国家财富。于是，他将负担转嫁到人民身上，横征暴敛，赋税繁苛，阶级矛盾和统治阶级的内部矛盾日趋激化，大隋政权危机四伏。面对时艰，辅政大臣苏威仍忠心耿耿，力图匡政救弊。大业五年（公元 609 年），时称“五贵”的虞世基、苏威、宇文述、裴蕴、裴矩一起参政，苏威被任为内史侍郎。面对杨广滥用民力，西巡东征，朝政日蹙，原先精审强干的虞世基，“知帝不可谏止，又以高颎、张衡等相继诛戮，惧祸及己，虽居近侍，唯诺取容，不敢忤意”（《隋书·虞世基传》）。[②] 裴蕴“善侯伺人主微意，若欲罪者，则曲法顺情，锻成其罪，所欲宥者，则附从轻典，因而释之”，“是后大小之狱皆以付蕴，宪部大理莫敢与夺，必禀承进止，然后决断”（《隋书·裴蕴传》）。[③] “素勤谨，未尝忤物”的裴矩，“见天下方乱，恐为身祸，其待遇多过所望”（《隋书·裴矩传》）。[④] 他们或迎合隋明帝，或培养个人势力。苏威则不然，虽然认识到身处乱局，无法致君尧舜，但仍不忘匡时救弊。为了减少明帝滥用民力，早在大业初年，他就谏止明帝征民百万修榆林至紫马河一段长城。大业九年（公元 613 年），杨玄感叛乱，明帝问计苏威，苏威云：“夫识是非，审成败者，乃所谓聪明。玄感粗疏，非聪明者，

① （唐）魏征等撰：《隋书》，中华书局 1973 年版，第 1404 页。

② （唐）魏征等撰：《隋书》，中华书局 1973 年版，第 1573 页。

③ （唐）魏征等撰：《隋书》，中华书局 1973 年版，第 1575 页。

④ （唐）魏征等撰：《隋书》，中华书局 1973 年版，第 1583 页。

必无所虑。但恐浸成乱阶耳。”（《隋书·苏威传》）[①] 微讽杨广留心改善“劳役不息，百姓思乱”的现状。大业十一年（公元615年），明帝出巡雁门，“为突厥所围，朝廷危惮。帝欲轻骑溃围而出”，苏威谏止了这一轻骑突围的冒险行动。待雁门之围解去，明帝至太原，苏威进劝明帝速回长安，以稳定日趋混乱的局面（《隋书·苏威传》）。[②]

从大业九年（公元613年）到大业十二年（公元616年），苏威就在关于农民起义的问题上4次劝谏明帝，仅大业十二年就多达3次。虽然明帝不悦人言农民起义的严重性，苏威仍上奏云“患其渐近”，“他日贼据长白山，今者近在荥阳、汜水”，告诉明帝农民起义军的势力日趋壮大，但明帝“竟用宇文述等议，遂往东都”。尤其是大业十二年五月五日，百官献珍玩取悦明帝，但苏威“献《尚书》一部，微以讽帝”，以夏太康失国的故事讽喻明帝，如再逗留东都洛阳，将危倾社稷。苏威多次劝谏，终于触怒了明帝，加之政敌弹劾，终于被罢职免官，险被处死（《隋书·苏威传》）。[③] 足见苏威虽身处隋末乱朝，依然不忘匡救时弊的精神。

## 第四节　杨广的管理思想

隋明帝杨广，唐代谥为“炀帝”，后世因之多称为隋炀帝。杨广一生，既在历史上留下许多永垂不朽的丰功伟绩，也因其骄奢淫逸、虚妄自大、草菅人命、滥用民力而受到历代众多史家的批评指责。从总体上看，杨广是为中华民族作出过巨大贡献的人，他的贡献足以媲美秦皇、汉武、唐宗、宋祖等著名帝王。著者综考杨广一生作为，认为谥号“明皇帝”似比“炀皇帝”更接近史实。杨广的管理思想也有诸多不朽的价值。

### 一、以民为本，天下为公

史载杨广兼通武略文韬，具有强干的政治军事才能。他戎马倥偬，纵横天

① （唐）魏征等撰：《隋书》，中华书局1973年版，第1188页。

②③ （唐）魏征等撰：《隋书》，中华书局1973年版，第1189页。

下，“南平吴、会，北却匈奴，昆弟之中，独著声绩”（《隋书·炀帝纪》），[①]为全国统一立下不朽功勋。即位之初，他励精图治，创制立法，极有建树，为大隋政治体制的完善和发展做出了重大贡献。他高度重视法制建设，下令改革法律制度。《隋书·刑法志》云：“炀帝即位，以高祖禁网深刻，又敕修律令，除十恶之条……三年，新律成。凡五百条，为十八篇。诏施行之，谓之《大业律》……其五刑之内，降从轻典者，二百余条。其枷杖决罚讯囚之制，并轻于旧。”[②] 杨广对国家各项管理制度都很有创建。从“唐承隋制”的角度看，隋唐帝制的基本框架是在杨坚、杨广父子手中基本奠定。在杨广执政初期，大隋一度极为强盛。虽然他后来却穷兵黩武，横征暴敛，滥施刑罚，诛戮忠良，终致身死国灭，但事实上他的政治成就和历史地位毫不逊色于夺取大隋天下的唐太宗李世民，即使唐及之后的一些史家对其过多贬批。

杨广以民为本、天下为公的管理思想非常系统，其基本内容包括以下四个方面：首先，杨广认为立君为民，民为邦本。仁寿四年（公元 604 年）七月，文帝驾崩，第五子汉王杨谅起兵造反。杨广命杨素为并州道行军总管兼河北安抚大使率军征讨。杨素大败谅军，平其余党。他在慰劳杨素的手诏中云：“天生蒸民，为之置君，仰惟先旨，每以子民为念……朕不能和兄弟，不能安苍生，德泽未弘，兵戈先动，贼乱者止一从，涂炭者乃众庶。非唯寅畏天威，亦乃孤负付嘱，薄德厚耻，愧乎天下。”（《隋书·杨素传》）[③] 可见，杨广对立君为民、为天下的思想有深刻的理解。同年十一月杨广行幸洛阳，发丁男数十万修掘龙门至洛阳的运河，并下诏云：“非天下以奉一人，乃一人以主天下也。民惟国本，本固邦宁，百姓足，孰与不足！今所营构，务从节俭，无令雕墙峻宇复起于当今，欲使卑宫菲食将贻于后世。”（《隋书·炀帝纪》）[④] 关于民为邦本，前引诏书中他说“民惟国本，本固邦宁”。他反复宣称要仿效古代圣王，“因人顺天”，“爱人治国”，“武有七德，先之以安民”。大业元年（公元 605 年）正月，他派遣 8 位使臣巡省各地风俗，并下诏云：“昔者哲王之治天下也，其在爱民乎。既富而教，家给人足，故能风淳俗厚，远至迩安。治定功成，率由斯道。朕嗣膺宝历，抚育黎献，夙夜战兢，若临川谷……况以四海之远，兆

---

① （唐）魏征等撰：《隋书》，中华书局 1973 年版，第 95 页。

② （唐）魏征等撰：《隋书》，中华书局 1973 年版，第 716～717 页。

③ （唐）魏征等撰：《隋书》，中华书局 1973 年版，第 1289～1290 页。

④ （唐）魏征等撰：《隋书》，中华书局 1973 年版，第 61～62 页。

民之众，未获亲临，问其疾苦。每虑幽仄莫举，冤屈不申，一物失所，乃伤和气，万方有罪，责在朕躬，所以寤寐增叹，而夕惕载怀者也。今既布政惟始，宜存宽大。可分遣使人，巡省方俗，宣扬风化，荐拔淹滞，申达幽枉。孝悌力田，给以优复。鳏寡孤独不能自存者，量加赈济。义夫节妇，旌表门闾。高年之老，加其版授，并依别条，赐以粟帛。笃疾之徒，给侍丁者，虽有侍养之名，曾无赒赡之实，明加检校，使得存养。若有名行显著，操履修洁，及学业才能，一艺可取，咸宜访采，将身入朝。所在州县，以礼发遣。其有蠹政害人，不便于时者，使还之日，具录奏闻。”（《隋书·炀帝纪》）[①] 可见，杨广也确曾实行了一些以民为本的管理措施。

其次，杨广认为君主不可独治，应有群才辅佐共治。他明确阐述了君主不可独治的道理。大业三年（公元 607 年），他改州为郡，依古式改度量衡，改上柱国已下官为大夫，下诏选拔人才：“天下之重，非独治所安，帝王之功，岂一士之略。自古明君哲后，立政经邦，何尝不选贤与能，收采幽滞。周称多士，汉号得人，常想前风，载怀钦伫。朕负扆夙兴，冕旒待旦，引领岩谷，置以周行，冀与群才共康庶绩……凡厥在位，譬诸股肱，若济巨川，义同舟楫。岂得保兹宠禄，晦尔所知，优游卒岁，甚非谓也……才堪将略，则拔之以御侮；膂力骁壮，则任之以爪牙。爰及一艺可取，亦宜采录，众善毕举，与时无弃。以此求治，庶几非远。文武有职事者，五品已上，宜依令十科举人。有一于此，不必求备。朕当待以不次，随才升擢。”（《隋书·炀帝纪》）[②] 可见，杨广并不想当独裁者。

再次，杨广认为君主应当体察民心，顺从民意。大业元年（公元 605 年）三月，杨广令杨素、宇文恺等营建东都洛阳，“徙豫州郭下居人以实之”，并下诏云：“听采舆颂，谋及庶民，故能审政刑之得失。是知昧旦思治，欲使幽枉必达，彝伦有章……关河重阻，无由自达。朕故建立东京，躬亲存问。今将巡历淮海，观省风俗，眷求谠言，徒繁词翰，而乡校之内，阙尔无闻。恇然夕惕，用忘兴寝。其民下有知州县官人政治苛刻，侵害百姓，背公徇私，不便于民者，宜听诣朝堂封奏，庶乎四聪以达，天下无冤。”（《隋书·炀帝纪》）[③] 明

① （唐）魏征等撰：《隋书》，中华书局 1973 年版，第 62～63 页。
② （唐）魏征等撰：《隋书》，中华书局 1973 年版，第 67～68 页。
③ （唐）魏征等撰：《隋书》，中华书局 1973 年版，第 63 页。

确表达了他体察民情，顺从民意，使“天下无冤”的思想。君主应当顺从民意的思想可上溯到《春秋》、《周礼》、《孝经》中关于疏导民怨、广开言路的论述。战国以来，在这类思想指导下设立并不断完善了言路、谏官制度，历代帝王都发布过察民情、顺民心、开言路的诏书，好学而善为文章的杨广同样熟知这类思想。

最后，杨广认为君主应当由有道德的人担任。就在仁寿四年（公元604年）十一月杨广行幸洛阳，发丁男数十万修掘龙门至洛阳的运河时下诏云：“乾道变化，阴阳所以消息，沿创不同，生灵所以顺叙。若使天意不变，施化何以成四时，人事不易，为政何以厘万姓！《易》不云乎：‘通其变，使民不倦’……‘有德则可久，有功则可大。’”（《隋书·炀帝纪》）[①] 明确提出君主理应由有德有功的人来担任，即“有德则可久，有功则可大”，他认为北周禅让给大隋就是这样。这类思想源自《尚书》、《春秋》、《诗经》中的天命有德思想，历代帝王都这样论证其统治的合法性。杨广临死之前，还以“我实负百姓”自责，可见他对“立君为民”、“天命靡常”、“惟德是辅”的道理是非常了解的。自汉武帝时期开始，儒家思想就成了居于正统地位的统治思想，之后的历代帝王都标举以民为本，天命辅德。从总体上看，杨广以民为本，天下为公的思想符合儒家思想的基本特征。

## 二、改革官制，协调平衡各方利益，强化国家管理

隋文帝主要对魏晋以来的职官制度进行了初步整顿，在职官设置的诸多方面都程度不同地保留着魏晋以来历朝官制的痕迹，存在着许多弊病。首先，职事官之间、职事官与散官之间、散官与勋官之间，名号重复混乱的现象非常严重。如门下省有给事黄门侍郎4人，又有给事20人；内侍省还有内给事4人。又如门下省有散骑常侍、通直散骑常侍各4人；又设散骑侍郎4人，员外散骑常侍6人，通直散骑侍郎4人；又设员外散骑侍郎20人，掌同散骑常侍（《隋书·百官志》）。[②] 再如诸卫府有大将军之置，散官中亦有大将军名号。文帝采用后周之制，“置上柱国、柱国、上大将军、大将军、上开府仪同三司、开府仪同三司、上仪同三司、仪同三司、大都督、帅都督、都督，总十一等”（《隋

① （唐）魏征等撰：《隋书》，中华书局1973年版，第60～61页。
② （唐）魏征等撰：《隋书》，中华书局1973年版，第774页。

书·百官志》),[①] 但是,“其骅骝牧及二十四军马牧,每牧置仪同及尉、大都督、帅都督等员。驴骡牧,置帅都督及尉。原州羊牧,置大都督并尉……苑川十二马牧,每牧置大都督及尉各一人,帅都督二人。”(《隋书·百官志》)[②] 诸军府又置大都督、帅都督、都督等为领兵军官。《隋书·百官志》又载:“左右卫又各统亲卫。置开府。左勋卫开府,左翊一开府、二开府、三开府、四开府,及武卫、武侯、领事、东宫领兵开府准此。府置开府一人。”[③] 但又将散官中的开府仪同三司省称为开府。这种官名重复混乱的现象在《隋书》列传及诏敕中屡见不鲜。隋文帝虽然实行九品官阶,但仍然存在“流内视品十四等”(《隋书·百官志》),[④] 又有“视九品之差”(《隋书·百官志》),[⑤] 等级繁多,品阶混乱。其次,隋文帝的官制改革设官过滥,名号繁杂。如除了执(职)事官、勋官、散官等外,“六品已下,又有翊军等四十三号将军,品凡十六等,为散号将军,以加泛授。居曹有职务者为执事官,无职务者为散官。戎上柱国已下为散实官,军为散号官”(《隋书·百官志》)。[⑥]这些散号将军、散号官多不理事,文帝不加裁削,全予承袭;加之这些高级勋官与散官,如上柱国、柱国、上大将军、大将军、上开府、开府等均置有府僚,其员数虽比前朝有所减少,由于设官较滥,故员数仍然不少。另外,“三师、三公,置府佐与柱国同……王公已下,三品已上,又并有亲信、帐内,各随品高卑而制员”(《隋书·百官志》)。[⑦] 这一时期京师诸司及地方州县的设官也较多,如门下省定员 211 人(《隋书·百官志》),[⑧] 而盛唐时期门下省定员仅 82 人(《唐六典》)。[⑨] 门下省仍辖城门、尚食等六局,若不计六局官员,门下省定员仍高达 127 人。从州郡看,隋文帝时雍州定员 524 人,京兆郡定员 244 人,上上州定员共 323 人,上中州定员 311 人,上下州 295 人(《隋书·百官志》)。[⑩] 而盛唐时期上州仅 143 人(《唐六典》)。[⑪] 加之文帝时期三省地位不平衡,中央省司设官分职不

---

①⑥ (唐)魏征等撰:《隋书》,中华书局 1973 年版,第 781 页。
② (唐)魏征等撰:《隋书》,中华书局 1973 年版,第 784 页。
③ (唐)魏征等撰:《隋书》,中华书局 1973 年版,第 778 页。
④ (唐)魏征等撰:《隋书》,中华书局 1973 年版,第 789 页。
⑤ (唐)魏征等撰:《隋书》,中华书局 1973 年版,第 791 页。
⑦ (唐)魏征等撰:《隋书》,中华书局 1973 年版,第 782 页。
⑧ (唐)魏征等撰:《隋书》,中华书局 1973 年版,第 774 页。
⑨ (唐)李林甫等撰:《唐六典》卷 8,文渊阁四库全书影印本。
⑩ (唐)魏征等撰:《隋书》,中华书局 1973 年版,第 783 页。
⑪ (唐)李林甫等撰:《唐六典》卷 30,文渊阁四库全书影印本。

完善，州县过多，导致十羊九牧、官员职权重叠等弊病。因此，杨广即位后，出于现实政治的需要对官制进行了改革，其具体措施如下：

第一，简化品秩，简化和完善三省六部制。隋文帝时期品秩较繁，杨广进行了简化："（大业）三年定令，品自第一至于第九，唯置正从，而除上下阶。罢诸总管，废三师、特进官……旧都督已上，至上柱国，凡十一等，及八郎、八尉、四十三号将军官，皆罢之。并省朝议大夫。自一品至九品，置光禄、从一品。左右光禄、左正二品，右从二品。金紫、正三品。银青光禄、从三品。正议、正四品。通议、从四品。朝请、正五品。朝散、从五品。九大夫，建节、正六品。奋武、从六品。宣惠、正七品。绥德、从七品。怀仁、正八品。守义、从八品。奉诚、正九品。立信、从九品。等八尉，以为散职。"（《隋书·百官志》）[①] 地方上亦有简化："罢州置郡，郡置太守。上郡从三品，中郡正四品，下郡从四品。京兆、河南则俱为尹，并正三品。罢长史、司马，置赞务一人以贰之。京兆、河南从四品，上郡正五品，中郡从五品，下郡正六品。次置东西曹掾，京兆、河南从五品，上郡正六品，中郡从六品，下郡正七品。主簿，司功、仓、户、兵、法、士曹等书佐，各因郡之大小而为增减。改行参军为行书佐……又改郡赞务为丞，位在通守下，县尉为县正，寻改正为户曹、法曹，分司以承郡之六司。河南、洛阳、长安、大兴，则加置功曹，而为三司，司各二人。郡县佛寺，改为道场，道观改为玄坛，各置监、丞。京都诸坊改为里，皆省除里司，官以主其事。"（《隋书·百官志》）[②]

隋文帝确立了三省六部制，但内史、门下两省尚未摆脱皇帝侍从、顾问性质，还不是纯粹的国家行政机构。大业三年（公元 607 年），杨广开始对官制进行改革："取殿内监名，以为殿内省，并尚书、门下、内史、秘书，以为五省……改内侍省为长秋监。"（《隋书·百官志》）[③] 殿内省掌诸供奉之事，长秋监掌管宫中事务，秘书省掌管书籍历法，这三个部门在国家行政中不起主要作用，国家最重要的行政机构是尚书、门下、内史三省。从尚书省看，"尚书省六曹，各侍郎一人，以贰尚书之职。又增左、右丞阶，与六侍郎并正四品。诸曹侍郎并改为郎。又改吏部为选部郎，户部为人部郎，礼部为仪曹郎，兵部为兵曹郎，刑部为宪部郎，工部为起部郎，以异六侍郎之名，废诸司员外郎，而

① （唐）魏征等撰：《隋书》，中华书局 1973 年版，第 793～794 页。

② （唐）魏征等撰：《隋书》，中华书局 1973 年版，第 803 页。

③ （唐）魏征等撰：《隋书》，中华书局 1973 年版，第 793 页。

每增置一曹郎，各为二员。都司郎各一人，品同曹郎，掌都事之职，以都事为正八品，分隶六尚书。诸司主事，并去令史之名。其令史随曹闲剧而置。每十令史置一主事，不满十者亦置一人。其余四省三台，亦皆曰令史，九寺五监诸卫府则皆曰府史。后又改主客郎为司蕃郎。寻又每减一郎，置承务郎一人，同员外之职。"(《隋书·百官志》)[①] 尚书省官吏设置比隋文帝时期更加健全高效。从门下省看，"门下省减给事黄门侍郎员，置二人，去给事之名，移吏部给事郎名为门下之职，位次黄门下。置员四人，从五品，省读奏案。废散骑常侍、通直散骑常侍、谏议大夫、散骑侍郎等常员。改符玺监为郎，置员二人，为从六品加录事阶为正八品。以城门、殿内、尚食、尚药、御府等五局隶殿内省。"(《隋书·百官志》)[②] 门下省不仅员额有所精简，还将隶属门下省的城门、殿内、尚食、尚药、御府等五局转隶殿内省，很大程度上减轻了门下省的侍从性质。为了强化门下省的职能，杨广把门下录事品秩由从八品升为正八品，将门下主事从吏职升为流内从九品。从内史省看，"内史省减侍郎员为二人，减内史舍人员为四人。加置起居舍人员二人，从六品。次舍人下。改通事舍人员为谒者台职。减主书员，置四人，加为正八品。"(《隋书·百官志》)[③] 员额亦有精简。三省之中，最为重要的还是尚书省。

第二，调整和改革监察等国家机构。在监察机构方面，御史台的改革包括："御史台增治书侍御史为正五品。省殿内御史员，增监察御史员十六人，加阶为从七品。开皇中，御史直宿禁中，至是罢其制。又置主簿、录事员各二人。五年，又降大夫阶为正四品，减治书侍御史为从五品；增侍御史为正七品，唯掌侍从纠察，其台中簿领，皆治书侍御史主之。后又增置御史，从九品，寻又省。"(《隋书·百官志》)[④] 谒者台的改革包括："谒者台大夫一人，从四品。五年，改为正四品。掌受诏劳问，出使慰抚，持节察授，及受冤枉而申奏之。驾出，对御史引驾。置司朝谒者二人以贰之。从五品。属官有丞一人，主簿、录事各一人等员。又有通事谒者二十人，从六品。即内史通事舍人之职也。次有议郎二十四人，通直三十六人，将事谒者三十人，谒者七十人，皆掌出使。其后废议郎，通直、将事谒者，谒者等员，而置员外郎八十员。寻诏门下、内

① （唐）魏征等撰：《隋书》，中华书局 1973 年版，第 794 页。
② （唐）魏征等撰：《隋书》，中华书局 1973 年版，第 794～795 页。
③ （唐）魏征等撰：《隋书》，中华书局 1973 年版，第 795 页。
④ （唐）魏征等撰：《隋书》，中华书局 1973 年版，第 796 页。

史、御史、司隶、谒者五司，监受表，以为恒式，不复专谒者矣。寻又置散骑郎，从五品，二十人，承议郎、正六品。通直郎，从六品。各三十人，宣德郎、正七品。宣义郎，从七品，各四十人，从事郎、正八品。将仕郎、从八品。常从郎、正九品。奉信郎，从九品。各五十人，是为正员。并得禄当品。又各有散员郎，无员无禄。寻改常从为登仕，奉信为散从。自散骑已下，皆主出使，量事大小，据品以发之。”（《隋书·百官志》）[①] 司隶台的改革包括：“司隶台大夫一人，正四品。掌诸巡察。别驾二人，从五品。分察畿内，一人案东都，一人案京师。刺史十四人，正六品。巡察畿外。诸郡从事四十人，副刺史巡察。其所掌六条：一察品官以上理政能不。二察官人贪残害政。三察豪强奸猾，侵害下人，及田宅逾制，官司不能禁止者。四察水旱虫灾，不以实言，枉征赋役，及无灾妄蠲免者。五察部内贼盗，不能穷逐，隐而不申者。六察德行孝悌，茂才异行，隐不贡者。每年二月，乘轺巡郡县，十月入奏。置丞、从六品。主簿、从八品。录事从九品。各一人，后又罢司隶台，而留司隶从事之名，不为常员。临时选京官清明者，权摄以行。”（《隋书·百官志》）[②] 作为监察机构的御史台、谒者台、司隶台员额众多，其目的虽然出于强化对各级国家机构的监督，但这些机构职官废置无常，事实上并未能达到制度最初的设计效果，甚至造成一定程度的职事混乱，这为唐及之后的监察机构的建制提供了可贵的经验。

在国家其他机构的改革方面，掌管刑狱案件审理的大理寺：“大理寺丞改为勾检官，增正员为六人，分判狱事。置司直十六人，降为从六品，后加至二十人。又置评事四十八人，掌颇同司直，正九品。”（《隋书·百官志》）[③] 增加大理寺的编制，适应了当时社会矛盾加剧的需要。管理钱谷金帛诸货币的太府寺：“太府寺既分为少府监，而但管京都市五署及平准、左右藏等，凡八署……少府监置监，从三品，少监，从四品，各一人。丞从五品，二人。统左尚、右尚、内尚、司织、司染、铠甲、弓弩、掌冶等署。复改监、少监为令、少令。并司织、司染为织染署，废铠甲、弓弩二署。”（《隋书·百官志》）[④] 杨广此举是把掌管官办手工业的管理权从太府寺分离出去，使其专门管理国家府库及物价，以提高管理效率。管理掌粮食积储、仓廪及京朝官之禄米供应等事

① （唐）魏征等撰：《隋书》，中华书局1973年版，第796页。
② （唐）魏征等撰：《隋书》，中华书局1973年版，第797页。
③ （唐）魏征等撰：《隋书》，中华书局1973年版，第798页。
④ （唐）魏征等撰：《隋书》，中华书局1973年版，第798～799页。

务的司农寺："司农但统上林、太仓、钩盾、导官四署，罢典农、华林二署，而以平准、京市隶太府。"（《隋书·百官志》）[①] 将司农寺管理物价的职能划归太府寺，使其职能专一化。

第三，改革和调整军事机构。隋文帝时期为了笼络团结多方力量，实现其革周建隋以及南北统一的需要，在军事机构和将官的职能设置上有些重叠，各府卫之间位阶不一。杨广大业三年（公元 607 年），"改左右卫为左右翊卫，左右备身为左右骑卫。左右武卫依旧名。改领军为左右屯卫，加置左右御。改左右武侯为左右侯卫。是为十二卫。又改领左右府为左右备身府，左右监门依旧名，凡十六府。其朝之班序，以品之高卑为列。品同则以省府为前后，省府同则以局署为前后焉"（《隋书·百官志》）。[②] "十二卫，各置大将军一人，将军二人，总府事，并统诸鹰扬府。改骠骑为鹰扬郎将，正五品；车骑为鹰扬副郎将，从五品；大都督为校尉；帅都督为旅帅；都督为队正，增置队副以贰之。改三卫为三侍。其直阁将军、直寝、奉车都尉、驸马都尉、直斋、别将、统军、军主、幢主之属，并废。以武侯府司辰师员，隶为太史局官……每卫置护军四人，掌副贰将军。将军无则一人摄。寻改护军为武贲郎将，正四品，而置武牙郎将六人，副焉，从四品。诸卫皆置长史，从五品。又有录事参军，司仓、兵、骑、铠等员。翊卫又加有亲侍。鹰扬府每府置鹰扬郎将一人，正五品，副鹰扬郎将一人，从五品，各有司马及兵、仓两司。其府领亲、勋、武三侍，非翊卫府，皆无三侍。鹰扬每府置越骑校尉二人，掌骑士，步兵校尉二人，领步兵，并正六品。外军鹰扬官并同。左右侯卫增置察非掾二人，专纠弹之事。"（《隋书·百官志》）[③] 对军事管理机关进行调整，废除不适应需要的设置，使各府卫职能明确，去除职能方面的叠床架屋。杨广在进行这种调整的同时还提高诸卫长史的品阶由从六品升为从五品。这次调整，各府卫并重，增添将官并分散权力，使他们之间互相制约，不能形成专权，便于皇帝的管理和控制。

杨广专门对禁军进行调整："左右领左右府，改为左右备身府，各置备身郎将一人。又各置直斋二人以贰之，并正四品，掌侍卫左右。统千牛左右、司

---

① （唐）魏征等撰：《隋书》，中华书局 1973 年版，第 798 页。
② （唐）魏征等撰：《隋书》，中华书局 1973 年版，第 793～794 页。
③ （唐）魏征等撰：《隋书》，中华书局 1973 年版，第 800 页。

射左右各十六人，并正六品。千牛掌执千牛刀宿卫，司射掌供御弓箭。置长史，正六品，录事，司兵、仓、骑，参军等员，并正八品。有折冲郎将，各三人，正四品，掌领骁果。又各置果毅郎将三人以贰之，从四品。其骁果，置左、右雄武府雄武郎将以领之。以武勇郎将为副员，同鹰扬、鹰击。有司兵、司骑二局，并置参军事。”（《隋书·百官志》）[①] 这次调整使禁军将领不能独专，军府内外互相制衡，便于皇帝控制。

第四，改革爵、散、勋制度。隋文帝时期，爵、散、勋授予繁多混乱，《隋书》记载：“高祖又采后周之制，置上柱国、柱国、上大将军、大将军、上开府仪同三司、开府仪同三司、上仪同三司、仪同三司、大都督、帅都督、都督，总十一等，以酬勤劳。又有特进、左右光禄大夫、金紫光禄大夫、银青光禄大夫、朝议大夫、朝散大夫，并为散官，以加文武官之德声者，并不理事。六品已下，又有翊军等四十三号将军，品凡十六等，为散号将军，以加泛授。居曹有职务者为执事官，无职务者为散官。戎上柱国已下为散实官，军为散号官。诸省及左右卫、武侯、领左右监门府为内官，自余为外官。”（《隋书·百官志》）[②] 散官之制并非始于隋代，“宋、齐、梁、陈、后魏、北齐诸九品散官，皆以将军品秩，谓之加戎号”（《唐六典》）。[③] 宋、齐、梁、陈等朝散官通常不以文职官名命名。勋官以武职官命名，北周时即有“八柱国”，当时对为国家建立卓越功勋的多授予柱国，“此后功臣，位至柱国及大将军者众矣，咸是散秩，无所统御”（《周书·赵贵等传》）。文帝建隋后，为迎合功臣们的这种欲求，遂以上柱国、柱国、大将军等官为勋官。勋官不理事，但仍置僚属，这样就增加了官吏的编制。勋官子孙多以门荫人仕，自以家门功勋卓著，其中有横行不法者，有狂傲自满者，有招摇炫耀者，不仅不利于吏治清明，而且给社会带来消极影响。因此，杨广对此进行了调整：“旧都督已上，至上柱国，凡十一等，及八郎、八尉、四十三号将军官，皆罢之。并省朝议大夫”（《隋书·百官志》）。[④] 以光禄、左右光禄、金紫、银青光禄、正议、通议、朝请、朝散等九大夫，建节、奋武、宣惠、绥德、怀仁、守义、奉诚、立信八尉为勋官，代替原来的勋官，直接打击旧功臣贵族势力。同时，杨广调整散官制度，以期

---

① （唐）魏征等撰：《隋书》，中华书局 1973 年版，第 800～801 页。

② （唐）魏征等撰：《隋书》，中华书局 1973 年版，第 781 页。

③ （唐）李林甫等撰：《唐六典》卷 2，文渊阁四库全书影印本。

④ （唐）魏征等撰：《隋书》，中华书局 1973 年版，第 784 页。

改变旧制的庞杂混乱："开皇中，以开府仪同三司为四品散实官，至是改为从一品，同汉、魏之制，位次王公。门下省减给事黄门侍郎员，置二人，去给事之名，移吏部给事郎名为门下之职，位次黄门下。置员四人，从五品，省读奏案。废散骑常侍、通直散骑常侍、谏议大夫、散骑侍郎等常员。改符玺监为郎，置员二人，为从六品。加录事阶为正八品。"（《隋书·百官志》）[①] 经过整顿后，基本消除了原来的混乱状态。杨广还整顿了爵制："开皇中，置国王，郡王，国公，郡公，县公、侯、伯、子、男为九等者，至是唯留王、公、侯三等。余并废之。"（《隋书·百官志》）[②] 这样就缩小了封爵的范围。他还在大业六年（公元610年）二月下诏云："自今已后，唯有功勋乃得赐封，仍令子孙承袭。"（《隋书·炀帝纪》）[③] 规定贵族无功勋不得封爵，进一步缩小封爵的范围。

第五，改革地方行政管理和军事管理。文帝时期州郡并行，杨广罢州置郡，以郡统县。"罢州置郡，郡置太守。上郡从三品，中郡正四品，下郡从四品。京兆、河南则俱为尹，并正三品。罢长史、司马，置赞务一人以贰之。京兆、河南从四品，上郡正五品，中郡从五品，下郡正六品。次置东西曹掾，京兆、河南从五品，上郡正六品，中郡从六品，下郡正七品。主簿，司功、仓、户、兵、法、士曹等书佐，各因郡之大小而为增减。改行参军为行书佐……大兴、长安、河南、洛阳四县令，并增为正五品。诸县皆以所管闲剧及冲要以为等级。丞、主簿如故……郡县佛寺，改为道场，道观改为玄坛，各置监、丞。京都诸坊改为里，皆省除里司，官以主其事。"（《隋书·百官志》）[④] 杨广将东汉末年的州、郡、县三级行政简化为郡、县两级，不仅相应降低了原先州官的品阶，更重要的是提高了行政效率，减轻了行政管理的成本。他为了防止地方专权，分割太守权力，"其后诸郡各加置通守一人，位次太守，京兆、河南，则谓之内史。又改郡赞务为丞，位在通守下，县尉为县正，寻改正为户曹、法曹，分司以承郡之六司。河南、洛阳、长安、大兴，则加置功曹，而为三司，司各二人。"（《隋书·百官志》）[⑤] 通过设置通守以分割太守之权，又以郡丞制约通守，加强了对郡县的控制。在郡县军事机构的改革方面，杨广也进行了相

① （唐）魏征等撰：《隋书》，中华书局1973年版，第794～795页。
② （唐）魏征等撰：《隋书》，中华书局1973年版，第801～802页。
③ （唐）魏征等撰：《隋书》，中华书局1973年版，第75页。
④ （唐）魏征等撰：《隋书》，中华书局1973年版，第802～803页。
⑤ （唐）魏征等撰：《隋书》，中华书局1973年版，第802页。

应的改革，“旧有兵处，则刺史带诸军事以统之，至是别置都尉，副都尉。都尉正四品，领兵，与郡不相知。副都尉正五品。又置京辅都尉，从三品，立府于潼关，主兵领遏。并置副都尉，从四品。又置诸防主、副官，掌同诸镇。”（《隋书·百官志》）[①] 设置都尉、防主等以掌管郡、镇军事，分解原先刺史的权力，防止地方割据。

杨广这次官制改革的特点：首先，以恢复汉魏之制为名，革故鼎新。“炀帝嗣位，意存稽古，建官分职，率由旧章。大业三年，始行新令。”（《隋书·百官志》）[②] 具体而言：一是恢复汉魏古官名号，如改内侍省为长秋监，改吏部侍郎为选部郎，礼部为仪曹，刑部为宪部，工部为起部等。二是增加部分新的机构或职官，如取汉代司隶校尉之名，置司隶台；取《史记·河渠书》之名义，置河渠署；分太府寺另置少府监；依西周以来之内史、外史，置著作郎如外史，置起居舍人如内史等。三是撤消部分名实不符职官名号，如骠骑将军、车骑将军、都督，另改与其地位身份相符的名号。四是整顿职官名号重复混乱状况。其次，裁撤冗员，省并郡县。具体而言：一是罢免部分可有可无的职官，如三师、特进等。二是精减诸司官员编制，尤其是郡县编制。三是拆并郡县：隋文帝时期全国共设 318 州，到杨坚仁寿末年全国仍有 302 州；杨广大业年间经过省并，加上部分新置的郡，全国共有 199 郡，较之文帝时州郡数减少了约 1/3。而大业年间新置的郡还有不少是新开辟的疆土，如冲州、农州、荡州、且末、西海、河源、都善、辽东等。[③] 通过郡县拆并，大量减少了行政机构员额编制。

通过官制改革，缩减了勋官和封爵员额，剥夺了身居高位的勋官授受职事官的权利，把勋赏酬奖与官职任命分开，从而打击了旧势力，协调和平衡了各方利益。门阀贵戚、功臣豪强子弟利用门荫人仕，是秦汉以来职官制度的一大弊病。隋文帝时期，以门荫人仕者占较高的比例。为了打击这些势力，杨广大业五年（公元 609 年）明确规定：“制魏、周官不得为荫。”（《隋书·炀帝纪》）[④] 此举堵死了西魏、北周旧豪贵子弟凭借门荫人仕的途经。从其主观愿望出发，这些改革措施不仅有利于节省了国家行政管理的成本，提高了行政效

① （唐）魏征等撰：《隋书》，中华书局 1973 年版，第 802 页。
② （唐）魏征等撰：《隋书》，中华书局 1973 年版，第 720 页。
③ 岑仲勉著：《隋书求是》，商务印书馆 1958 年版，第 58～59 页。
④ （唐）魏征等撰：《隋书》，中华书局 1973 年版，第 72 页。

率，也有利于吏治的清明。但是，这一系列的官制改革措施，严重损害了旧贵族、旧将领、勋臣们的利益，招致他们的仇恨，在隋末农民起义中，这些人纷纷倒戈，这是杨广始料未及的。

另外，杨广还重文轻武。隋文帝实现南北统一之后，从前尚武重武的用人政策将不再适宜于太平之世了。开皇九年（公元589年）文帝下诏提出："今率土大同，含生遂性，太平之法，方可流行……禁卫九重之余，镇守四方之外，戎旅军器，皆宜停罢。代路既夷，群方无事，武力之子，俱可学文，人间甲仗，悉皆除毁。有功之臣，降情文艺，家门子侄，各守一经，令海内翕然，高山仰止。"（《隋书·高祖纪》）[①] 但没有采取进一步措施。杨广不仅实施重文轻武措施打击原来的用人传统，还下诏公开抨击旧的尚武风习，"自三方未一，四海交争，不遑文教，唯尚武功。设官分职，罕以才授，班朝治人，乃由勋叙，莫非拔足行阵，出自勇夫，斅学之道，既所不习，政事之方，故亦无取。是非暗于在己，威福专于下吏，贪冒货贿，不知纪极，蠹政害民，实由于此。自今已后，诸授勋官者，并不得回授文武职事，庶遵彼更张，取类于调瑟，求诸名制，不伤于美锦。若吏部辄拟用者，御史即宜纠弹"（《隋书·炀帝纪》）。[②] 因此，杨广大兴文教，增加秘书省的官员编制，重视编撰图书典籍，还创立科举制，开辟用人新途径，此点下文详论。但是，由于隋祚太短，杨广改革官制的效果并没有体现出来，直到继承大隋的唐朝，才充分实践并发展了这一系列制度。这些制度还对后来诸朝的官制产生了重要影响，显示了杨广在制度方面革故鼎新的生命力。

## 三、边疆和民族关系管理

杨广统治时期，并用兼施军事和经济措施，不仅维护了国家统一和边疆稳定，还开拓了不少疆土。

自隋朝灭亡以来，人们论及隋朝统一南北，开拓疆土以及维护国家统一和稳定的重要成就时，多归功于隋文帝，而忽视了隋明帝杨广的重大贡献。杨广也多被认为是骄奢淫逸、残暴无道的亡国之君，从而遮蔽了他雄才大略、辉煌精彩的一面。在思想多元的今天，不应再以阶级分析论和单纯的善恶论出发对

① （唐）魏征等撰：《隋书》，中华书局1973年版，第32～33页。
② （唐）魏征等撰：《隋书》，中华书局1973年版，第83页。

历史人物做出简单的肯定或否定，而要秉持“了解之同情”的精神，在对他们全面考察的基础上做出客观公允的评价。今天对于杨广及其思想，也应进行客观公允的考察和评价。

文帝建隋之初，从西北到东北，突厥、吐谷浑、高丽等对隋王朝形成强大的弧形包围圈，他们屡犯边境。开皇二年（公元582年），“控弦之士四十万”的突厥大军进犯临洮、幽州、周盘，“纵兵自木硖、石门两道来寇，武威、天水、安定、金城、上郡、弘化、延安，六畜咸尽”（《隋书·突厥传》），[①] 给隋王朝巨大的威胁。隋文帝出身于北魏六镇，一家数代与鲜卑通婚，他对鲜卑等民族有着较为深刻的了解，能在一定程度上摒弃民族偏见，制定和推行了一系列开明的民族政策，如采用儒家政治伦理原则与他们相处；即使采用战争的手段，其目的也是以战止战，维护边境的安宁和稳定。杨广即位后，继承了文帝积累的国家财富，具备了开拓疆域、有所作为的物质条件，他还继承和发展文帝的安边策略和民族管理思想，“弗动兵车”、“混一戎夏”、“无隔夷夏”，吸引、笼络边境各民族，力图将他们纳入国家体系中。在具体策略和措施方面，以军事手段为基础，辅之以丰厚的经济利益，招抚他们与中原建立臣属关系；同时利用先进的文化资源，加强文化融合。

从秦汉至隋唐，游牧民族与中原王朝时战时和，其根源主要在于游牧经济与农业经济之间的相互依赖和相互掠夺。一方面，游牧经济的流动性和不稳定性，是游牧民族采用战争手段向农业经济区掠夺农产品和手工业品的主要原因；另一方面，中原王朝有时也采用军事手段攫取游牧经济区的马匹和畜产品。因此，在经济方面的相互依赖、相互掠夺是双方关系的核心内容，也是相互之间战争与和平的最终目标。所以在当时的民族关系中，经济关系处于最主要的地位，而且经济关系也较之战争和军事手段建立起来的其他关系都维持得更加持久牢固。杨广重视采用经济措施建立和巩固与其他民族政权之间的关系，并取得了重大成功。

隋文帝时就与突厥开展互市，通过互市，少数民族用马、羊、牛等畜产品与中原的农产品、手工业品等进行交换，双方都获得了各自需要的产品。大业初年，杨广巡幸榆林时，宇文化及与其弟宇文智及仍然“违禁与突厥交市”。在皇帝巡幸这样的重大活动中，宇文氏兄弟仍不忘记从与突厥的互市中获利。

① （唐）魏征等撰：《隋书》，中华书局1973年版，第1866页。

另据《隋书·裴矩传》记载："时西域诸蕃，多至张掖，与中国交市。"[①] 可见，这种互市在当时已经相当普遍。大业六年（公元 610 年），杨广派将领薛世雄率军在汉代旧伊吾城东，修筑新的伊吾城。此举引起西突厥等西域诸国的猜疑，他于是派裴矩前去处理，裴矩"讽谕西域诸国曰：'天子为蕃人交易悬远，所以城伊吾耳。'"西域各国"咸以为然，不复来竞"（《隋书·裴矩传》）。[②] 对于派军筑城的敏感事件，西域诸国确知其用途是用做贸易场所之后，人心获安，筑城得以顺利进行。可见，双方之间的贸易关系在西域诸国对外关系中的重要地位。杨广通过与西域各国的贸易，不仅有利于维护边疆的稳定，也有利于维系西域少数民族政权与隋王朝的臣属关系。

互市之外，贡赐也是一种形式特殊的交换：一方面，为了表示对大隋的臣服，周边各族不时向大隋中央朝贡；另一方面，为了安抚笼络周边少数民族政权，杨广也常以赏赐的名义向他们提供大量物资。这种贡赐往来的交换规模也很大。例如，"大业三年四月，炀帝幸榆林，启民及义成公主来朝行宫，前后献马三千匹。帝大悦，赐物万二千段……帝法驾御千人大帐，享启民及其部落酋长三千五百人，赐物二十万段，其下各有差。"（《隋书·突厥传》）[③] 大业三年（公元 607 年）七月，"甲寅，帝于城东御大帐，备仪卫，宴启民及其部落，作散乐。诸胡骇悦，争献牛羊驼马数千万头。帝赐启民帛二千万段，其下各有差。"八月，"帝赐启民及公主金甕各一，并衣服被褥锦彩，特勒以下，受赐各有差。"[④] "处罗从征高丽，赐号为曷萨那可汗，赏赐甚厚。（大业）十年正月，以信义公主嫁焉，赐锦彩袍千具，彩万匹。"（《隋书·突厥传》）[⑤] 总体上，杨广根据各民族政权进贡的畜产品和其他物质的数量，都要回赐他们价值大致相符或更多的丝帛等日用品。实际上，贡赐是一种带有强烈政治色彩的实物交换。

杨广通过互市、贡赐等活动，充分展现了隋王朝强大的经济实力，也借此很好地巩固了相关少数民族政权与隋王朝的政治关系，取得了处理民族问题上的一些成功。杨广即位之初就出塞北巡，展现了平定边患、开疆拓土的政治意

① （唐）魏征等撰：《隋书》，中华书局 1973 年版，第 1578 页。
② （唐）魏征等撰：《隋书》，中华书局 1973 年版，第 1581 页。
③ （唐）魏征等撰：《隋书》，中华书局 1973 年版，第 1874～1875 页。
④ （北宋）司马光编著：《资治通鉴》卷 180。
⑤ （唐）魏征等撰：《隋书》，中华书局 1973 年版，第 1879 页。

向。他派裴矩往张掖主持互市，裴矩“知帝方勤远略，诸商胡至者，矩诱令言其国俗山川险易，撰《西域图记》三卷，入朝奏之”。裴矩在准确地分析了西域诸国的国情之后云：“以国家威德，将士骁雄，泛濛汜而扬旌，越昆仑而跃马，易如反掌，何往不至！但突厥、吐浑分领羌胡之国，为其拥遏，故朝贡不通。今并因商人密送诚款，引领翘首，愿为臣妾。圣情含养，泽及普天，服而抚之，务存安辑。故皇华遣使，弗动兵车，诸蕃即从，浑、厥可灭。混一戎夏，其在兹乎！”（《隋书·裴矩传》）[①] 裴矩认识到杨广经略西域意图，又观察到西域诸国与内地通商的迫切愿望，指出边疆管理和解决民族问题的根本在于恢复和发展经历了长期混战之后的西域诸国的经济，重新拓通丝路贸易以开展中原地区与西域诸国的商品往来。杨广极为重视发展丝路贸易，“日引（裴）矩至御坐，亲问西域事……以矩为黄门侍郎，复使至张掖，引致诸胡，啗之以利，劝令入朝。自是西域诸胡往来相继”。[②] 杨广还为西域诸国商人提供优厚的商贸条件，令国内沿途郡县为他们提供免费食宿和交通的方便。优厚的通商条件和良好的商贸环境，吸引着大批西域商人与中原贸易往来。

为了加强对西域的管理，更好地实现西域诸国对隋朝的臣属关系，杨广又亲征吐谷浑。大业五年（公元 609 年）三月，他亲率大军从长安出发，经甘肃陇西，西上青海，横穿祁连山，再经大斗拔谷北上，到达河西走廊的张掖郡。杨广到达张掖之后，在燕支山下会见西域各国国王及使节。事先，裴矩就已前往敦煌，说服高昌、伊吾等国国君参加这次会见，在巨大的商业利益面前，“及帝西巡，次燕支山，高昌王、伊吾设等及西蕃胡二十七国，谒于道左。皆令佩金玉，被锦罽，焚香奏乐，歌儛喧噪……竟破吐谷浑，拓地数千里，并遣兵戍之。”（《隋书·裴矩传》）[③] 此后，各国商人也都云集张掖进行贸易。杨广亲自重新打通了丝绸之路，加强中原地区与西域的联系与交往，取得他在边疆管理上的又一成功。另外，杨广亲巡西部边陲张掖，在张掖充分显示大隋的强盛富庶，不仅体现了隋王朝对西域诸国的重视和加强相互贸易的诚意，也给西域各国留下了深刻的印象。因此，大业六年（公元 610 年）冬天，边疆诸国使节都到东都洛阳朝贡，大献方物。杨广乘此机会在洛阳又精心筹办了一次盛大

① （唐）魏征等撰：《隋书》，中华书局 1973 年版，第 1878～1580 页。

② （北宋）司马光编著：《资治通鉴》卷 180。

③ （唐）魏征等撰：《隋书》，中华书局 1973 年版，第 1580 页。

的国际贸易活动，“征四方奇技异艺，陈于端门街，衣锦绮、珥金翠者以十数万……又令三市店肆皆设帷帐，盛列酒食，遣掌蕃率蛮夷与民贸易”（《隋书·裴矩传》）。[①] 司马光《资治通鉴》还记云：“诸蕃请入丰都市交易，帝（杨广）许之。先命整饰店肆，檐宇如一，盛设帷帐，珍货充积，人物华盛，卖菜者亦藉以龙须席。胡客或过酒食店，悉令邀廷就坐，醉饱而散，不取其直，给之曰：‘中国丰饶，酒食例不取直。’胡客皆惊叹。”[②] 通过这些方式，不仅表现大隋的富庶，提高隋王朝的威信，也提振了边疆少数民族政权对中原王朝的信心。

各种经济措施的灵活运用，促进了东西突厥的分化。大业七年（公元 611 年），处罗可汗归顺隋朝。伊吾郡、且末郡的设置，对吐谷浑战争的胜利，都伴随着与西域日益频繁的经贸往来。军事、政治和经济手段的综合运用，大业十一年（公元 615 年）正月，“甲午朔，大宴百僚。突厥、新罗、靺鞨、毕大辞、诃咄、传越、乌那曷、波腊、吐火罗、俱虑建、忽论、靺鞨、诃多、沛汗、龟兹、疏勒、于阗、安国、曹国、何国、穆国、毕、衣密、失范延、伽折、契丹等国并遣使朝贡。”（《隋书·炀帝纪》）[③] 随着丝绸之路的畅通，进一步弘扬了大隋的国威，也形成对边疆少数民族政权的向心力，维护和发展了多民族的统一。

杨广深刻认识到经济利益在边疆管理中的重要地位，他灵活运用各种经济措施，成功实现了“弗动兵车”而“混一戎夏”的目标。这是中国古代边疆管理思想的历史性进步。但是，宗法地主阶级专政时期的历史学家们习惯于用自然经济的观念去思考问题，对杨广的这些思想和政策一味指责。《隋书》主撰人魏征就说：“炀帝规摹宏侈，掩吞秦、汉，裴矩方进《西域图记》以荡其心，故万乘亲出玉门关，置伊吾、且末，而关右暨于流沙，骚然无聊生矣。若使北狄无虞，东夷告捷，必将修轮台之戍，筑乌垒之城，求大秦之明珠，致条支之鸟卵，往来转输，将何以堪其敝哉！古者哲王之制，方五千里，务安诸夏，不事要荒。岂威不能加，德不能被？盖不以四夷劳中国，不以无用害有用也。是以秦戍五岭，汉事三边，或道殣相望，或户口减半。隋室恃其强盛，亦狼狈于

---

① （唐）魏征等撰：《隋书》，中华书局 1973 年版，第 1581 页。

② （北宋）司马光编著：《资治通鉴》卷 181。

③ （唐）魏征等撰：《隋书》，中华书局 1973 年版，第 88 页。

青海。此皆一人失其道，故亿兆罹其毒。若深思即叙之义，固辞都护之请，返其千里之马，不求白狼之贡，则七戎九夷，候风重译，虽无辽东之捷，岂及江都之祸乎！”（《隋书·西域传》）。[①] 当然，杨广为吸引西域商贾的种种优惠政策和措施，毫无疑问地加大了国家的财政支出，同时也增加了民众的负担。但是，这些政策和措施所带来的政治上的巨大成功，与大规模的战争所消耗的人民生命财产的巨大损失、国家的巨额军费以及可能造成的社会动荡相比，自然不能相提并论。

## 四、畅通国家政治经济命脉

杨广畅通国家政治经济命脉，主要是修筑了大运河。这不是杨广心血来潮之举，而是当时经济、政治发展的客观要求。从经济方面看，东晋以来，江南经济取得了长足发展。到了隋代，江南的经济地位日益提升。隋朝统一后，随着社会经济的发展，北方的长安、洛阳等城市，士民云集，商贾幅凑，地主阶级统治者们的物质欲望也极大膨胀。但是，关中和中原地区屡经战火，粮食生产已经远不能满足需要，京都长安更日益显匮缺，“京邑所居，五方辐凑，重关四塞，水陆艰难”（《隋书·食货志》）。[②] 隋初，文帝于诸州设置运米丁和粮仓，用漕运的方法解决长安所需的粮食等物资，“漕关东及汾、晋之粟，以给京师。又遣仓部侍郎韦瓒，向蒲、陕以东募人能于洛阳运米四十石，经砥柱之险，达于常平者，免其征戍。其后以渭水多沙，流有深浅，漕者苦之”（《隋书·食货志》）。[③]开皇四年（公元 584 年），文帝命宇文恺调发民工开凿广通渠，“引渭水，自大兴城东至潼关三百余里，名曰广通渠。转运通利，关内赖之。”（《隋书·食货志》）[④] 即便这样，每逢水旱灾害，仍不免饥馑，“其后关中连年大旱，而青、兖、汴、许、曹、亳、陈、仁、谯、豫、郑、洛、伊、颍、邳等州大水，百姓饥馑”；开皇十四年（公元 594 年），“关中大旱，人饥。上幸洛阳，因令百姓就食。从官并准见口赈给，不以官位为限”（《隋书·食货志》）。[⑤] 因此，为解决关系国家安全的南粮北运的问题，必须打通江南通往中原的水道。这不仅是隋朝统治阶层的当务之急，也是广大北方人民的迫切需要。

---

① （唐）魏征等撰：《隋书》，中华书局 1973 年版，第 1859～1860 页。

②③　（唐）魏征等撰：《隋书》，中华书局 1973 年版，第 683 页。

④ （唐）魏征等撰：《隋书》，中华书局 1973 年版，第 684 页。

⑤ （唐）魏征等撰：《隋书》，中华书局 1973 年版，第 684～685 页。

从政治方面看，到了南北朝时期，长期垄断国家权力的门阀士族开始衰落，尤其是梁代的侯景之乱，给门阀士族以沉重打击。但是，一些强宗大族仍然拥有相当强大的政治经济实力和社会影响，给国家政权的统一和稳定造成不小的威胁，尤其山东、江南两大士族集团，与关陇集团为核心的隋朝中央政权的矛盾有时甚至相当尖锐：一方面，虽然北周武帝平齐前后，对河北、山东贵族极为拉拢和优容，部分高门大族也已投靠长安，但仍有不少士族并不甘于身处从属地位，他们希望摆脱朝廷控制。杨坚建隋后，山东豪族凭借混乱之余大肆兼并土地，隐瞒户口，逃避赋役，甚至刁难官吏，不与朝廷合作。这些不稳定因素的广泛存在，引起隋朝统治者的高度警觉。另一方面，自西晋短期统一之后，南方和北方长期处于分裂状态，南北关系本来就非常疏散。开皇十年（公元 590 年），即杨广平陈的第二年，“婺州汪文进、越州高智慧、苏州沈玄懀皆举兵反，自称天子。署置百官。乐安蔡道人、蒋山李凌、饶州吴世华、温州沈孝彻、泉州王国庆、杭州杨宝英、交州李春等皆自称大都督，攻陷州县。陈之故境，大抵皆反。大者有众数万，小者数千，共相影响。”① 隋朝虽然迅速平息了这次南方叛乱，但仍然还存在一些图谋作乱者。因此，杨坚不仅留派重兵镇守江南，还于开皇十八年（公元 598 年）下诏：“吴越之人，往承弊俗，所在之处，私造大船，因相聚结，致有侵害。其江南诸州，人间有船长三丈已上，悉括入官。”（《隋书·高祖纪》）② 杨广曾任平陈统帅，扬州总管，出镇江南多年，对南方的种种不稳定因素十分清楚。所以他即位伊始，便下令营建东都洛阳，开通大运河，以加强对江南的管理和控制。

与此同时，国力的强盛，也为杨广开凿大运河提供了必要条件。北魏孝文帝就曾提出沟通河、洛、汴、淮的计划，但是该计划由于条件还不成熟而未能实现。隋朝建立后，杨坚厉行省徭节役等有利于发展经济的政策，经过 20 多年努力，隋王朝经济实力空前强大。到杨广即位时，已经“户口益多，府库盈溢”（《隋书·食货志》）。③ 到杨广大业五年（公元 609 年），全国“大凡郡一百九十，县一千二百五十五，户八百九十万七千五百四十六，口四千六百一万九千九百五十六”（《隋书·地理志》）。④ 另据《通典》记载：“隋氏西京太仓、

① （北宋）司马光编著：《资治通鉴》卷 177。
② （唐）魏征等撰：《隋书》，中华书局 1973 年版，第 43 页。
③ （唐）魏征等撰：《隋书》，中华书局 1973 年版，第 686 页。
④ （唐）魏征等撰：《隋书》，中华书局 1973 年版，第 808 页。

东都含嘉仓、洛口仓，华州永丰仓、陕州太原仓，储米粟多者千万石，少者不减数百万石。天下义仓又皆充满，京师及并州库布帛各数千万，而赐赉勋庸，并出丰厚，亦魏晋以降之未有。”（《通典·食货》）[①] 又据唐代吴兢《贞观政要》估算，到开皇末年，“计天下储积，得供五六十年”（《辩兴亡》）。[②] 这些史料都说明，到杨广大业初年，国家已具备了开凿大运河所必需的雄厚的物质基础。在这样的政治、经济背景下，贯通中国南北、沟通五大水系的大运河便应运凿成。

当然，开通大运河还与杨广个人的动机密切相关。他凿开永济渠的直接目的是为了军事运输的需要，是为沟通攻打辽东、征讨高丽的两个军事基地东莱和涿郡服务的。他早年任扬州总管，十分怀念江南美景，开凿通济渠和江南河，就是为巡视江南，省察地方风俗。

于是，杨广分阶段修通了大运河：大业元年（公元605年）开凿通济渠和邗沟；大业四年（公元608年）凿通2000里长的永济渠，这是大运河最长的一段；大业六年（公元610年）凿通江南河，至此，南北计2000余公里的世界最长运河竣工了。为了实现工作效率的最大化，杨广在修建大运河的过程中，一方面充分利用前人的成果加以改造、修建、扩建。如大运河的邗沟段，基本是在吴邗故道的基础上修建扩大；通济渠段基本上沿袭西汉时期就已开凿的狼汤渠（即东汉的汴渠）的故道；江南河段充分利用曹魏时期开凿的广漕渠和东吴孙权校尉陈勋开凿的破岗渎运河的故道；永济渠段利用沁水、淇水、卫河以及天津以北的芦沟。利用和改造旧有河道，节省大量人力、物力。杨广还重视设计的合理性。如开凿通济渠时，就改变了途程较远的汴水旧方向，采取自汴河经商丘直接向南，经今夏邑、永城入淮的捷径。另一方面，杨广尽量减轻运河工程对社会生产的严重影响。开凿永济渠段时，发动约百万军队参与，尽量减轻百姓负担。在劳力的征发上，采用就近征发原则。如开凿通济渠、邗沟，调集河南、淮北诸郡民力；开凿永济渠，调集河北诸郡民力。同时，还集中人力、物力，打歼灭战的原则。隋代大运河的开通，虽前后占了6个年头，但用于修建的时间总的加起来却只有一年多，管理和指挥者的能力发挥了巨大的效益。

---

① （唐）杜佑撰：《通典》卷7。

② （唐）吴兢撰：《贞观政要》，骈宇骞、骈骅译，中华书局2009年版，第222页。

大运河的开通产生了深远的影响。隋朝开凿的南北大运河，连接海河、淮河、黄河、长江、钱塘江五大横向水系，以洛阳为中心，沟通了长安、江都、建康等中心城市，连接了中原和江南两大经济区，极大地促进了中国社会政治、经济、文化等方面的发展进步。自大运河凿通到现代公路、铁路交通的兴起，一直是沟通我国南北最重要的水上通道，为古代宗法地主阶级专政社会中后期的经济繁荣和社会发展，发挥了不可估量的作用。大运河开通后，商旅往返、船乘不绝。唐代文学家皮日休《汴河铭》云："隋之疏淇、汴，凿太行……北通涿郡之渔商，南运江都之转输，其为利也博哉!"[①] 皮日休的《汴河怀古》还云："尽道隋亡为此河，至今千里赖通波。"大运河作为水上交通大动脉的巨大作用，唐代就已充分地显示出来，特别是通济渠、山阳渎和江南河，可以说是唐王朝经济的生命线。唐代诗人李敬芳在《汴河直进船》云："汴水通淮利最多，生人为害亦相和。东南四十三州地，取尽脂膏是此河。"生动而概括地揭示了唐王朝通过大运河搜刮长江流域社会财富的事实。大运河的凿通，极大地延长了以长江干流为枢纽的南北内河水运航线，为中国当时及其后的内河航运事业，尤其是长江航运事业的勃兴创造了重要的条件。唐代杜佑《通典》云："隋炀帝大业元年，更令开导，名通济渠。西通河洛，南达江淮……其交、广、荆、益、扬、越等州，运漕商旅，往来不绝。"(《通典·州郡》)[②] 李吉甫的《元和郡县图志》记长江与南北运河的航运盛况云："自扬、益、湘南至交、广、闽中等州，公家运漕，私行商旅，舳舻相继。隋氏作之虽劳，后世实受其利焉。"[③] 这些记述，说明了大运河在唐代南北水上交通中的重大作用。

到了宋代，据元代脱脱《宋史·河渠志》记载："汴河，自隋大业初，疏通济渠，引黄河通淮，至唐，改名广济……岁漕江、淮、湖、浙米数百万，及至东南之产，百物众宝，不可胜计。又下西山之薪炭，以输京师之粟，以振河北之急，内外仰给焉。故于诸水，莫此为重……所以无匮乏，唯汴水横亘中国，首承大河，漕引江、湖，利尽南海，半天下之财赋，并山泽之百货，悉由此路而进。然则禹力疏凿以分水势，炀帝开畎以奉巡游，虽数湮废，而通流不

① （唐）皮日休著：《皮子文薮》，萧涤非、郑庆笃整理，上海古籍出版社 1981 年版，第 41 页。
② （唐）杜佑撰：《通典》卷 177。
③ （唐）李吉甫撰：《元和郡县图志》，中华书局 1983 年版，第 137 页。

绝于百代之下，终为国家之用者，其上天之意乎?”[①] 可见，宋代大运河在国家政治经济中的重要地位。隋代大运河是南北统一的产物，又反过来成为巩固南北统一的基础。同时，通过南北经济、文化等方面的交流，促进了古代社会的发展进步。大运河作为千百万劳动人民用血汗浇铸的雄伟工程，是人民群众集体智慧和力量的结晶。杨广在历史条件成熟的时候，顺应和把握了这一时代需要的大方向，应机发动和组织兴建了这项宏伟工程，较好地完成了时代和历史赋予的伟大使命，其卓著的历史功勋不应低估。

## 五、加强南北沟通和融合

隋文帝杨坚虽然在军事和政治上完成了统一南北的大业，但并没有实现他所在的关陇军事豪族与山东旧族、江左士族在文化的统一。杨坚在位时，实行对山东旧族和江左士族压制的政策，更阻碍了三方文化融合的过程。但是，杨广即位后，这种情况得到了很大改观。他一改其父一贯排斥山东旧族和江左文化的做法，致力沟通、融合江左文化和山东文化，躬自导引，以虚怀若谷的态度融合南北文化，其诗歌创作就代表了这种融合。

杨广虽然出身于关陇军事贵族，但他选中的女人却是梁明帝萧岿（时梁朝已灭）的女儿萧氏，后来成为他的皇后，即萧皇后。据史书记载，萧氏不仅天生绝色，而且性婉顺，有智识，好学善属文，尤得杨广宠敬。她深刻影响了杨广的生活方式，并促使杨广热爱南方，几达着迷的程度。因此，杨广对江左士族文化比较了解，开皇六年（公元 586 年）杨坚任命他为淮南道行台尚书令，驻寿春，经略淮南，准备平陈。开皇八年（公元 588 年）杨广平陈之际，就注意保护江左文化，他指挥军队攻入建康城后，“封府库，资财无所取”，“天下称贤”（《隋书·炀帝纪》）。[②] “平陈已后，经籍渐备”（《隋书·经籍志》）。[③] 可见，杨广对江左文化的保存是有功劳的。

灭陈之后，由于社会政治和语言文化上的差异，江左士族对新统治者关陇军事贵族深怀不满和仇恨。《资治通鉴》云：“江表自东晋已来，刑法疏缓，世族陵驾寒门；平陈之后，牧民者尽更变之。苏威复作《五教》，使民无长幼悉

---

① （元）脱脱撰：《宋史》卷 93。

② （唐）魏征等撰：《隋书》，中华书局 1973 年版，第 60 页。

③ （唐）魏征等撰：《隋书》，中华书局 1973 年版，第 908 页。

诵之，士民嗟怨。民间复讹言隋欲徙之入关，远近惊骇。于是婺州汪文进、越州高智慧、苏州沈玄懀皆举兵反，自称天子。署置百官。乐安蔡道人、蒋山李凌、饶州吴世华、温州沈孝彻、泉州王国庆、杭州杨宝英、交州李春等皆自称大都督，攻陷州县。陈之故境，大抵皆反。大者有众数万，小者数千，共相影响。执县令，或抽其肠，或脔其肉食之，曰：'更能使侬诵《五教》邪！'"[①]面临这种情况，仅凭军事手段并不能完全解决问题。所以在平定汪文进、高智慧等叛乱后不久，杨坚命熟悉江南文化的杨广为扬州总管，出镇江都，负责整个东南军政管理事务。杨广上任后，很快实行了一系列融合南北文化的策略。

首先，团结佛教和道教。杨广利用江左士族大多信仰佛教的特点，笼络团结佛教高僧，再通过他们在江南的威德来安抚民众，削减其对隋政权的抵制情绪。杨广先是在江都建造佛寺和藏经阁，然后召集南方知名高僧到这些寺院讲经说法。如天台宗创始人智顗大师，是当时最著名的高僧。开皇十一年（公元591年）十一月，杨广在江都为1000名南方僧人广设斋席，受菩萨戒。其《受菩萨戒疏》云："使持节、上柱国、太尉公、扬州总管诸军事、扬州刺史、晋王弟子杨广稽首：奉请十方三世诸佛……无量善神，咸愿一念之顷，承佛神力，俱会道场，证明弟子誓愿，摄受弟子功德……弟子基承积善，生在皇家，庭训早趋，胎教夙渐，福理攸锺，妙机须悟……谨以今开皇十一年十一月二十三日总管金城，设千僧蔬饭，敬屈禅师，授菩萨戒。戒名为孝，亦名制止。方便智度，归亲奉极……杨广和南。"[②] 此后，杨广拉近了与智顗的关系，两人定期通信，对智顗的要求几乎有求必应。杨广在《宝台经藏愿文》云："菩萨戒弟子杨广和南：仰惟如来应世，声教被物，殷勤微密，结集法藏，帝释轮王。既被付属，菩萨声闻，得扬大化，度脱无量，以迄于今。至尊拯溺百王，混一四海。平陈之日，道俗无亏，而东南愚民，余烬相煽，爰受庙略，重清海滨，役不劳师，以时宁复。深虑灵像尊经，多同煨烬，结鬘绳墨，湮灭沟渠，是以远命众军，随方收聚……《宝台》四藏，将十万轴。因发弘誓，永事流通。仍书愿文，悉连卷后，频属朝觐，著功始毕。今止宝台正藏，亲躬受持……圣御绀宝天飞，金轮云动，纳万善于仁寿，总一乘于普会。开发含识，

① （北宋）司马光编著：《资治通鉴》卷177。

② （清）严可均校辑：《全上古三代秦汉三国六朝文》（第四册），中华书局1958年版，第4053～4054页。

济度群生。今所传经，遍于宇内，众圣潜力，必运他方，共登菩提，早证常乐，则是弟子之伸顺弘誓于无穷，平等坦然，通遣唱白达识体之念随喜也。”①明确表达了他欲用佛教来感化、教导南方民众的政治意图。他在《与释智𫖮书》中将佛寺毁坏的责任推到叛乱者身上，而他修复寺庙、优待僧众及资助写经则是江南僧俗的福祉。

从南方高僧给杨广的书信看，杨广笼络团结佛教的策略取得了重要成功。智𫖮《与晋王书论毁寺》中称赞杨广，云：“仰惟匡持三宝，行菩萨慈。近年寇贼交横，寺塔烧烬，仰乘大力，建立将危，遂使佛法安全，道俗蒙赖，收拾经像，处处流通，诵德盈衢，衔恩满路……当愿圣德尊严，履万安之路，福禄隆重，高而不危，修菩萨行，栋梁佛法，墙堑三宝，泽覃四海，风芳万代……仰希弘纽，提拔将沈。故寺若存，新福更长。冀蒙矜允，幽显沾恩。”其《答晋王请撰〈净名义疏〉书》亦云：“仁王弘道，含生荷赖。盖登地菩萨，应生大家。所以发心，兴隆大道，曷可量也，孰可比哉?”② 智𫖮还送给杨广一顶天冠，后者书信感谢云：“思出神衿，图比目连，妙逾郢匠，开士五明，此居其一。金刚种智，兹焉标万。是知因地化物，不可思议，接引随方，多能尽达。冠尊于身，端严称首，跪承顶戴，览镜徘徊，有饰陋容，增华改观。弟子多幸，谬禀师资，无量劫来，悉凭开悟。”③ 英国汉学家崔瑞德《剑桥中国隋唐史》云：“晋王逐渐成为南方僧人和佛寺的虔诚和体贴的施主。他命令他的军队收集因侵陈和以后的内战而散落在各地的佛经；在扬州王府的建筑群中设立一个专门收藏精选的经籍的馆堂；其余的经卷经过手抄，增至 903580 卷，然后被分发给扬州及其他各地有功德的佛寺。他在扬州建立 4 个道场，他召集学识渊博的佛道两教教士充当一段时期的王府的僧侣。智𫖮死后，他继续成为天台宗主要佛寺的正式施主。意义最重大的事也许是扬州的建设规划，此规划开始给扬州添加它后来所具有的某些色彩和光辉，同时又赋予了建康作为文化中心长期拥有的那种繁荣和吸引力。随着僧侣的南来北往，对南方僧人表示的特殊恩宠以及官方对信仰的赞助，反隋的情绪逐渐缓和，最后几乎化为乌有。”④ 因此，

---

① 《全上古三代秦汉三国六朝文》（第四册），第 4054～4055 页。

② 《全上古三代秦汉三国六朝文》（第四册），第 4204 页。

③ 《全上古三代秦汉三国六朝文》（第四册），第 4050 页。

④ ［英］崔瑞德编：《剑桥中国隋唐史》，中国社会科学院历史研究所、西方汉学研究课题组译，中国社会科学出版社 1990 年版，第 112 页。以下同。

杨广笼络团结佛教僧众，化解了江南士族的不满和敌意，在政治上取重要成功。

杨广还尊崇道教来笼络江南下层民众。初唐道士江旻《唐国师升真先生王法主真人立观碑》云："隋开皇十二年，晋王分陕维扬，尊崇至教。钦味夙范，具礼招迎"①《续高僧传》卷 91《释吉藏传》亦云："开皇末岁。炀帝晋蕃置四道场。国司供给。释（佛教）李（道教）两部各尽搜扬。"② 他对道士徐则甚为钦重。据《隋书·徐则传》，当时还有"建安宋玉泉、会稽孔道茂、丹阳王远知等，亦行辟谷，以松水自给，皆为炀帝所重"③。尤其对王远知更为知重，据《旧唐书·王知远传》记载："及隋炀帝为晋王，镇扬州，使王子相、柳顾言相次召之……炀帝幸涿郡，遣员外郎崔凤举就邀之，远知见于临朔宫，炀帝亲执弟子之礼，敕都城起玉清玄坛以处之。"④ 杨广尊崇道教，增添了许多崇信道教的江南中下层民众对大隋朝廷的好感。

其次，努力融合南北艺术。杨广即位前长时期驻守东南，与江南士族交往密切，因而对江左文化比较了解，甚至日渐喜欢。他即位后，立即着手改变文帝排斥江左文化的策略，致力融合南北文化。他不仅注重吏治和法治，也重视文治教化。杨坚核心领导成员基本上是关陇豪族，没有一人出自江南。这种情况到杨广时期显著改变。杨广即位后，重用江南文士。据《隋书·虞世基传》记载："炀帝即位，顾遇弥隆……帝重其才，亲礼逾厚，专典机密，与纳言苏威、左翊卫大将军宇文述、黄门侍郎裴矩、御史大夫裴蕴等参掌朝政……世基貌沉审，言多合意，是以特见亲爱，朝臣无与为比。"⑤ 又如梁陈旧臣裴蕴，后来成为杨广的重臣。据《隋书·裴蕴传》记载："大业初，（裴蕴）考绩连最。炀帝闻其善政，征为太常少卿……奏括天下周、齐、梁、陈乐家子弟，皆为乐户……帝大悦，迁民部侍郎。于时犹承高祖和平之后，禁网疏阔，户口多漏。或年及成丁，犹诈为小，未至于老，已免租赋。蕴历为刺史，素知其情，因是条奏，皆令貌阅。若一人不实，则官司解职，乡正里长皆远流配。又许民相告，若纠得一丁者，令被纠之家代输赋役。是岁大业五年也，诸郡计帐，进

① （清）董诰等编：《全唐文》卷 923。

② ［日］高楠顺次南渡边海旭等编纂：《大正新修大藏经》（以下简称《大正藏》）卷 50，（台北）财团法人佛陀教育基金会出版部 1990 年版，第 514 页。

③ （唐）魏征等撰：《隋书》，中华书局 1973 年版，第 1760 页。

④ （后晋）刘昫撰：《旧唐书》，中华书局 1975 年版，第 5125 页。

⑤ （唐）魏征等撰：《隋书》，中华书局 1973 年版，第 1572～1573 页。

丁二十四万三千，新附口六十四万一千五百。帝临朝览状，谓百官曰：'前代无好人，致此罔冒。今进民户口皆从实者，全由裴蕴一人用心。古语云，得贤而治，验之信矣。'由是渐见亲委，拜京兆赞治，发擿纤毫，吏民慑惮。未几，擢授御史大夫，与裴矩、虞世基参掌机密。"[①] 相较而言，原关陇集团的杨素、牛弘、苏威、贺若弼等人的权势逐渐有所削弱。正是在虞世基、裴蕴等江左文士的引导下，杨广开始将江南的文化艺术介绍到北方，并加强与北方艺术的融合。

文帝杨坚不懂音乐，又提倡节俭，所以他不喜欢音乐。与其父不同，杨广颇通音乐，喜欢江南音乐。早在文帝开皇年间，身为晋王的杨广就热心吸收南方音乐。如开皇九年（公元589年），"平陈，获宋、齐旧乐，诏于太常置清商署以管之。求陈太乐令蔡子元、于普明等，复居其职。"此时牛弘奏云："前克荆州，得梁家雅曲，今平蒋州，又得陈氏正乐。史传相承，以为合古。且观其曲体，用声有次，请修缉之，以备雅乐。"但是，文帝制曰："制礼作乐，圣人之事也，功成化洽，方可议之。今宇内初平，正化未洽。遽有变革，我则未暇。"之后，"晋王广又表请，帝（杨坚）乃许之。"（《隋书·音乐志》）[②] 又如开皇十四年（公元594年），乐定。"先是高祖遣内史侍郎李元操、直内史省卢思道等，列清庙歌辞十二曲。令齐乐人曹妙达于太乐教习，以代周歌。其初迎神七言，象《元基曲》；献奠登歌六言，象《倾杯曲》；送神礼毕五言，象《行天曲》。至是弘等但改其声，合于钟律，而辞经敕定，不敢易之。至仁寿元年，炀帝初为皇太子，从飨于太庙，闻而非之。乃上言曰：'清庙歌辞，文多浮丽，不足以述宣功德，请更议定。'于是制诏吏部尚书、奇章公弘，开府仪同三司、领太子洗马柳顾言，秘书丞、摄太常少卿许善心，内史舍人虞世基，礼部侍郎蔡征等，更详故实，创制雅乐歌辞。"（《隋书·音乐志》）[③] 许善心、虞世基、蔡征等人都是南朝旧臣。

杨广即位后，在之前已成的雅乐基础上，兼采南北雅俗音乐，实现了南北音乐文化的融合。《资治通鉴》记载："高祖受禅，命牛弘定乐，非正声清商及九部四舞之色，悉放遣之。帝（杨广）以启民可汗将入朝，欲以富乐夸之。太

---

① （唐）魏征等撰：《隋书》，中华书局1973年版，第1574～1575页。
② （唐）魏征等撰：《隋书》，中华书局1973年版，第349～351页。
③ （唐）魏征等撰：《隋书》，中华书局1973年版，第359～360页。

常少卿裴蕴希旨，奏括天下周、齐、梁、陈乐家子弟皆为乐户；其六品以下至庶人，有善音乐者，皆直太常。帝从之。于是四方散乐，大集东京，阅之于芳华苑积翠池侧。”① 《资治通鉴》还记载大业六年（公元 610 年）正月，“帝（杨广）以诸蕃酋长毕集洛阳，丁丑，于端门街盛陈百戏，戏场周围五千步，执丝竹者万八千人，声闻数十里”；二月，“庚申，以所征周、齐、梁、陈散乐悉配太常，皆置博士弟子以相传授，乐工至三万余人”。②《隋书》又云：“及大业中，炀帝乃定《清乐》、《西凉》、《龟兹》、《天竺》、《康国》、《疏勒》、《安国》、《高丽》、《礼毕》，以为《九部》。乐器工衣创造既成，大备于兹矣。”（《隋书·音乐志》）③ 因此，杨广集南北、华戎音乐之大成，真正实现了南北、华戎音乐文化的融合，为唐代音乐的进一步融合发展指引了方向。

杨广开通了大运河，为南北文化的交流和融会创造了极为有利的条件。在此基础上，他把江东的园林建筑艺术移植到北方。《资治通鉴》记载大业元年（公元 605 年）五月，“筑西苑，周二百里；其内为海，周十余里；为方丈、蓬莱、瀛洲诸山，高出水百余尺，台观宫殿，罗络山上，向背如神。北有龙鳞渠，萦纡注海内。缘渠作十六院，门皆临渠，每院以四品夫人主之，堂殿楼观，穷极华丽。宫树秋冬凋落，则剪彩为华叶，缀于枝条，色渝则易以新者，常如阳春。沼内亦剪彩为荷芰菱芡，乘舆游幸，则去冰而布之。”④ 杨广久驻东南，喜观江南水乡美景，所以将南方风景复制到长安。杨广营造东都洛阳时，亦多规摹江左建筑风格。《隋书》记载：“炀皇嗣守鸿基，国家殷富，雅爱宏玩，肆情方骋，初造东都，穷诸巨丽。帝昔居藩翰，亲平江左，兼以梁、陈曲折，以就规摹。曾雉逾芒，浮桥跨洛，金门象阙，咸竦飞观，颓岩塞川，构成云绮，移岭树以为林薮，包芒山以为苑囿。”（《隋书·食货志》）⑤

在诗歌方面，杨广以自己的创作为表率，真正融合南北诗风。这方面的代表作有《春江花月夜》、《月夜观星》、《饮马长城窟行》、《江都宫乐歌》等。

杨广不遗余力地将南方文化艺术全面移植到北方，促进、推动了中国南北文化在分裂约 400 年之后又重新走上了真正融合的大道。

---

①④ （北宋）司马光编著：《资治通鉴》卷 180。

② （北宋）司马光编著：《资治通鉴》卷 181。

③ （唐）魏征等撰：《隋书》，中华书局 1973 年版，第 377 页。

⑤ （唐）魏征等撰：《隋书》，中华书局 1973 年版，第 672 页。

## 六、重视教育，开创科举

首先，杨广在位期间大兴文教，重用人才。据《隋书》记载，文帝杨坚初年重用儒生，厚赏诸儒，但到了他晚年则“精华稍竭，不悦儒术，专尚刑名，执政之徒，咸非笃好。既仁寿间，遂废天下之学，唯存国子一所，弟子七十二人”（《隋书·儒林传》）。[①] 杨广与其父不同，他崇敬孔子，推崇儒学。他即位后立即着手恢复儒学儒教，重视儒生。《隋书》云：“炀帝即位，复开庠序，国子郡县之学，盛于开皇之初。征辟儒生，远近毕至，使相与讲论得失于东都之下，纳言定其差次，一以闻奏焉”（《隋书·儒林传》）。[②] 大业五年（公元609年），杨广下诏云：“先师尼父，圣德在躬，诞发天纵之姿，宪章文武之道。命世膺期，蕴兹素王，而颓山之叹，忽逾于千祀，盛德之美，不存于百代。永惟懿范，宜有优崇。可立孔子后为绍圣侯。有司求其苗裔，录以申上。”（《隋书·炀帝纪》）[③] 杨广不仅重视儒学，也重视以儒学为主的教育。早在大业元年（公元605年），杨广就下诏云：“君民建国，教学为先，移风易俗，必自兹始。而言绝义乖，多历年代，进德修业，其道浸微……朕纂承洪绪，思弘大训，将欲尊师重道，用阐厥繇，讲信修睦，敦奖名教。方今宇宙平一，文轨攸同，十步之内，必有芳草，四海之中，岂无奇秀！诸在家及见入学者，若有笃志好古，耽悦典坟，学行优敏，堪膺时务，所在采访，具以名闻，即当随其器能，擢以不次。若研精经术，未愿进仕者，可依其艺业深浅，门荫高卑，虽未升朝，并量准给禄。庶夫恂恂善诱，不日成器，济济盈朝，何远之有！其国子等学，亦宜申明旧制，教习生徒，具为课试之法，以尽砥砺之道。”（《隋书·炀帝纪》）[④] 他恢复了被杨坚废弛的国子监、太学以及州县学。杨广规定视察各州的专使，除了必须做好的其他监察工作外，还负责发现道德超群、才华出众和学有专长的人才，并把他们送往京师，以备录用。因此，一些有才的寒门士子得以施展才华。

其次，杨广重视传统典籍研究，保护各类散佚图书。杨广统治时期，南北的文化得到很好融合，文化典籍的研究也盛极一时，许多经典都被注疏。隋文

① （唐）魏征等撰：《隋书》，中华书局1973年版，第1706～1707页。
② （唐）魏征等撰：《隋书》，中华书局1973年版，第1707页。
③ （唐）魏征等撰：《隋书》，中华书局1973年版，第72页。
④ （唐）魏征等撰：《隋书》，中华书局1973年版，第64～65页。

帝开皇年间搜集所存经籍，共存 3 万余卷。据《隋书》记载："隋开皇三年，秘书监牛弘表请分遣使人，搜访异本。每书一卷，赏绢一匹，校写既定，本即归主。于是民间异书，往往间出。及平陈已后，经籍渐备……于是总集编次，存为古本。召天下工书之士，京兆韦霈、南阳杜頵等，于秘书内补续残缺，为正副二本，藏于宫中，其余以实秘书内、外之阁，凡三万余卷。"(《隋书·经籍志》)[①] 杨广即位后，继续命人搜集、整理、抄写时存典籍。《隋书》云："炀帝即位，秘阁之书，限写五十副本，分为三品：上品红琉璃轴，中品绀琉璃轴，下品漆轴。于东都观文殿东西厢构屋以贮之，东屋藏甲乙，西屋藏丙丁。又聚魏已来古迹名画，于殿后起二台，东曰妙楷台，藏古迹；西曰宝迹台，藏古画。又于内道场集道、佛经，别撰目录。"(《隋书·经籍志》)[②] 到唐高祖武德五年（公元 622 年），时秦王李世民攻克隋末叛臣王世充占领的东都洛阳，"尽收其图书及古迹焉。命司农少卿宋遵贵载之以船，溯河西上，将致京师。行经底柱，多被漂没，其所存者，十不一二。其《目录》亦为所渐濡，时有残缺。今考见存，分为四部，合条为一万四千四百六十六部，有八万九千六百六十六卷。"(《隋书·经籍志》)[③] 另据《新唐书·艺文志》记载："隋嘉则殿书三十七万卷，至武德初，有书八万卷，重复相糅。王世充平，得隋旧书八千余卷。"[④] 如果杨广时期搜集、整理、编辑、收藏的这些图书都留存到现在，那他必定会被后世史家称誉为世界文明史上最伟大的帝王之一，可惜这些图书绝大部分毁于隋末战火。《新唐书·艺文志》还云："而藏书之盛，莫盛于开元，其著录者，五万三千九百一十五卷，而唐之学者自为之书者，又二万八千四百六十九卷。"[⑤]

杨广还重视地方志的编撰。《隋书》还记载："隋大业中，普诏天下诸郡，条其风俗物产地图，上于尚书。故隋代有《诸郡物产土俗记》一百五十一卷，《区宇图志》一百二十九卷，《诸州图经集》一百卷。其余记注甚众"(《隋书·经籍志》)。[⑥] 杨广下令编撰的这些规模宏大地方志，既是承前启后的总结性著作，也是编撰全国性方志图经的开端，其影响极为深远。他还派大臣裴矩（当时著名的地理学家）去张掖管理与西域商人的贸易，裴矩"依其本国服饰仪

---

①②③ （唐）魏征等撰：《隋书》，中华书局 1973 年版，第 908 页。

④⑤ （北宋）欧阳修、宋祁撰：《新唐书》，中华书局 1975 年版，第 1423 页。

⑥ （唐）魏征等撰：《隋书》，中华书局 1973 年版，第 988 页。

形，王及庶人，各显容止，即丹青模写，为《西域图记》，共成三卷，合四十四国。仍别造地图，穷其要害。”（《隋书·裴矩传》）[①]《西域图记》是记录西域各国地理资料为主的地方志，也是我国古代有关中西交通重要文献。惜已散佚。

杨广正式确定科举制度为人才选拔的基本国策，对其后中国古代教育和人才选拔影响更为深远。前以述及，杨坚开皇十八年（公元598年）首开科举。其后，杨广正式确定科举制度为人才选拔的基本制度。大业二年（公元606年），“炀帝始建进士科。又制，百官不得计考增级，其功德行能有昭然者乃擢之”（《通典》）[②]。大业三年（公元607年），他又下诏进一步明确了科举选拔的标准，“夫孝悌有闻，人伦之本，德行敦厚，立身之基。或节义可称，或操履清洁，所以激贪厉俗，有益风化。强毅正直，执宪不挠，学业优敏，文才美秀，并为廊庙之用，实乃瑚琏之资。才堪将略，则拔之以御侮，膂力骁壮，则任之以爪牙。爰及一艺可取，亦宜采录，众善毕举，与时无弃。以此求治，庶几非远。文武有职事者，五品已上，宜依令十科举人。有一于此，不必求备。朕当待以不次，随才升擢。其见任九品已上官者，不在举送之限。”（《隋书·炀帝纪》）[③] 进士科的开设，选考科目由文帝初创的二科增加至十科（后来有所更改），文职武职兼有，选考标准的详细明确，标志着科举制作为国家选拔人才的重要考试制度的正式确立。大业五年（公元609年），杨广又下诏：“诸郡学业该通、才艺优洽，膂力骁壮、超绝等伦，在官勤奋、堪理政事，立性正直、不避强御，四科举人。”（《隋书·炀帝纪》）[④] 都说明当时的科举考试主要看重的是应考者的品质才干。科举制的施行，将考选之权、官吏任免之权，集中到中央的吏部和礼部来，从而加强中央集权。此前的九品中正制，人才选拔完全掌握在门阀士族手里，吏部基本上都是按照郡州大小中正所选拔和评定的等第来任用。这样，所选出的人又必然出身世族，且门第愈高，品第也就愈高，如此就削弱了中央的权利。因此，通过科举制度选拔人才这一基本国策的确定，人才选用重才学品质而不重门第，极大地削弱了豪门大族地主的特权。并且还规定：“百官不得计考增级，必有德行功能灼然显著者，擢之。”（《隋

---

① （唐）魏征等撰：《隋书》，中华书局1973年版，第1579页。

② （唐）杜佑撰：《通典》卷15。

③ （唐）魏征等撰：《隋书》，中华书局1973年版，第68页。

④ （唐）魏征等撰：《隋书》，中华书局1973年版，第73页。

书·炀帝纪》)[①]"魏、周官不得为荫。"(《隋书·炀帝纪》)[②]这种任人唯贤的选拔政策，为广大中下层优秀知识分子提供了走上仕途、参与国家管理的机会。毫无疑问，科举选拔人才是异常高明的改革创举，但却极大地损害了豪门地主大族们的权益。这也是隋末门阀大族叛隋的一个重要原因。

《剑桥中国隋唐史》总评杨广认为："炀帝其人，历来被封建史家贬为一无是处的暴君。近年来，虽然有一些学者肯定了他建东都、开运河等事迹，但总的来说，仍是褒少贬多。本书却给炀帝以很高评价。尽管作者不否认炀帝骄奢淫逸，但认为他在中国帝王中绝不是最坏的。从当时背景看，他并不比别的皇帝更暴虐。炀帝很有才能，是一位有成就的诗人、独具风格的散文家，还有点像政治美学家，很适合巩固其父开创的伟业。本书认为，在公元589年平陈时，他在建康的行为堪称模范。其后他在促进南北文化再统一，向北方介绍南方佛教传统等方面，都作出了贡献。唐代的繁荣应在很大程度上归因于继承和改善了炀帝所开的运河，运河促使杭州成为繁荣的商业城市，并提高了运送军队和供应至任何有潜在反抗危险的地区的能力。在谈到炀帝被否定的原因时，作者认为这是儒家修史者给他抹黑和民间传说对他歪曲的结果。"[③]应该说，这些论述是比较客观的。

① (唐)魏征等撰：《隋书》，中华书局1973年版，第66页。

② (唐)魏征等撰：《隋书》，中华书局1973年版，第72页。

③ [英]崔瑞德编：《剑桥中国隋唐史》，第1～2页。

# 第二章 初唐管理思想

唐代是中国历史上的一个极为重要的朝代，自开国之君高祖李渊公元 618 年建国至公元 907 年朱全忠逼哀帝李柷禅位并改国号为梁，历时 289 年。唐代全盛时在政治、经济、军事、文化、外交等方面都取得了极高的成就，开创了中国历史上的三大盛世之一的开元盛世①，同时也是当时世界上最为强盛的国家之一。

关于唐代的分期，史学界有不同的观点。本书根据中国管理思想发展的实际，将唐代划分为四个时期：初唐、盛唐、中唐、晚唐。其中，初唐时期，包括高祖李渊、太宗李世民和高宗李治前期（公元 660 年之前），历时三帝 40 余年；盛唐时期，自李治后期（自公元 660 年开始，武则天当政）至玄宗李隆基朝的“安史之乱”，共历五帝近百年；中唐时期，自“安史之乱”期间肃宗李亨即位，至宣宗李忱，共历十帝约 100 余年；晚唐时期自懿宗李漼至哀帝李柷，共历四帝约 30 余年。

## 第一节 初唐管理思想概述

隋朝末期，军阀割据，农民起义四起，民不聊生。隋明帝大业十三年（公元 617 年）五月，隋朝极为重要的军阀、太原留守、唐国公李渊在晋阳（今太

① 三大盛世：指西汉从文景之治开启的“武宣盛世”，唐代从贞观之治开启的“开元盛世”，明代从洪武之治开启的“永宣盛世”。其中，“武宣盛世”从西汉武帝延续到昭宣中兴，将近百年；唐代是中国地主阶级专政历史发展的顶峰，其强盛时期从高宗“永徽之治”到玄宗“开元盛世”，前后持续百余年；“永宣盛世”从明永乐初年延续到宣德末年，共计 30 年，是中国宗法地主阶级专制历史上最后一个综合国力仍领先世界的盛世，其世界历史意义超过其他盛世。

原）起兵，十一月占领长安，拥立杨广之孙杨侑为帝，即隋恭帝，改元义宁，遥尊杨广为太上皇。李渊自任大丞相，进封唐王。义宁二年（公元618年）五月，李渊逼杨侑禅位，自行称帝，定国号为唐，隋朝灭亡；改元武德，仍都大兴城，改名为长安。唐朝建立后，李渊派李世民、李建成等征讨四方，逐步剿灭各方群雄。武德九年（公元626年）六月，战功显赫的李世民发动玄武门之变，射杀太子李建成和皇子李元吉。李渊被迫退位，李世民即位，是为太宗。次年改元贞观（“贞观”是李世民唯一的年号）。贞观时期，社会稳定，经济繁荣，民生安宁，边疆稳固，被誉为“贞观之治”。到了高宗李治，其统治前期（公元660年之前）继承了其祖父李渊和父亲李世民的管理制度、政策，作了少量而适当的改进，使之更合理化，从而推动了唐代社会继续向鼎盛发展。

## 一、初唐管理思想的形成

以李渊、李世民为代表的初唐国家管理者，虽然经过艰苦卓绝的奋战，逐一打败了薛举、梁师都、刘武周、高开道、窦建德、李密、王世充、宇文化及、李子通、杜伏威、萧铣、刘黑闼等叛乱和割据势力，使全国置于大唐政权的统一管理之下。但是，面对隋末农民起义和全国统一战争之后人口锐减、经济凋敝、民生艰危的社会现实，其管理思想的重点就是立足社会现实，汲取隋朝灭亡的教训和前代管理思想的精华，励精图治，恢复和发展社会经济，改善民生，以巩固新生的大唐政权。其次，由于之前的隋文帝、隋明帝对国家各项管理制度进行了卓有成效的改革，所以李渊建唐之初，内政方面包括三省六部制在内的多项制度，主要继承了隋朝的。但是，由于隋朝短祚，这些制度的优越性还没有在实践中充分体现，其不足之处亦未得到充分暴露。随着唐统一全国战事的基本结束，才进行了一些改革。如中央继承和改革三省六部制，地方上以州代郡；改革府兵制；恢复北魏和隋代实行的均田制，建立租庸调制，确定开元通宝为国家统一货币；修建新的法典；建立新的学科制度和考试制度；有效管理宗教集团；使用强力并尽力妥善处理对外关系；等等。经过李渊、李世民父子及初唐的诸大臣的共同努力，唐王朝社会各方面呈现出一派欣欣向荣的景象，出现了开启大唐盛世的“贞观之治”。

高宗李治前期，由于他继承了一个稳定的国家及一个受集权法制约束的行政体系，其中各官署的职责都作了详细的规定，这一整套制度化的行政机器的顺利运转，使国家较好地继续推行高祖和太宗制定的各项政治、经济、文化教

育等各项制度，在李勣（徐世勣）、长孙无忌、褚遂良等文武重臣的共同辅佐下，开创了大唐第二个繁荣的治世——“永徽之治”。

## 二、初唐管理思想的代表人物

初唐社会处于全面上升阶段，此时期管理思想的典型代表有高祖李渊、太宗李世民、长孙无忌、房玄龄、李靖等。

### （一）李渊

李渊（公元566～635年），唐朝开国皇帝。字叔德，陇西成纪（今甘肃秦安县）人，祖籍赵郡隆庆（今邢台市隆尧县）。祖父李虎，西魏时官至太尉。父李昞，北周时历官御史大夫、安州总管、柱国大将军。母为隋文帝独孤皇后姐，故特见亲重。隋明帝杨广即位后，李渊任荥阳（今河南郑州）、楼烦（今山西静乐）二郡太守。后被召为殿内少监，迁卫尉少卿。大业十一年（公元615年），拜山西河东慰抚大使。十三年（公元617年），拜太原留守。其时隋末农民起义烽火四起，李渊便与次子李世民在大业十三年五月起兵，并从河东（今山西永济西）召回长子李建成和四子李元吉。李渊起兵后，一方面遣刘文静出使突厥，请求始毕可汗派军相助；另一方面招募军队，并于当年七月率师南下。此时瓦岗军在李密领导下与困守洛阳的王世充激战方酣，李渊乘隙进取关中。十一月攻拔长安，并在关中站稳了脚跟。李渊入长安后，立明帝孙代王侑为天子（恭帝），改元义宁，遥尊明帝为太上皇；又以杨侑名义自加假黄钺、使持节、大都督内外诸军事、尚书令、大丞相，进封唐王，综理万机。次年（公元618年）五月，李渊称帝，改国号唐，定都长安。不久唐统一了全国。

李渊管理国家，多依隋朝旧制建立了中央及地方的行政制度，又修订律令格式，颁布均田制及租庸调制，重建和改革府兵制，为唐代的职官、刑律、兵制、土地及课役等制度奠定了基础。武德九年（公元626年）六月初四，爆发了玄武门之变，战功显赫的秦王李世民射杀太子李建成和皇子李元吉，逼李渊立自己为太子。不久，李渊退位，李世民即位，是为太宗。李渊在度过一段闲散失意生活后，死于太安宫。庙号高祖，葬献陵。李渊是中国古代宗法地主阶级专制社会功业卓著的帝王，同时也是中国历史上最具争议、毁誉参半的帝王之一。他奠定了盛唐帝业，并因之得到了后人的褒扬；也因无力阻止亲生骨肉互相残杀，并被其子李世民“请”下了丹墀，令后人悲叹和哂笑。

李渊作为唐朝开国创业的政治和军事统帅，沈谋多算，善于决断，是一位既富远见卓识，又善实施的政治家和军事家。在隋末群雄并起的混乱现实面前，他提出并施行了许多高明的政治、军事、管理思想，其因势借力，先取关中，后图天下；因势定制、严明赏罚、用人所长；军政兼施、各个歼灭、统一全国的战略思想；正确料敌、集智用长、先胜后战的作战原则，应该受到后世重视。

### （二）李世民

李世民（公元598～649年），唐高祖李渊次子，唐朝第二位皇帝。李世民生于武功（今陕西武功县西）。他自称少尚威武，不精学业，喜欢演习弓矢。大业十三年（公元617年）李渊任太原留守，李世民随父亲守太原。其时各地反隋起义烽起，他协助李渊酝酿起兵争霸天下。起兵之后，他任右领军大都督，统右路军，渡黄河攻入渭北。十一月，李渊、李世民父子率军攻克长安，李世民任京兆尹，封秦国公。次年，即公元618年唐王朝正式建立。唐朝初立，关中四面受敌，李世民统兵首灭陇西的薛举父子；继而出兵河东，大破刘武周、宋金刚，巩固了河东根据地。武德三年（公元620年）七月，他统兵东出潼关，扫除盘踞洛阳的王世充和河北的窦建德。次年，洛阳平，唐朝开始统辖山东诸州。李世民战功卓著，被授天策上将，领司徒、陕东道行台尚书令，位在诸公之上。武德五年（公元622年），他又领兵打败了河北的刘黑闼、兖州的徐圆朗，稳定了河北、中原的形势，为大唐统一全国奠定了坚实的基础。李世民战功显赫，在军队中声望极高，直接威胁到皇太子李建成的地位，于是双方围绕争夺皇位兵戎相见。武德七年（公元624年），李建成谋划的仁智宫谋刺李世民事件失败；九年（公元626年）六月四日凌晨，李世民带领强将埋伏于玄武门，在李建成、李元吉兄弟进宫途中，截杀了他们，此即历史上著名的玄武门事变。八月，李渊退位，李世民正式登基，是为唐太宗。

李世民即位后，管理方面认真吸取了隋朝灭亡的教训，任用贤才，改组朝班，任用亲信力量掌握了政权和军权，推行了一系列政治、经济、财政等方面的改革措施，节省开支，减轻人民负担，进一步完善府兵制。在他“威惠并驰，刚柔并用”的原则下，修订了《唐律》，一方面强化暴力镇压，另一方面提倡儒教，疏缓刑罚。他在位前期和中期，明于知人，善于任使，社会稳定，生产力发展，适当减轻了人民的赋税徭役，出现了历史上著名的“贞观之治”。在军事和外交方面，他先后派军征服东突厥，平定吐谷浑，打垮了薛延陀，又以和亲方式与吐蕃建立友好关系。贞观十四年（公元640年）以后，他三次出

兵西域，平定高昌，打败西突厥，在龟兹（今新疆库车）建立安西都护府，重新打通了“丝绸之路”。但到他统治的后期，不再像前期那样肯纳忠谏，而是居功自信；出兵东征高丽，劳民伤财；废皇太子承乾后，为另立太子引起了皇室内部的权力斗争。贞观二十二年（公元 648 年）他撰就《帝范》一书，总结其一生政治经验，并赐给太子李治。贞观二十三年（公元 649 年）五月逝世，葬于昭陵，谥号“文皇帝”。唐太宗与身边大臣魏征、王珪、房玄龄、杜如晦、虞世南、褚遂良等的对答亦在开元十八年（公元 730 年）、十九年间被吴兢辑为《贞观政要》一书，其治国思想为后世君主学习、发扬，亦成为后世日本和朝鲜帝王的教科书。

### （三）长孙无忌

长孙无忌（约公元 597～659 年），字辅机，河南省洛阳人。先世鲜卑族拓跋氏，北魏皇族支系，后改为长孙氏。他是唐太宗李世民的内兄，文德顺圣皇后的哥哥。长孙无忌博学多才，又有谋略，少年时即与李世民交好。隋义宁元年（公元 617 年），李渊起兵太原，长孙无忌被授任渭北行军典签，自此辅佐李世民。武德九年（公元 626 年）参与发动玄武门之变，帮助李世民夺取帝位。贞观元年（公元 626 年），迁吏部尚书，以功第一，封齐国公，后徙赵国公。历任太子左庶子、左武侯大将军、吏部尚书、尚书仆射、司空。他功勋卓著，又是外戚，是太宗最信赖倚重的大臣。虽然位极人臣，招致议论，但唐太宗多次表示对长孙无忌的信任，屡加恩宠。贞观十一年（公元 637 年），他奉命与房玄龄等修订完成《贞观律》。贞观十七年（公元 643 年），太宗图功臣 24 人于凌烟阁，长孙无忌名列第一。贞观十六年（公元 642 年），太子李承乾谋反被废，唐太宗欲立晋王李治，召长孙无忌、房玄龄、李勣密议，长孙无忌表示支持，次年李治被立为皇太子。贞观二十三年（公元 649 年）唐太宗病危，遗命长孙无忌与褚遂良辅政。唐高宗继位，拜长孙无忌太尉同中书门下三品，兼扬州都督，主持朝政。高宗永徽四年（公元 653 年），房遗爱与高阳公主谋反事泄，长孙无忌为稳固高宗帝位，以谋反案诬陷吴王李恪。之后，李恪与房遗爱、高阳公主等一同被杀。永徽六年（公元 655 年），高宗欲立武昭仪（武则天）为皇后，长孙无忌坚决反对，招致武后仇恨。许敬宗希旨，诬构无忌谋反。高宗削其爵，流黔州（今贵州），公元 659 年被逼自缢，天下哀之，家族由此衰败。唐肃宗时，下诏追复其官爵。

长孙无忌出身名族，才智卓著，于唐朝有开国之功，于太宗为知己之臣。

居相位30余年而忠心不渝，受命辅佐高宗，延续贞观遗风。因坚持维护纲纪，最终受诬被害。史书认为长孙无忌被害，是唐高宗的统治转向昏庸、权力落入武氏的开始。

### (四) 房玄龄

房玄龄（公元579～648年），名乔，字玄龄，齐州临淄（今山东济南）人。隋朝廉吏房彦谦之子。唐初名相。房玄龄18岁举本州进士，授羽骑尉。他在渭北投秦王李世民后，为秦王参谋划策，典掌书记，是秦王得力的谋士之一。武德九年参与玄武门之变，与长孙无忌、杜如晦、尉迟敬德、侯君集5人并功第一。李世民即位后，房玄龄为中书令，贞观三年（公元628年）为尚书左仆射，贞观十一年（公元637年）封梁国公，贞观十六年（公元642年）进位司空，仍综理朝政。贞观二十二年（公元648年）病逝。房玄龄善谋，杜如晦善断，因此人称"房谋杜断"，后世以他和杜如晦为良相的典范，合称"房、杜"。

房玄龄是唐代初年的著名良相、杰出谋臣，大唐"贞观之治"的主要缔造者之一。他是出身"书香世家"的纯正儒生，跟随李世民十年艰辛征战，辅佐太宗二十载稳任首宰。他智能高超、功勋卓越、地位显赫；善用伟才、敏行慎吉、自甘卑下、常行让贤，是一代勋臣的典范。

### (五) 李靖

李靖（公元571～649年），字药师，雍州三原（今陕西三原县东北）人，唐初文武兼备的著名军事家。后封卫国公，世称李卫公。祖父李崇义在北魏时期担任过殷州（治所位于今河北省隆尧县）刺史，舅韩擒虎为隋朝名将。李靖善于用兵，长于谋略，著有数种兵书，多亡佚。隋明帝时，李靖曾担任长安县功曹（县府人事主任），深获左仆射杨素、吏部尚书牛弘的赏识。大业末年，李靖被派往北方前线，调马邑任郡丞。李渊自太原起兵后，迅速攻下长安，李靖被俘。李世民劝父亲赦免了李靖，被李世民召入幕府，充做三卫。武德四年（公元621年），李靖向李渊献上平灭萧铣十策，被李渊采纳，被任为行军总管。他于是大造战舰，训练水军。唐军自夔州（今四川奉节东）顺江东下，数战数捷，萧铣投降。李靖因功封永康县公。李渊又命李靖为岭南道抚慰大使，招抚了岭南96州，长江中游及岭南地区尽为唐有。贞观元年（公元626年）李靖官拜刑部尚书，赐封400户，贞观二年（公元627年）兼任检校中书令，贞观三年（公元628年）转任兵部尚书。唐初，东突厥为最大边害。贞观三年李靖为总指挥“定襄道行军大总管”，分六路进攻突厥，次年冒着寒雪抵达朔州。贞观四年（公元629年）正月，李靖率300精骑乘黑夜攻下颉利可汗的牙帐所在地定襄，颉利北撤铁山，李靖乘胜追击，以1万精兵乘夜袭击阴山，斩义成公主，俘虏颉利可汗，东突厥自此平定。被封为代国公。此战为李靖军事生涯成就最高的战役。贞观八年（公元634年）西北吐谷浑王慕容伏允犯境，太宗即任命李靖为“西海道行军大总管”，统帅唐帝国与西域诸国（如突厥、契苾）联军征讨吐谷浑。慕容伏允火烧荒野，尽毁草原，以为唐军不会追击。李靖采纳侯君集之议，分兵两道追歼，亲率李大亮等部由北道切断其通往祁连山的退路，并迂回至其首府伏俟城（今青海湖西），李道宗等部由南道追截南逃的吐谷浑军。南道唐军历经无人之境200余里，于乌海（今青海苦海）大破伏允部。贞观九年（公元635年）李靖追至且末（今属新疆），大败吐谷浑军，伏允部下不堪唐军追击，杀伏允，伏允之子大宁王慕容顺斩天柱王，率部降唐，其国土遂尽归唐朝。李靖贞观十一年（公元637年）改封为卫国公。贞观二十三年（公元649年）卒，谥号为景武，陪葬昭陵。

李靖才兼文武，出将入相，为大唐的统一与巩固立下了赫赫战功。唐太宗曾给予高度评价：“尚书仆射代国公靖，器识恢宏，风度冲邈，早申期遇，夙投忠款，宣力运始，效绩边隅，南定荆扬，北清沙塞，皇威远畅，功业有成。”（《加李靖特进制》）[①] 同时，他治军、作战又积累了一套成功的经验，进一步丰富和发展了古代的军事思想和理论，著有《李靖六军镜》等多部兵书，大多散佚。后人辑有《唐太宗李卫公问对》，在北宋时期列入《武经七书》，是古代兵学的代表著作。

### （六）魏征

魏征（公元580～643年），字玄成，巨鹿人（今河北邢台市巨鹿县人，一说河北晋州市或河北馆陶市）人。初唐杰出的政治家、思想家、史学家。其父魏长贤曾为隋朝官吏，有贤名。魏征从小丧失父母，家境贫寒，喜爱读书，不治家业，曾出家为道士。隋大业末年，魏征被隋武阳郡丞元宝藏任为书记。元宝藏投降李密后，他又被李密任为元帅府文学参军。武德元年（公元618年）李密失败后，魏征随其入关降唐。次年，魏征奉诏安抚河北，劝说李密的黎阳守将徐世绩归降了唐军。不久，窦建德攻占黎阳俘获魏征。窦建德失败后，魏

---

① （清）董诰等编纂《全唐文》卷4。

征回到长安，被太子李建成引用为东宫僚属。鉴于太子和李世民的矛盾日益加深，他曾多次劝李建成对李世民先发制人，均未被采纳。

玄武门之变后，因其卓越的才干胆识被李世民任为谏官，并经常引入内廷，询问政事。魏征亦喜逢知己之主，竭诚尽责，知无不言，言无不尽。加之性格耿直，往往据理力争，从不委曲求全。贞观十年（公元 636 年），他奉命参与主持编撰的《隋书》、《周书》、《梁书》、《陕书》、《齐书》五部史书完稿；其中《隋书》的序论，《梁书》、《陈书》和《齐书》的总论皆魏征所撰，时称良史。贞观十六年（公元 642 年），魏征染病卧床，次年病逝家中。太宗“亲临恸哭，废朝五日”，“（葬之时，）太宗登苑西楼，望丧而哭，诏百官送出郊外。帝亲制碑文，并为书石。其后追思不已……尝临朝谓侍臣曰：‘以铜为镜，可以正衣冠；以古为镜，可以知兴替；以人为镜，可以明得失。朕常保此三镜，以防己过。今魏征殂逝，遂亡一镜矣！’”（《旧唐书·魏征传》）[①] 魏征先后任谏议大夫、秘书监、侍中、左光禄大夫等职，封郑国公。以直谏敢言著称，是中国历史上最负盛名的谏臣，享有崇高声誉。

## 三、初唐管理思想的特点

初唐政治家们亲眼目睹了农民起义战争瓦解隋朝的过程，深刻认识到广大农民对稳定统治的重要性。于是，他们认真吸取隋朝灭亡的教训，调整统治政策，以缓和社会矛盾和阶级矛盾，实现社会的长治久安。他们管理思想的共同特点，一是恢复和发展国民经济；二是巩固和加强中央集权，稳定社会秩序。

首先，恢复和发展国民经济。经过长达十余年的隋末农民起义战争和军阀混战，李渊、李世民父子终于公元 624 年控制了全国。但是，政权草创的唐王朝面临着巨大的经济困难，一方面是长期战争之后，社会生产力遭受严重破坏，民生艰危；另一方面，“唐王朝草创之际最紧迫的问题之一，是征集资财以供军需和支付日益增多的官僚的俸禄，因为唐朝的行政控制已遍及全国。最初，唐军掳掠的战利品和从隋王朝的金库及仓廒中所猎取的财物成为唐高祖收入的主要来源，但是很显然，政府的财政收入得有比这更持久的措施才行。”[②] 因此，恢复和发展国民经济是唐初管理者首要的重大课题。作为恢复和发展社

---

① （后晋）刘昫撰：《旧唐书》，中华书局 1975 年版，第 2561 页。

② ［英］崔瑞德编：《剑桥中国隋唐史》，第 175 页。

会经济和增加国家财政收入最主要的办法，唐高祖恢复了由国家控制土地使用和土地分配的均田制度。这是在北魏时期建立的一种财赋制度，后来北朝和隋代一直沿用。均田制规定丁男授田一顷，包括口分田 80 亩，永业田 20 亩；对于贵族田地也有限制，规定从亲王到公侯伯子男，授田数从 100 顷到 5 顷不等；在职的官员从一品到九品，授田数从 30 顷到 2 顷不等；此外，各级的官员还有职分田，用地租补充，作为俸禄的一部分。均田制对土地的买卖也做了限制，官僚和贵族的永业田和赐田可以买卖，百姓在贫穷无法办理丧事时可以卖永业田，从人多地少的地方往人少地多的地方搬迁时也可以出卖永业田。均田制根据成年男性纳税人的年龄和社会身份保证给他们一定数量的土地，并限制个人手中所拥有的土地数量和他们自由处理土地财产的权利。李渊在实行均田制的基础上，又实行了租庸调制，规定受田的农民，每丁每年要交粟二石，这是租；每年交绢二丈、绵三两，或者交布二丈五尺、麻三斤，这是调；每丁每年服役 20 天，不服役可以折算为每天绢三尺，这是庸。假如官府额外加了役期，加够 15 天则免调，加 30 天免租调。每年的加役最多 30 天。唐朝的租庸调制与隋朝的相比，用庸代替服役的条件放宽了很多，更有利于农民从事农业生产。

唐太宗时期，实行了更加全面的恢复和发展经济的措施，确定了“安百姓”、“重人才”、“强政治”的国家管理思想，并通过一系列的制度、政策、措施努力去实现：一是唐太宗认识到了管理者与人民是“舟与水”的关系，进一步推行和完善均田制和租庸调制，调整土地财赋制度以“安百姓”；二是重用人才，虚怀纳谏，得人善任，从谏如流，营造出清明的政治氛围，保证了较为开明的政治、经济、民族、外交、文化上的政策得以制定和实施；三是完善三省六部制和科举制，以巩固中央集权，提高行政效率，扩大统治基础，更好地保证社会经济全面发展。此外，中国古代宗法地主阶级专制社会“重农抑商”，商业在国民经济中所占的比重相当低，商人的地位也因之比农民低。唐代宗贞观时期是中国历史上少有的不歧视商业的时代，而且还给商业发展提供了许多便利条件，进一步体现了李世民不凡的眼光。

其次，巩固和加强中央集权，稳定社会秩序。李渊建唐后，百废待举，他一方面组织力量进行统一全国的战争；另一方面加强政权建设，稳定社会秩序。唐朝前期的政治、经济、军事、文化等方面的各项制度，在李渊时期已经基本上粗具规模。政治体制方面，李渊基本继承了隋朝的制度，部分又有一些发展。初唐中央建立了三省六部二十四司，三省是尚书省、中书省和门下省；尚书省掌管全国政令，是命令的执行机关；下属共有六部，即吏、户、礼、兵、刑、工，吏部掌管官吏的选用、考核与奖惩，户部掌户籍和赋税，礼部掌礼仪和科举，兵部掌军事，刑部掌刑狱，工部掌土木工程建设，每部又分四司来作为办事机关。中书省负责皇帝诏书的起草，是决策机关。门下省则审核中书省起草的诏书，不合适的驳回修改。监察机关是御史台，职责是监督、弹劾文武百官。三省六部制的实行，使宰相的人数比秦汉时期增多，便于皇帝控制。地方的政权机构基本是由州、县两级构成，长官分别是刺史和县令，刺史每年要巡查各县，考核官员政绩，还负责举荐人才；县令要负责一县的各种具体事务，官很小，却是最繁忙的官员。

军事上，初唐采用府兵制这种职业兵制，这种制度创始于西魏宇文泰时期，经过北周、隋朝，沿用至唐朝。在太原起兵进军长安的途中，李渊就逐步将其军队纳入了府兵制度之中。府兵制将练兵权和领兵权分离，以防止将领拥兵自重，对抗中央。并将府兵制建立在均田制的基础上，兵农合一，士卒平时在家生产。农闲时由兵府负责操练，提高战斗力。府兵的重要职责是轮流到京师或边塞服役，叫做“番上”，战时则出征御敌。士兵在服役期间可以免除其租和调，但不论“番上”还是出征，所需的兵器、衣服、粮食等都由自己负责筹备。府兵制从根本上减轻了国家的负担，它不但能扩大兵源，也能保证战斗力。

教育考试方面，唐朝还完善了将隋朝创立的科举制度。参加考试的一是国子监所属学校的学生，叫“生徒”；二是各地的私学中通过州县保举的学生，叫“乡贡”。科举的形式可以分为两种：一是常举；二是制举。常举每年定期举行；制举则由皇帝临时进行，亲自主持，考试科目也临时确定，时间和录取人数不定，没有常举那么频繁。常举的考试科目主要有秀才、进士、明经、明法、明算等，其中进士和明经最受欢迎，因为这是做官的重要途径。进士一科主要考诗词和歌赋，还有时务政策。唐朝科举制的完备，不仅将选举用人权收归中央，加强了中央集权，而且科举制度向更为广泛的地方各阶层知识分子打开了入仕的途径，寒门庶族人士通过科考也可以取得高官厚禄，参与到国家权力的方方面面，从而扩大了统治的社会基础，有效维护了社会的稳定。

唐太宗君臣更是以忘隋为鉴，通过各种途径进行改革，在政治、经济、文化等方面来巩固帝国的政权。尤其是在用人和纳谏方面，唐太宗尽力搜罗各种人才为其所用，在纳谏方面也堪称人君典范。正是由于一系列有效措施的施行，唐太宗进一步巩固了中央集权和稳定了社会秩序，创造了被史家称为“贞观之治”太平社会。

## 第二节 李渊的管理思想

隋朝末年，大军阀李渊、李世民父子在农民起义的大混战中起兵，采取了一系列适应形势需要的正确的战略战术，领导唐初的统一战争，并取得了完全的胜利。唐王朝建立后，他们不失时机地采取有效的政策措施，巩固了新生的大唐政权，恢复和发展社会经济，使广大民众重新步入生活的正轨。唐高祖李渊作为大唐帝国的开创者，表现了卓越的政治、经济、军事等方面的管理才能。

### 一、因势借力，争取民心

李渊起兵过程中贯彻了因势借力，壮大军事力量，争取民心，最终统一全国的战略思想。

在隋末农民起义战争使隋王朝的统治土崩瓦解之际，时任太原留守的李渊于大业十三年（公元617年）起兵反隋。虽然他起兵缘于政治迫害，属于隋统治阶级内部斗争的性质，但他从统治集团内部分裂出来，削弱了隋王朝的统治。其后，李渊建立了唐王朝。唐朝的建立适应了历史发展的需要，李渊晋阳起兵具有进步意义。

李渊出身西魏北周贵族世家，为陇西著姓。“少神勇”，[①]“七岁袭唐国公，及长，倜傥豁达，任性真率，宽仁容众，无贵贱咸得其欢心”。隋大业九年（公元613年），为卫尉少卿兼知关右诸军事，“历试中外，素树恩德，及是结纳豪杰，众多款附”（《旧唐书·高祖纪》）。[②] 新旧《唐书》等史料进一步说明李渊不仅是有较高的政治识见，而且具有卓越的军事才能。据与李渊同时代的温大雅《大唐创业起居注》记载，李渊“素怀济世之略，有经纶天下之心。接

① （唐）段成式著：《酉阳杂俎》卷1。

② （后晋）刘昫撰：《旧唐书》，中华书局1975年版，第1～2页。

待人伦，不限贵贱，一面相遇，十数年不忘。山川冲要，一览便忆”。[①] 但是，隋明帝杨广对他颇不放心，他遂“纵酒沉湎，纳贿以混其迹焉”（《旧唐书·高祖纪》）。[②] 李渊任太原留守时，“远近承风，咸思托附。仍命皇太子于河东潜结英俊，秦王于晋阳密招豪友。太子及王俱禀圣略，倾财赈施，卑身下士。逮乎鬻缯博徒，监门厮养，一技可称，一艺可取，与之抗礼，未尝云倦。故得士庶之心，无不至者。”[③] 在组织上为起兵做准备。大业十三年（公元 617 年）二月，马邑人刘武周起兵，杀太守王仁恭，自称天子，国号定阳。李渊遂以讨伐刘武周为名，以维护隋朝统治的身份积极募兵，远近武装纷纷云集响应，不几天就有近万人加入李渊军队。同时他派人前往蒲州，催促李建成等人速来太原，择日起兵。八月，李渊与李世民等人定计捕杀了隋明帝派来监视李渊的副留守王威和高君雅，正式宣布起兵。从酝酿到起兵，李渊周密计划，积极准备，韬光养晦，乘机举事。

李渊在起兵过程中贯彻了因势借力，壮大力量；先取关中，号令天下，进而统一全国策略方针。李渊借隋末农民起义烽火四起，天下大乱之机，借突厥、李密等外部势力为己所用。当时突厥势力极强。据《通典》记载：“此后隋乱，中国人归之者甚众，又更强盛，势陵中夏……薛举、窦建德、王充、刘武周、梁师都、李轨、高开道之徒，虽僭尊号，北面称臣，受其可汗之号。东自契丹，西尽吐谷浑、高昌诸国，皆臣之。控弦百万，戎狄之盛，近代未之有也。”[④] 其次，李密领导的瓦岗军是当时实力最强的起义军，“（李）密负其强盛，欲自为盟主，乃致书呼高祖为兄，请合从以灭隋”（《旧唐书·李密传》）[⑤]。另外，割据朔方的梁师都、马邑的刘武周、金城的薛举、武威的李轨等势力，均对李渊建唐大业构成直接威胁。当时，李渊力量还比较孤弱，他要谋事举兵，必须争取一些强大势力的支援。

为了将突厥的威胁转化为可以借用的力量，李渊派遣刘文静出使突厥，啖以厚利，卑辞厚礼以结交之。于是突厥始毕可汗积极支持李渊取隋而代之。他派刘文静去突厥时说：“胡骑入中国，生民之大蠹也。吾所以欲得之者，恐刘

① （唐）温大雅撰：《大唐创业起居注》，上海古籍出版社 1983 年版，第 4 页。

② （后晋）刘昫撰：《旧唐书》，中华书局 1975 年版，第 2 页。

③ （唐）温大雅撰：《大唐创业起居注》，上海古籍出版社 1983 年版，第 4～5 页。

④ （唐）杜佑撰：《通典》卷 197。

⑤ （后晋）刘昫撰：《旧唐书》，中华书局 1975 年版，第 2220 页。

武周引之共为边患。又，胡马行牧，不费当粟，聊欲借之以为声势耳。数百人之外，无所用之。"[①] 可见，李渊派刘文静出使突厥，名为借兵，实为联络突厥，防止其与刘武周联合南侵。于是突厥"始毕遣其特勒康稍利等献马千匹，会于绛郡。又遣二千骑助军，从平京城。"(《旧唐书·突厥传》)[②] 对当时最强大的农民起义军领袖李密，李渊认为"宜卑辞推奖以骄其志，使其不虞于我，得入关，据蒲津而屯水丰，阻崤函而临伊洛。东看群贼鹬蚌之势，吾然后为秦人之渔夫矣"[③]，他写信给李密称其为"当今司牧"，希望他"早膺图箓，以宁兆庶"，说自己"年逾知命，愿不及此"[④]，极尽谦恭。李密得书"甚悦"，"遂注意东都，无心外略"[⑤]，心甘情愿为李渊"拒东都之兵，守成皋之厄"。[⑥]使李渊得以乘虚入关，夺取长安。

李渊在入关途中，一方面赈赡穷乏，除隋苛政，以争取民心多；另一方面注意拉拢地方豪杰，随才授官，赢得了河东与关中地主的支持。温大雅《大唐创业起居注》称李渊自发兵太原以后，每日有千余人加入，"请赏论勋，告冤申屈，附文希旨，百计千端，来众如云，观者如堵"，李渊"处断若流，毫无疑滞，人人所得，咸尽欢心"[⑦] 进驻长安后，"与民约法十二条，悉除隋苛禁"，[⑧] 故远近吏民竞来归附。李渊关心士卒，论功行赏，纪律严明。他领军入关至清源时，"牧马置营，皆据高险。老弱樵采，丁壮休息，虞侯觇守之地，飞鸟不通，勿论人也。帝（李渊）乃将世子（李建成）及敦煌公（李世民）等，率家僮十数，巡行营幕。次比器仗精粗，坐卧饮食，粮禀升斗，马驴饥饱，逮乎仆隶，皆亲阅之。如有不周，即令从人借助，亦不责所属典司"[⑨]。攻破霍邑后，有功将士依格受赏，但勋司认为原为徒隶的军士不能和良人一样受赏，李渊认为，"义兵取人，山藏海纳，逮乎徒隶，亦无弃者……岂有矢石之间，不辩贵贱；庸勋之次，便有等差。以此论功，将何以劝。黥而为王，亦何妨也。赏宜从重，吾其与之。诸部曲及徒隶征战有功勋者，并従本色勋

① （北宋）司马光编著：《资治通鉴》卷 184。
② （后晋）刘昫撰：《旧唐书》，中华书局 1975 年版，第 5153 页。
③④⑥ （唐）温大雅撰：《大唐创业起居注》，上海古籍出版社 1983 年版，第 25 页。
⑤ （唐）温大雅撰：《大唐创业起居注》，上海古籍出版社 1983 年版，第 26 页。
⑦ （唐）温大雅撰：《大唐创业起居注》，上海古籍出版社 1983 年版，第 22 页。
⑧ （北宋）司马光编著：《资治通鉴》卷 184。
⑨ （唐）温大雅撰：《大唐创业起居注》，上海古籍出版社 1983 年版，第 20～21 页。

授。"[①] 因此，士卒感奋，咸乐为之效命。大业十三年（公元 617 年）十月，李渊率领二十余万大军围困京师长安，"勒诸军各依垒壁，勿入村居，无为侵暴"[②]。军入长安，"依城外部分，封府库，收图籍，禁掳掠。军人勿杂，勿相惊恐。太仓之外，他无所干。吏民安堵，一如汉初入关故事"[③]。李渊深谋远虑，知己知彼，战术灵活，只用了 4 个月时间就攻占了长安。

李渊攻入长安之后，推代王杨侑为帝，倡言废昏立明，打着拥隋的旗号，挟天子以令诸侯，达到了取得国家权力的目的，把自己塑造成应天顺人的大隋拥戴者形象。这些策略的成功实施，体现李渊因势借力、以屈谋伸、壮大自己力量以成就大业的指导思想，比当时窦建德、宇文化及王世充等争相称王称帝高出一筹。李渊攻取长安后，不仅政治上得天独厚，而且占据了地理上的优势。由于他出身关陇贵族，在关中有很大影响。入长安后，不仅取得了广泛支持；而且占据京城，挟持隋帝，号令天下，成高屋建瓴之势，为统一天下创造了极为有利的条件，表现了他政治上的远见卓识。

隋恭帝义宁二年（公元 618 年）五月李渊称帝，建立了唐王朝。此时，天下分裂，各路义军、军阀割据，李唐仅占据关中一隅。李渊以此为根据地逐渐发展力量，用了 7 年时间，主要通过战争及政治手段，逐一瓦解和镇压了各路农民起义军和地主武装，重新统一了全国。虽然新、旧《唐书》等正史都记述了李世民在唐初的统一战争中东征西讨，作出了卓越的贡献。但李渊作为大唐王朝初建时期的最高管理者和军事统帅，是统一大业的主要领导者和组织者，在完成全国的统一过程中制定和实施了一系列适应形势需要的战略战术，其作用不可替代。首先，李渊确定了统一全国的战略方针。李渊起兵之初曾经派军进攻洛阳，企图先定关东，再经略四方统一全国。但是，李渊、李世民父子很快发现敌强我弱，这个计划很难实现。于是，他们重新制订了先巩固根据地关中，再进图关东，进而统一全国的战略方针，其具体步骤是：先平陇右、河西，再取河东，然后进夺河南，之后北取河朔，南下江南，逐步统一全国。历史表明这个战略方针是正确可行的。其次，在实施上述战略方针的过程中，李渊坐镇长安，总统全局，运筹帷幄，调兵遣将。唐军能够从建国时的弱军，在统一全国的战争中不断发展壮大，并赢得了一系列的重大胜利，最终完成统一

① （唐）温大雅撰：《大唐创业起居注》，上海古籍出版社 1983 年版，第 28～29 页。

②③ （唐）温大雅撰：《大唐创业起居注》，上海古籍出版社 1983 年版，第 369 页。

伟业的事实表明，李渊作为最高领导者和军事统帅，其战略部署和运筹指挥的正确性。李世民打败窦建德后，李渊在《赐秦王获窦建德手诏》中亦云："画策者虽吾，平定者汝也。"[①] 为了最终赢得统一战争的胜利，李渊不断发展军事力量。武德二年（公元 619 年）七月，"初置十二军，分关内诸府以隶焉，皆取天星为名，以车骑府统之。每军将、副各一人，取威名素重者为之，督以耕战之务。由是士马精强，所向无敌"[②] 李渊还特别重视骑兵。他起兵之初从突厥那里得到一批精骑，充实了骑兵。武德二年他派赵文恪至并州，"与齐王诱市边马以备军"。[③] 骑兵作为唐军劲旅，在统一战争中发挥了重要作用。此外，与战争手段相辅而行，李渊还重视采用政治和外交手段，招降纳叛，瓦解敌军。

## 二、与民休息，推行适时的土地和财赋制度

李渊晋阳起兵时，就分析过隋亡的原因："异哉今上（杨广）之行己也，独智自贤，安忍忌刻，拓狂悖为混沌，苟鸩毒为恣睢。饰非好佞，拒谏信谗，敌怨诚良，仇雠骨肉。巡幸无度，穷兵极武，喜怒不恒，亲离众叛。御河导洛，肆舳舻而达江；驰道缘边，径长城而傍海。离宫别馆之所在，车辙马迹之所向，咸堑山而堙谷，毕结瑶而构琼。辽水屡征，歼丁壮于亿兆；伊谷转输，毙老幼于百万。禽荒罄于飞走，蚕食穷于水陆。征税尽于重敛，民力殚于劳止。十分天下，九为盗贼。荆棘旅于阙廷，豺狼充于道路。带牛佩犊，辍耕者连孤竹而寇潢池；锄耰棘矜，大呼者聚萑苻而起芒泽……暴骸如莽，僵尸若麻……四海波振而冰泮，五岳尘飞而土崩。踞积薪以待然，钳众口而寄坐。明明皇祖，贻厥无人，赫赫宗隋，灭为亡国。"（《举义旗誓众文》）[④] 鉴于隋亡的教训，李渊《改元大赦诏》云："惧甚履冰，凛乎御朽。所宜布兹宽惠，咸与惟新。可大赦天下，改隋义宁二年为武德元年。自五月二十日昧爽以前，罪无轻重，已发露，未发露，皆赦除之。子杀父、奴杀主，不在赦限。百官及庶人赐爵一级，义师所行之处给复三年，自余给复一年。孝子顺孙，义夫节妇，旌表门闾；孝悌力田，鳏寡孤独，量加赈恤。"[⑤]《赦逃亡募人诏》又云："蠲除

---

① （清）董诰等编纂：《全唐文》卷 2。

② （北宋）司马光编著：《资治通鉴》卷 187。

③ （北宋）欧阳修、宋祁撰：《新唐书》，中华书局 1975 年版，第 3740 页。

④ （清）董诰等编纂：《全唐文》卷 3。

⑤ （清）董诰等编纂：《全唐文》卷 1。

徭赋，督课耕农，安集黎元，与之休息，然而鲸鲵未翦，四海多虞，师旅洊兴，事不获已。及其士卒浮惰，苟求逸乐，惮于征役，离其营伍，因此逃窜，潜匿崎岖，盗窃为资，规免朝夕。良繇劝励不明，部署失所，弛慢之责，在于朕躬。琴瑟不调，已云变革，多坠刑网，情兼轸悼，宜从宽宥，许以自新。其义士募人有背军逃亡者，自武德二年十月二十日已前，罪无轻重，皆赦除之。饥寒困弊，不能自存者，所在官司，随事赈给。”①《劝农诏》还云：“安辑遗民，期于宁济，劝农务本，蠲其力役。然而边鄙余寇，向或未除，顷年以来，戎车屡出。所以农功不致，仓廪未登，永念于兹，无忘寤寐……时为溽暑，方资耕耨，废而不修，岁功将阙。宜从优纵，肆力千顷，其有公私债负，及追征输送，所至处且勿施行。寻常营造，役使工匠，事非急要，亦宜停止。见在囚系，事未决断，傍引支证，未须追摄。百司常务，并宜且停，内外官人行署以上，量事分番，皆尽九月三十日。其军机急速，及盗贼之事，不在停限。州县牧宰，明加劝导，咸使戮力，无或失时。务从简静。”② 李渊通过颁布一系列的诏书，提出了“安集黎元，与之休息”，宽罪赦逃，“布兹宽惠”，“劝农务本”，“务从简静”等管理思想。具体包括以下主要内容：

首先，大力发展农业生产，推行均田制。经历了隋末农民起义战争和军阀混战的唐初农业基本上处于崩溃的边缘。李渊在其《申禁差科诏》中云：“隋末丧乱，豺狼竞逐，率土之众，百不存一。干戈未静，桑农咸废，凋弊之后，饥寒重切。”③因此，唐初政府的当务之急是恢复和发展农业生产，解决人民的基本生活问题。武德初年（公元618年）李渊颁布《劝农诏》，就号召国家管理阶层“劝农务本”，其《遣师趋巩洛令》云：“春作方兴，不夺农时。”④《罢差科徭役诏》更是作了详细叙述：“自有隋失驭，政刑板荡，豺狼竞起，肆行暴虐，征求无度，侵夺任己。下民困扰，各靡聊生，丧乱之余，百不存一。上天降监，爰命朕躬，廓定凶灾，乂宁区域。念此黎庶，凋弊日久，新获安堵，衣食未丰。所以每给优复，蠲减徭赋，不许差科，辄有劳役，义行简静，使务农桑。至如大河南北，离乱永久，师旅荐兴，加之饥馑，百姓劳弊，此焉特甚。江淮之间，爰及岭外，涂路悬阻，土旷民稀，流寓者多，尤宜存恤……自

①④ （清）董诰等编纂：《全唐文》卷1。

②③ （清）董诰等编纂：《全唐文》卷2。

今以后，非有别敕，不得辄差科徭役，及迎送供承。庶令安逸，明加简约。”[①]当时的农业生产资料损毁严重，其中耕牛尤为缺乏。李渊先后发布了《断屠诏》和《减用牲牢诏》等诏书，限制各级政府用牛牲祭祀，禁止民间屠杀耕牛。《断屠诏》云：“有隋失驭，丧乱宏多，民物凋残，俗化逾侈。耽嗜之族，竞逐旨甘；屠宰之家，恣行刳杀。刍豢之畜，靡供肴核之资；胎夭之群，莫遂蕃滋之性……方域未宁，尤须节制，凋弊之后，宜先蕃育。岂得恣彼贪暴，残殄庶类之生，苟循目前，不为经久之虑。导民之理有未足乎？其关内诸州，宜断屠杀。庶六畜滋多，而民庶殷赡。详思厥衷，更为条式。”[②]武德八年（公元625年）与吐谷浑、突厥互市得到大量耕牛，至是“杂畜被野。”[③]为农业生产的发展提供了必要条件。

武德七年（公元624年），李渊颁布了均田令。初唐均田制规定：“唐之始时，授人以口分、世业田……唐制：度田以步，其阔一步，其长二百四十步为亩，百亩为顷。凡民始生为黄，四岁为小，十六为中，二十一为丁，六十为老。授田之制，丁及男年十八以上者，人一顷，其八十亩为口分，二十亩为永业；老及笃疾、废疾者，人四十亩，寡妻妾三十亩，当户者增二十亩，皆以二十亩为永业，其余为口分。永业之田，树以榆、枣、桑及所宜之木，皆有数。田多可以足其人者为宽乡，少者为狭乡。狭乡授田，减宽乡之半。其地有薄厚，岁一易者，倍受之。宽乡三易者，不倍授。工商者，宽乡减半，狭乡不给。凡庶人徙乡及贫无以葬者，得卖世业田。自狭乡而徙宽乡者，得并卖口分田。已卖者，不复授。死者收之，以授无田者。凡收授皆以岁十月。授田先贫及有课役者。凡田，乡有余以给比乡，县有余以给比县，州有余以给近州。”[④]可见，这种土地制度尽可能地满足了广大民众对土地的要求。

初唐均田制虽然继承的是北魏以来的均田制，但由于历史条件不同，特别是土地私有制的发展和国家占有土地的减少，以及社会阶级状况的变化，产生了一个新特点，即土地占有的等级规定更加层次分明和多种多样。以民户而论，年龄、职业、家庭、身份、健康状况和区域（宽乡、狭乡）之别，都成为占有不同数量土地的根据。

---

①② （清）董诰等编纂：《全唐文》卷2。

③ （北宋）司马光编著：《资治通鉴》卷191。

④ （北宋）欧阳修、宋祁撰：《新唐书》，中华书局1975年版，第1341～1342页。

其次，在赋税制度方面实行租庸调法和减免赋役之法。李渊于武德二年（公元 619 年）初定租庸调之法，规定每丁租二石，绢二丈，绵三两，“自兹以外，不得横有调敛”（《唐会要·租税》）。[①] 武德七年（公元 624 年）又颁布了更为详细的规定：“每丁岁入租粟二石。调则随乡土所产，绫、绢、絁各二丈，布加五分之一。输绫、绢、絁者，兼调绵三两；输布者，麻三斤。凡丁，岁役二旬。若不役，则收其佣，每日三尺。有事而加役者，旬有五日免其调，三旬则租调俱免。通正役，并不过五十日。若岭南诸州则税米，上户一石二斗，次户八斗，下户六斗。若夷獠之户，皆从半输。蕃胡内附者，上户丁税钱十文，次户五文，下户免之。附经二年者，上户丁输羊二口，次户一口，下，三户共一口。凡水旱虫霜为灾，十分损四已上免租，损六已上免调，损七已上课役俱免。”（《旧唐书·食货志》）[②] 规定受田农民均可输庸代役，日绢 3 尺，此举有利于农民自己支配劳动时间。总体上，李渊时的租庸调制与隋代相比大为减轻了农民负担。

武德年间，李渊还几次宣布减免赋役，颁布了《罢差科徭役诏》、《申禁差科诏》等诏书。如《罢差科徭役诏》宣布：“念此黎庶，凋弊日久，新获安堵，衣食未丰。所以每给优复，蠲减徭赋，不许差科，辄有劳役，义行简静，使务农桑。至如大河南北，离乱永久，师旅荐兴，加之饥馑，百姓劳弊，此焉特甚。江淮之间，爰及岭外，涂路悬阻，土旷民稀，流寓者多，尤宜存恤。”[③]《申禁差科诏》宣布：“新附之民，特蠲徭赋。欲其休息，更无烦扰，使获安静，自修产业”，“道路迎送，廨宇营筑，率意征求，擅相呼召。诸如此例，悉宜禁断，非有别敕，不得差科。不如诏者，重加推罚。”[④] 李渊管理国家，生活方面去奢俭约，屏绝雕琢绮丽，赏赐给用，皆有节制。他还下令废除隋代离宫游幸之所，尽力为人民减负。他宽简安静的管理思想，贞观年间得到李世民的发扬。

## 三、建立各项政治、军事、法律和教育制度，巩固和加强中央集权

武德年间，李渊集中各种人才，建立了保障国家健康运行和发展的各项制

---

① （北宋）王溥撰：《唐会要》卷 83。

② （后晋）刘昫撰：《旧唐书》，中华书局 1975 年版，第 2088 页。

③④ （清）董诰等编纂：《全唐文》卷 2。

度，巩固和加强了中央集权。

首先，李渊建立和健全了中央和地方国家机构。李渊起兵之初，基本继承隋制。《旧唐书·职官志》云："高祖发迹太原，官名称位，皆依隋旧。及登极之初，未遑改作，随时署置，务从省便。"[①] 武德七年（公元624年），李渊正式制定中央和地方官制。《旧唐书·职官志》云："武德七年定令：以太尉、司徒、司空为三公。尚书、门下、中书、秘书、殿中、内侍为六省。次御史台；次太常、光禄、卫尉、宗正、太仆、大理、鸿胪、司农、太府，为九寺；次将作监；次国子学；次天策上将府；次左右卫、左右骁卫、左右领军、左右武侯、左右监门、左右屯、左右领，为十四卫府。东宫置三师、三少、詹事府、门下典书两坊。次内坊；次家令、率更、仆三寺；次左右卫率府、左右宗卫率府、左右虞侯率府、左右监门率府、左右内率府，为十率府。王公以下置府佐国官。公主置邑司已下。并为京职事官。州县、镇戍、岳渎、关津为外职事官。又以开府仪同三司、从一品。特进、正二品。左光禄大夫、从一品。右光禄大夫、正二品。散骑常侍、从三品。太中大夫、正四品。通直散骑常侍、正四品。中大夫、从四品上。员外散骑常侍、从四品下。中散大夫、正五品上。散骑侍郎、正五品下。通直散骑侍郎、从五品上。员外散骑侍郎、从五品下。朝议郎、承议郎、正六品。通议郎、通直郎、从六品。朝请郎、宣德郎、正七品。朝散郎、宣义郎、从七品。给事郎、征事郎、正八品。承奉郎、承务郎、从八品。儒林郎、登仕郎、正九品。文林郎、将仕郎、从九品。并为文散官。"[②] 中央置三公六省一台九寺、将作监、国子学及十四卫府，中书、门下、尚书三省负责国家大政方针的制定和施行，三者分工严密，互相促进，互相制约。地方上分州、县两级，缘边冲要地区设都督府，官有常员，职有所掌。

其次，继续推行西魏、北周以来的府兵制，但进一步和均田制结合起来。李渊起兵之初，设有大将军府，下分左、中、右三军，各军下设正副统军。武德初年即置军府，由骠骑、车骑两将府军统领。分关中为十二道，每道皆置军府。武德三年（公元620年）改道为军，军置将、副各一人，以督耕战，由车骑府统领。李渊把府兵制与均田制进一步结合起来，凡府兵皆受田，"初，府兵之置，居无事时耕于野，其番上者，宿卫京师而已。若四方有事，则命将以

① （后晋）刘昫撰：《旧唐书》，中华书局1975年版，第1783页。

② （后晋）刘昫撰：《旧唐书》，中华书局1975年版，第1783～1784页。

出，事解辄罢，兵散于府，将归于朝。故士不失业，而将帅无握兵之重，所以防微渐、绝祸乱之萌也”（《新唐书·兵志》）。[①] “为了保证对他们的控制，唐王朝下令，府应该轮流派送兵士去长安服兵役。公元636年，这些地方部队又改名为折冲府。到了这个时候，中央政府已经牢牢地控制了全中国，它能信赖这些自给自足的地方部队，因为任何单个的府都很小，已不能对朝廷构成威胁，但却又是能召之即来的可靠的人力来源。”[②]

再次，李渊规定了三种主要的任官制度，保证官员的质量和协调各方利益，有利于维护社会稳定和推动社会发展。一是继续推行隋朝的科举制度，为中下层地主阶级知识分子打开入仕之门，也巩固初唐社会的统治基础。二是以门资入仕，即门荫入仕，以父祖官位、功勋，或豪门世家以余荫而得官。唐代荫任之制规定，三品以上可以荫及曾孙，五品以上荫孙；被荫之孙品阶降荫子一等，曾孙又降孙一等(《唐会要·用荫》)。[③] 据新、旧《唐书》记载，唐代因门荫得官而做出政绩留名史册者极少，以门荫而至宰相的数十人之中，政绩较佳者不过褚遂良、姚崇、李吉甫、韦应物、李德裕父子等数人。资荫制度违反了唯才是举的选才原则，但唐初这种制度与科举制相辅而行，既照顾了中下层地主阶级知识分子参政的要求，保证了官员的质量，也保护了旧贵族、官僚、地主在政治上的特权，协调了地主阶级内部各方的关系，有利于巩固统治和推动社会发展。三是流外入流，或称为“流外铨”，即在中央、地方政府各部门任职的胥吏，包括低级办事员、专门的技艺人才如隶书手、楷书手；或技术学校的专业实习生等未被编入正式官职的，即流外之职，经考试合格后，可以到吏部参加铨选，授予执事官或散官，进入流内，这种选拔官吏的方式称为“流外入流”。流外入流与科举、门荫一起成为唐代官员的主要入仕途径。

又次，减轻刑罚，修订法律。鉴于隋亡的教训，李渊太原起兵之初就颁布了一系列宽厚的法令。《旧唐书·刑法志》云：“高祖初起义师于太原，即布宽大之令……既平京城，约法为十二条。惟制杀人、劫盗、背军、叛逆者死，余并蠲除之。及受禅，诏纳言刘文静与当朝通识之士，因开皇律令而损益之，尽削大业所用烦峻之法。又制五十三条格，务在宽简，取便于时。寻又敕尚书左

① （北宋）欧阳修、宋祁撰：《新唐书》，中华书局1975年版，第1328页。

② ［英］崔瑞德编：《剑桥中国隋唐史》，第175页。

③ （北宋）王溥撰：《唐会要》卷81。

仆射裴寂、尚书右仆射萧瑀及大理卿崔善为、给事中王敬业、中书舍人刘林甫颜师古王孝远、泾州别驾靖延、太常丞丁孝乌、隋大理丞房轴、上将府参军李桐客、太常博士徐上机等，撰定律令，大略以开皇为准。于时诸事始定，边方尚梗，救时之弊，有所未暇，惟正五十三条格，入于新律，余无所改。”[①] 李渊即位后，命刘文静等人修订法律。刘文静等人“因开皇律令而损益之，尽削大业所用烦峻之法”，颁行新格 53 条，“务在宽简，取便于时”（《旧唐书·刑法志》）。[②] 之后不久，又令裴寂、萧瑀等人更撰律令，武德七年（公元 624 年）颁行，即《武德律》。该律法较之《大业律》，减轻了对民众的压迫。除《武德律》外，李渊还颁行了一套行政法 30 卷令和行政细则 14 卷式，使大唐政府的行政有了标准依据，使相关制度有了法律效力，他在颁行的诏书中说这些法律是为了“永垂宪则，贻范后昆”（《旧唐书·刑法志》）。[③]

最后，李渊建立学校，置史馆，注意发展文化教育事业。在教育方面，唐初亦沿袭隋制，京师学校皆隶于国子监。其学校有六：一曰国子；二曰太学；三曰四门；四曰律学；五曰书学；六曰算学。学生以阶级分之。《唐六典·国子监》云：“国子博士掌教文武官三品以上及国公子孙从二品以上曾孙之为生者……太学博士掌教文武官五品以上及郡县公子孙三品曾孙之为生者……四门博士掌教文武官七品以上及侯伯子男之为生者，若庶人子为俊士生者……律学博士、书学博士、算学博士掌教文武官八品以下及庶人子之为生者。”[④] 各有定额及专业年限。《新唐书·选举志》云：“国子学。生三百人；太学，生五百人；四门学，生千三百人；律学，生五十人；书学，生三十人；算学，生三十人……京都学生八十人，大都督、中都督府、上州各六十人，下都督府、中州各五十人，下州四十人，京县五十人，上县四十人，中县、中下县各三十五人，下县二十人……凡生，限年十四以上、十九以下；律学十八以上、二十五以下。”[⑤]《唐六典·国子监》云国子生“五分其经以为之业，习《周礼》、《仪礼》、《礼记》、《毛诗》、《春秋左氏传》，每经各六十人，余经亦兼习之。习《孝经》、《论语》限一年业成，《尚书》、《春秋公羊·谷梁》各一年半，《周

---

① （后晋）刘昫撰：《旧唐书》，中华书局 1975 年版，第 2133～2134 页。

② （后晋）刘昫撰：《旧唐书》，中华书局 1975 年版，第 2134 页。

③ （后晋）刘昫撰：《旧唐书》，中华书局 1975 年版，第 2135 页。

④ （唐）李林甫等撰：《唐六典》卷 21，文渊阁四库全书影印本。

⑤ （北宋）欧阳修、宋祁撰：《新唐书》，中华书局 1975 年版，第 1159～1160 页。

易》、《毛诗》、《周礼》、《仪礼》各二年，《礼记》、《左氏春秋》各三年……其习经有暇者，命习隶书并《国语》、《说文》、《字林》、《三苍》、《尔雅》”。太学生“五分其经以为之业，每经各百人”。四门学生“分经同太学”。律学生“以《律》、《令》为专业，《格》、《式》、《法例》亦兼习之”。书学生“以《石经》、《说文》、《字林》为专业，余字书亦兼习之。石经三体书限三年业成，《说文》二年，《字林》一年”。算学生“二分其经以为之业：习《九章》、《海岛》、《孙子》、《五曹》、《张丘建》、《夏侯阳》、《周髀》十有五人，习《缀术》、《缉古》十有五人；其记遗三等数亦兼习之。《孙子》、《五曹》共限一年业成，《九章》、《海岛》共三年，《张丘建》、《夏侯阳》各一年，《周髀》、《五经⊻》共一年，《缀术》四年，《缉古》三年”。入学有束修，每旬有考试。《唐六典·国子监》云国子生“其生初入，置束帛一篚、酒一壶、修一案，号为束修之礼……每旬前一日，则试其所习业。（试读者，每千言内试一帖；试讲者，每二千言内同大义一条，总试三条，通一及全不通，斟量决罚）”。其余太学、四门学、律学、书学、算学的学生都有相应的“束修之礼”和考试测验制度。业成者上于监，无成者免。“每岁，其生（国子生）有能通两经已上求出仕者，则上于监；堪秀才、进士者亦如之”。其余太学、四门学、律学、书学、算学学生的“束修之礼，督课、试举，如国子博士之法”。① 相关学校皆设有博士、助教等教之。《新唐书·选举志》云：“自高祖初入长安，开大丞相府，下令置生员，自京师至于州县皆有数。既即位，又诏秘书外省别立小学，以教宗室子孙及功臣子弟。其后又诏诸州明经、秀才、俊士、进士，明于理体为乡里称者，县考试，州长重复，岁随方物入贡。吏民子弟学艺者，皆于京学，为设考课之法，州县乡皆置学焉。及太宗即位，益崇儒术，乃于门下别置弘文馆，又增置书、律学，进士加读经史一部。十三年，东宫置崇文馆。自天下初定，增筑学舍至千二百区。虽七营飞骑，亦置生，遣博士为授经，四夷若高丽、百济、新罗、高昌、吐蕃，相继遣子弟入学，遂至八千余人。”②

另外，武德初年置史馆，隶秘书省著作局，掌修国史。隋末丧乱，经籍多散佚。武德五年（公元 622 年），李渊根据令狐德棻建议，下令重金购募遗书，

---

① （唐）李林甫等撰：《唐六典》卷 21，文渊阁四库全书影印本。

② （北宋）欧阳修、宋祁撰：《新唐书》，中华书局 1975 年版，第 1163 页。

增置楷书，专令缮写，“数年间，群书毕备”（《唐会要·经籍》）。[①] 武德七年（公元 624 年），欧阳询等奉李渊之命撰成类书《艺文类聚》100 卷。可见，李渊在进行统一战争和发展社会经济的同时，并没有忘记建设文化教育事业。

通过上述制度的建设，巩固和加强了中央集权，推动了社会各项事业的发展，并对其后唐朝诸帝及后来诸朝的制度建设产生了深远影响。

## 四、用人所长，注意纳谏

李渊深知管理天下，必须依靠贤才，其《褒勋臣诏》云：“经纶天下，实仗群材。”[②] 在他多次颁布的诏书中体现了这种思想。如《楚王杜伏威进封吴王赐姓附属籍诏》云：“方伯之任，实资贤哲。”《褒高开道来降诏》云：“任贤赏善，列代通规。”《褒胡大恩来降诏》云：“任贤使能，有国通典。”[③]此处不一一列举。武德年间人才云集，就体现了李渊善于吸纳人才的能力。他用人不限于晋阳起兵时的元从勋贵，也包括敌对集团中的才干之士，虽仇不弃。如隋朝著名将领屈突通，曾在河东、潼关等地力拒唐军。后来屈突通战败被擒，李渊因其杰出的军事才能，当即授以兵部尚书之职。其他如李靖、李绩、秦叔宝、程知节、薛万彻、魏征、温彦博等贞观名臣，都是李渊从敌对集团中招纳的。

李渊不仅任用士族地主中的贤能之士。《剑桥中国隋唐史》云：“唐高祖的中央高级官员不外乎由下列三种人组成：他们作为隋朝的官吏，有经验；或者是北周、北齐或隋代官吏的子孙；或者是以前各朝代皇室的遗裔。因此，唐王朝的秉政对以前各朝各代的统治精英集团没有形成重大的挑战，更不能说它是一次社会革命。”[④] 这种说法以偏概全。事实上，李渊还打破出身门第的限制，一些庶族地主及出身较低贱的人也能够量才录用。谏议大夫褚遂良亦云：“大唐创历，任官以才；卜祝庸保，量能使用。”（《旧唐书·张玄素传》）[⑤] 如王珪，虽出身太原王氏，但到王珪时已家道衰落，年轻时王珪能“能安于贫贱，

---

① （北宋）王溥撰：《唐会要》卷 35。
② （清）董诰等编纂：《全唐文》卷 1。
③ （清）董诰等编纂：《全唐文》卷 2。
④ ［英］崔瑞德编：《剑桥中国隋唐史》，第 169 页。
⑤ （后晋）刘昫撰：《旧唐书》，中华书局 1975 年版，第 2643 页。

体道履正，交不苟合”（《旧唐书·王珪传》），[①] 因其不凡之才，得到李渊重用，官至太子中允。太宗朝官至侍中（宰相）。其余出身较低的如刘弘基、钱九陇、马三宝等，皆凭借个人杰出的才能而官位显赫。

李渊还十分注意纳谏，史称其“性简质，大度豁如，前代自矜远嫌之事，皆以恕实行之，不为欺绐”。[②] 其《颁示孙伏伽谏书诏》云：“秦以不闻其过而亡，典籍岂无先诫，臣仆谄谀，故弗之觉也。汉高祖反正，从谏如流。洎乎文景继业，宣元承绪，不由斯道，孰隆景祚？周隋之季，忠臣结舌，一言丧邦，良足深诫。永言于此，常深叹息。”认为群臣应该如孙伏伽那样“至诚慷慨，词义恳切，指陈得失，无所回避。非有不次之举，曷贻利行之益。”[③] 并升孙伏伽为治书侍御史。武德年间比较著名的谏臣还有李纲、苏世长、李素立等，都得到李渊的嘉赏。

## 五、宗教管理

李渊确立了儒、释、道三教共存，道教居先，佛教最后的宗教管理政策。

经历魏晋南北朝的斗争与融合，儒、释、道在唐初形成三足鼎立的格局。初唐时期，儒学作为官学正统，在选拔人才、任用官吏方面发挥主导作用，却始终未能独尊；佛教虽然十分兴旺，却时常受到来自儒、道两方的攻击和诘难；道教幸与李唐皇室结亲，受到最高统治阶层的恩宠，但其势力却远不如儒、释两家。由于三家各有自己的一套理论体系，他们都试图为自己争取更大的影响，这样三方在思想和利益上摩擦在所难免。但是，统治阶级出于政治的需要，通常采取兼包并存的政策，使他们都尽可能地为维护其统治服务。

李渊建唐之初，道、佛二教为了争得国家最高统治阶层的信任而展开了一场长久的大辩论。道士出身的太史令傅奕，分别于武德四年（公元 621 年）和武德七年（公元 624 年）两次上表抨击佛教，措辞极为激烈。他认为上古之时中国本无佛教，“自汉明夜寝，金人托梦，傅毅对诏，辨白胡神。后汉中原，未之有信，魏晋夷虏，信者一分。笮融託佛斋而起逆，逃窜江东；吕光假征胡而叛君，峙立西土；降斯已后，妖胡滋盛。大半杂华，搢绅门里，翻受秃丁邪

① （后晋）刘昫撰：《旧唐书》，中华书局 1975 年版，第 2527 页。

② （唐）温大雅撰：《大唐创业起居注》，上海古籍出版社 1983 年版，第 20 页。

③ （清）董诰等编纂：《全唐文》卷 1。

戒，儒士学中，倒说妖胡浪语。曲类蛙歌，听之丧本，臭同鲍肆，过者失香。兼复广置伽蓝，壮丽非一，劳役工匠，独坐泥胡。撞华夏之鸿钟，集蕃僧之伪众，动淳民之耳目，索营私之货贿。女工罗绮，翦作淫祀之旛；巧匠金银，散雕舍利之塚；粳粱面米，横设僧尼之会；香油蜡烛，枉照胡神之堂。剥削民财，割截国贮，朝廷贵臣，曾不一悟，良可痛哉!”（《请废佛法表》）他建议李渊“布李老无为之风，而民自化；执孔子爱敬之礼，而天下孝慈……请胡佛邪教，退还天竺，凡是沙门，放归桑梓；令逃课之党，普乐输租；避役之曹，恒忻效力。勿度小秃，长揖国家。”（《请废佛法表》）[①] 傅奕的反佛行动得到道士们的积极响应，道士李仲卿著《十异九迷论》、刘进喜著《显正论》，都极力抨击佛教，并托傅奕将这些文章转奏李渊。与此同时，以当时著名的高僧法琳、明槩等为代表的佛教人士，为了维护佛教的尊严、利益及扩大佛教的影响，奏启李渊，对傅奕等人的言论进行了严正辩驳。法琳《对傅奕废佛僧事启》云：“窃见傅奕所上之事，披览未徧，五内分崩，寻读始周，六情破裂……无识之徒，非违造罪，致令傅奕，陈此恶言，擗踊痛心，投骸无地！然僧尼有罪，甘受极刑。恨奕轻辱圣人，言词切害，深恐邪见之者，因此行非……傅奕下愚之甚，丑凡僧秃丁之呵，恶之极也，罪莫大焉！自尊卢赫胥已来，天地开辟之后，未有如奕之狂悖也!”[②] 法琳还作《破邪论》、《对傅奕废佛僧事》、《上秦王破邪论启》、《辩证论》、《广析疑论》、《与尚书右仆射蔡国公书》等文章，驳斥道教徒们的攻击。高僧明槩配合法琳，著《决对傅奕废佛僧事》抨击道教。在这场争辩中，作为国家最高管理者的李渊必须对双方的争辩作出必要的回应和评判。他在深入了解佛、道二家，经过慎重的思虑之后，终于作出了决定。武德八年（公元 626 年），李渊驾幸国学，“释奠之际，堂置三坐，拟叙三宗……时五都才学，三教通人，星布义筵，云罗绮席，天子下诏曰：‘老教孔教，此土先宗；释教后兴，宜从客礼。令老先次孔，末后释宗。’当尔之时，相顾无色。”（《高僧传·释慧乘传》）[③] 由此奠定了唐初三家共存，道教为先，儒教第二，佛教为后的管理政策。

为了使这一政策得到落实，李渊于武德九年（公元 627 年）五月颁布《沙

---

① （清）董诰等编纂：《全唐文》卷 133。

② （清）董诰等编纂：《全唐文》卷 903。

③ ［日］高楠顺次南、渡边海旭等编纂：《大正藏》卷 50，第 634 页。

汰佛道诏》。诏书在分析佛、道二家的优点之后，指出当时存在许多不守教律的僧尼、道士，“佛教和道教拥有日益增长的经济势力，这不能不使他像前人那样产生忧虑和担心”，[①] 应给予沙汰。《沙汰佛道诏》云：“使玉石区分，薰莸有辨；长存妙道，永固福田。正本澄源，宜从沙汰。诸僧、尼、道士、女冠等，有精勤练行守戒律者，并令就大寺观居住，官给衣食，勿令乏短。其不能精进戒行有阙者，不堪供养，并令罢退，各还桑梓”。还对全国寺观的数量也作出了规定：“京城留寺三所，观二所。其余天下诸州，各留一所，余悉罢之。”[②] 规定京城佛寺比道观多一所，全国各州佛寺、道观各一所（这个规定在三个月之后被撤销）。这表面看是袒护佛教，其实不然。因为佛教在隋朝就已经相当强大，全国佛寺远多于道观，僧徒也远多于道士，李渊的做法事实上是压制佛教，袒护道教。

李渊管理宗教，实行道先佛后，袒护道教的政策。其原因有二：首先，李渊借道教抬高李姓皇族的门第。李渊虽然出身关陇贵族，之后通过武力夺取了天下，但其门第与江东士族和山东士族相比，族望本不高。门阀士族在南朝侯景之乱以后，虽然渐趋衰微，但仍有一些高门大族的后人以门第郡望自矜，鄙视庶族寒门。唐初这种现象犹存。《新唐书·高士廉传》云：“山东士人尚阀阅，后虽衰，子孙犹负世望，嫁娶必多取赀，故人谓之卖婚。”[③] 李渊亦认为：“关东人崔、卢为婚，犹自矜伐。”[④] 道教尊崇老子李耳为其始祖，老子与李唐皇族同姓，所以李耳被李唐皇族认定为是其始祖。这样，道士自然与李唐皇族产生了一种族亲关系，受到后者袒护就在情理之中了。李唐皇族以老子为祖宗，这样就抬高了其门第名望，这是李渊尊崇及袒护道教的重要原因。其次，道教徒具有兴唐之功。隋大业十三年（公元617年）李渊晋阳起兵，其女平阳公主在关中起兵接应，屯兵于宜寿宫，此时终南山楼观道士歧晖“知真主将出，尽以观中资粮给其军，及帝（李渊）至蒲津关，晖喜曰：‘此真君来也，必平定四方矣。’乃改名为‘平定’以应之，仍发道士八十余人向关应接。”[⑤] 当李渊称帝以后，歧晖又对其说：“陛下圣德感天，秦王谋无不胜，此乃上天

---

① ［英］崔瑞德编：《剑桥中国隋唐史》，第180页。

② （清）董诰等编纂：《全唐文》卷3。

③ （北宋）欧阳修、宋祁撰：《新唐书》，中华书局1975年版，第3841页。

④ （北宋）王溥撰：《唐会要》卷36。

⑤ （南宋）谢守灏编：《混元圣纪》卷8。

所命，圣祖垂祐，何寇不可诛也。"[①] 此处的"圣祖"即老子，歧晖已把老子看成李渊的祖先。此外，隋末著名道士王知远在李渊起兵之前亦称奉老君旨意，前往密传符命，称李渊当受天命(《旧唐书·王知远传》)。[②] 李渊即位后曾诏"玉清观道士王远知授朝散大夫，赐金缕冠，紫丝霞帔，以远知尝奉老君旨，预告受命之符也。"[③] 王知远用这些符命谶语，为李渊皇权天授制造舆论，并在当时产生了很大影响，这是李渊袒护道教的又一重要原因。

李渊实行道先佛后的宗教管理政策，让道教、佛教合法生存和发展，这也是宗教本身的性质及其对社会稳定所起的作用决定的。前引李渊《沙汰佛道诏》中云："释迦阐教，清静为先，远离尘垢，断除贪欲。所以宏宣胜业，修殖善根，开导愚迷，津梁品庶。是以敷演经教，检约学徒，调伏身心，舍诸染著，衣服饮食，咸资四辈。"并声称要"兴隆教法，志思利益，情在护持。"[④] 就对他的这一政策进一步做出了解释。

## 第三节　李世民的管理思想

唐太宗李世民作为中国历史上的一代英主，其政治功绩一直为后世颂扬。他亲眼目睹隋朝的兴亡，常用隋朝，尤其是隋明帝杨广的过失作为反例，来警诫自己及其臣下。他认为国君如舟，人民如水，"水能载舟，亦能覆舟"。因此，他留心吏治，选贤任能，从谏如流；唯才是举，不问出身，不计恩怨；经济上重视农业，继续推行均田制与租庸调制，去奢省费，轻徭薄赋，使人民安居乐业；文化上大力奖励学术，组织文士大修诸经正义和史籍；重视教育，在长安设国子监，鼓励四方君长遣子弟来留学。此外，他屡兴大军，经略四方，平东突厥、定薛延陀、征高句丽，以及联姻吐蕃，结和高昌，为大唐开疆拓土，使大唐国威远播。他本人也被西北诸国尊为"天可汗"，成为当时东方世界的国际盟主。他管理下的国家在贞观年间（公元 627～649 年）出现了一个政治清明、经济发展、社会安定、武功兴盛的治世，史称"贞观之治"。这是

① （唐）杜光庭辑：《道教灵验记》卷 14。
② （后晋）刘昫撰：《旧唐书》，中华书局 1975 年版，第 5125 页。
③ （南宋）谢守灏编：《混元圣纪》卷 8。
④ （清）董诰等编纂：《全唐文》卷 3。

唐朝的第一个治世，为后来的“开元盛世”奠定了坚实的基础。

## 一、改革三省六部制，集权与分权统一

到唐太宗时期，政治体制方面继续推行三省六部制。三省长官共议国政，执宰相之职，他们议政的场所叫政事堂。尚书令位高权大，但因李世民曾任此职，其后唐代不再授人以尚书令之职，而是以左、右仆射代领尚书省事，亦职为宰相。贞观年间，太宗多以品位较低的官员同三省长官共议国政，加以“参知政事”、“参预朝政”、“参议得失”等名号，执行相职。以后又出现“同中书门下三品”、“同中书门下平章事”等宰相名号。这种做法扩大了皇帝任用宰相的范围，宰相已不限于三省长官；宰相成员也增多了，这样既有利于集思广益，又使之互相牵制，避免权臣专权。不仅进一步加强了中央集权，也可以有效防止权臣夺取皇帝大权。

唐太宗以前实行的三省六部制，权力高度集中，地方服从中央，地方和中央又都绝对服从皇帝，这极大地限制了国民的创造性、主动性和灵活性，且极易酿成暴政。所以，太宗时期，对三省六部制进行了分权改革，建立了三省驳议与合议制度。所谓驳议制度，即国家大事由中书省起草法令诏旨，交门下省审核，门下省如认为不妥，可以涂改发还，谓之“涂归”，再经过中书令审阅。给事中、黄门侍郎驳正，由皇帝批准后交尚书省执行。一个法令诏书，要经过多次的反复检讨，才能定案。所谓合议制，就是遇到国家大事，由三省长官在政事堂举行联席会议，共商对策。也就是说，一个政令的形成，先由诸宰相们在设于中书省的政事堂举行会议，形成决议后报皇帝批准，再由中书省以皇帝名义发布诏书。诏书发布之前，必须送门下省审查，门下省认为不合适的，可以拒绝“副署”。诏书缺少副署，依法即不能颁布和施行。只有门下省“副署”后的诏书才成为国家正式法令，交由尚书省执行。这种三省驳议制与合议制，既互相监督又互相合作，能够收到相反相成的效果，是一种进步的政治管理制度。

这种政治管理的运行方式类似现代西方民主国家的“三权分立”制，即诸宰相的政事堂会议和中书省的职责相当于“立法”，此处的“立法”指制定和发布各种政策、措施；门下省负责审核上述政策、措施；尚书省的职责相当于“行政”，即执行这些政策、措施。三省职权划分大致体现了现代政治分权原则。可见，西方在17世纪兴起的分权学说，唐太宗早在1000多年前就已成功

在中国的政治体制内实践了，这也说明了贞观王朝高度的政治文明。尤其可贵的是，李世民下令自己的诏书也必须由门下省“副署”后才能生效（现代西方的“三权分立”制，总统对重大事项的决定也要两院表决批准），这种做法有效防止了由于他不慎而作出有损于国计民生的决定，也显示了他杰出智慧和胸襟。历史上的中国是一个拥有丰富治国经验和高度政治文明的国家，西方现行的“三权分立”制、监察制度和文官制度，极有可能汲取了中国古代的政治文明，这方面还有待于进一步深入考察。但是，部分不甚了解中国传统文化，又不甚了解西方政治文明的人们，一听到“三权分立”就盲目排拒，这是不适当的。

## 二、重视农业，减赋救灾

古代中国以农业立国，唐太宗对此非常清楚。贞观二年（公元 627 年），他对侍臣云：“凡事皆须务本，国以人为本，人以衣食为本。”① 他在《久旱简刑诏》亦云：“农为政本，食乃人天。”② 因此，他十分重视发展农业生产。具体而言，其重农政策包括以下几个方面：

首先，继续推行均田制，奖励垦荒。隋末唐初的长期战乱，给整个社会经济，尤其是农业带来了极为严重的破坏，在一向号称富庶的山东地区，竟然“茫茫千里，人烟断绝，鸡犬不闻，道路萧条，进退艰阻。”（《贞观政要·直谏》）③ 面对这样的社会现实，李世民继续推行北魏以来的均田制，并把切实推行均田制视为恢复和发展生产，改善民生的头等大事来抓。在他的指挥、部署下，贞观时期均田制在全国普遍实施，广大流散人口逐渐回归乡里，接受授田，从事生产，荒芜的土地重新得到开垦。

其次，继续推行租庸调法和“轻徭薄赋”。唐太宗即位以后，在全国全面实行庸法，农民交纳一定量的绢、布，就可代替力役；并严格了服庸时间的计算方法，放宽了纳绢代役的年龄限制，使农民有更多的时间从事农业生产。他一再推迟修复洛阳宫殿，其他建造也较少，减少了力役。另外，他在一定程度上实行“轻徭薄赋”。他即位当年，即正式颁诏减免全国赋役。此后，据新、

---

① （唐）吴兢撰：《贞观政要》，骈宇骞、骈骅译，中华书局 2009 年版，第 206 页。

② （清）董诰等编纂：《全唐文》卷 7。

③ （唐）吴兢撰：《贞观政要》，骈宇骞、骈骅译，中华书局 2009 年版，第 58 页。

旧《唐书》等史料记载，太宗减免局部地区赋税徭役共计 12 次，此不详列。这样就调动了农民生产的积极性。

再次，劝课农桑，不违农时。唐太宗经常派使臣巡视各地，劝课农桑。劝课农桑的关键在于不违农时，他从农本思想出发，强调“农时甚要，不可暂失”，“凡营衣食，以不失时为本”（《贞观政要·务农》）。[①] 贞观五年（公元 631 年），有司上书言：“皇太子将行冠礼，宜用二月为吉，请遣兵以备仪注。”太宗认为当时农业生产刚开始，这样做会妨碍农事，就令改为十月（《贞观政要·务农》）。[②]太子举行冠礼是宗法地主阶级专制国家的重要典礼，太宗为使百姓不失农时，便把时间改在农闲。又如他喜欢狩猎，以示不忘武备。为了不妨碍农时，他尽量选择在农闲时进行。这些都体现了唐太宗重视农业，不违农时。

最后，设置义仓，救灾备荒。中国古代自然灾害频发，历代王朝为此大费心机，唐太宗更是十分关心拯救灾民。贞观十三年（公元 639 年）十二月，他下令在洛、相、幽、徐、齐、并、秦、蒲等州并置常平仓，规定“粟藏九年，米藏五年；下湿之地，粟藏五年，米藏三年”（《新唐书·食货志》），[③] 从制度上保障大灾之年百姓的生存。贞观元年（公元 626 年），“是夏，山东诸州大旱，令所在赈恤，无出今年租赋。秋七月壬子……是月，关东及河南、陇右沿边诸州霜害秋稼。九月辛酉，命中书侍郎温彦博、尚书右丞魏征等分往诸州赈恤”（《旧唐书·太宗本纪》）。[④] 贞观二年（公元 627 年）三月，“关内旱饥，民多卖子以接衣食；己巳，诏出御府金帛为赎之，归其父母。庚午，诏以去岁霖雨，今兹旱、蝗，赦天下”。[⑤] 最为后世称扬的莫过于太宗食蝗：“贞观二年，京师旱，蝗虫大起。太宗入苑视禾，见蝗虫，掇数枚而咒曰：‘人以穀为命，而汝食之，是害于百姓。百姓有过，在予一人，尔其有灵，但当蚀我心，无害百姓。’将吞之，左右遽谏曰：‘恐成疾，不可。’太宗曰：‘所冀移灾朕躬，何疾之避！’遂吞之。自是蝗不复为灾。”（《贞观政要·务农》）[⑥]这些做法，极大地宽慰灾民，改善了他们的处境，也巩固大唐政权。由于这一系列重民重农政策措施的实施，较好地改善了民众的生产生活状况。

---

①②⑥ （唐）吴兢撰：《贞观政要》，骈宇骞、骈骅译，中华书局 2009 年版，第 206 页。

③ （北宋）欧阳修、宋祁撰：《新唐书》，中华书局 1975 年版，第 1344 页。

④ （后晋）刘昫撰：《旧唐书》，中华书局 1975 年版，第 32～33 页。

⑤ （北宋）司马光编著：《资治通鉴》卷 192。

## 三、发展商业

中国古代宗法地主阶级专政社会通常“重农抑商”，导致商业在国民经济中所占的比重相当低，商人也比农民的社会地位低，这也是中国古代商品经济得不到实质性发展的主因。但是，唐太宗贞观时期，不仅不歧视商业，还给商业发展提供了许多便利条件，体现其高瞻远瞩的思想。在李世民为核心的中央政府的倡导下，贞观王朝的商业经济迅速发展，新兴的商业城市如雨后春笋般兴起。当时世界著名的商业城市，有一半以上在中国，沿海的有交州、广州、明州、福州，内陆的有洪州（江西南昌）、扬州、益州（成都）和西北的沙州（甘肃敦煌）、凉州（甘肃武威），首都长安和陪都洛阳则是世界性的大都会。国家的强盛给大唐最高当局处理对外关系时高度自信，对外开放程度极高，海陆贸易兴盛。举世闻名的“丝绸之路”不仅交流了东西方的物质文明，也沟通了东西方的精神文明。丝绸之路上商旅不绝，品种繁多的大宗货物在东西方世界往来传递，使丝绸之路成了当时整个世界最著名的黄金走廊。唐帝国疆域空前辽阔，在西域设立了四个军事重镇（安西四镇），西部边界直抵中亚的石国（今属哈萨克斯坦），为东西方商旅往来提供了稳定的社会秩序和有效的安全保障。

## 四、严格吏治，信用人才

唐太宗不仅能知人，而且善于用人，他认为“官在得人，不在员多”，政府要管理好各项事业，必须选用一批符合要求、德才兼备的官员，建立一支精干的官僚队伍。他即位后，提出选用贤才，不该按关系的亲疏、资格的新老来确定官职的大小；如果疏人新人中有贤才，亲人旧人中有庸劣，是不可以舍贤才，取庸劣的。他说：“为官择人，不可造次。用一君子，则君子皆至；用一小人，则小人竞进矣。”[①] 强调正确选才用人标准的重要性。在具体选才用人过程中，他根据才能和官职的不同，制定了严格的选拔、考核不同级别官员的标准，即“四善”、“二十七最”和“九等”。所谓“四善”，《唐六典·尚书吏部》云：“每年别敕定京官位望高者二人，其一人校京官考，一人校外官考。又定给事中、中书舍人各一人，其一人监京官考，一人监外官考。郎中判京官考，员外郎判外官考。其检覆同者，皆以功过上使。京官则集应考之人对读注

① （北宋）司马光编著：《资治通鉴》卷194。

定，外官对朝集使注定讫，各以奏闻。其亲王及中书门下与京官三品已上、外官五大都督，并以功过状奏，听裁。凡考课之法有四善：一曰德义有闻，二曰清慎明著，三曰公平可称，四曰恪勤匪懈。"① "四善"强调官员的德行操守。《唐六典·尚书吏部》接着云："善状之外，有二十七最：一曰献替可否，拾遗补阙，为近侍之最；二曰铨衡人物，擢尽才良，为选司之最；三曰扬清激浊，褒贬必当，为考校之最；四曰礼制仪式，动合经典，为礼官之最；五曰音律克谐，不失节奏，为乐官之最；六曰决断不滞，与夺合理，为判事之最；七曰部统有方，警守无失，为宿卫之最；八曰兵士调习，戎装充备，为督领之最；九曰推鞫得情，处断平允，为法官之最；十曰雠校精审，明于刊定，为校正之最；十一曰承旨敷奏，吐纳明敏，为宣纳之最；十二曰训导有方，生徒充业，为学官之最；十三曰赏罚严明，攻战必胜，为将帅之最；十四曰礼义兴行，肃清所部，为政教之最；十五曰详录典正，词理兼举，为文史之最；十六曰访察精审，弹举必当，为纠正之最；十七曰明于勘覆，稽失无隐，为句检之最；十八曰职事修理，供承强济，为监掌之最；十九曰功课皆充，丁匠无怨，为役使之最；二十曰耕耨以时，收获剩课，为屯官之最；二十一曰谨于盖藏，明于出纳，为仓库之最；二十二曰推步盈虚，究理精密，为历官之最；二十三曰占候医卜，效验居多，为方术之最；二十四讥察有方，行旅无壅，为关津之最；二十五曰市廛不扰，奸滥不行，为市肆之最；二十六曰牧养肥硕，蕃息孳多，为牧官之最；二十七曰边境肃清，城隍修理，为镇防之最。"② "二十七最"对不同部门、不同职业的官员提出了明确的标准。然后，以"四善"和"二十七最"为标准，把所考核官员分为"九等"："一最已上有四善为上上；一最已上有三善，或无最而有四善为上中；一最已上有二善；或无最而有三善为上下；一最已上有一善，或无最而有二善为中上；一最已上，或无最而有一善为中中；职事粗理，善最弗闻为中下；爱憎任情，处断乖理为下上；背公向私，职务废阙为下中；居官谄诈，贪浊有状为下下。若于善最之外别可嘉尚，及罪虽成殿、情状可矜，虽不成殿而情状可责者，省校之日，皆听考官临时量定。"（《唐六典·尚书吏部》）再依据被考核官员量定的等级决定其升黜、赏罚："诸官人犯罪负殿者，计赎铜一斤为一负，公罪倍之。十负为一殿。当上上考者，虽有殿不降，此谓非私罪。自上中以下，率一殿降一等。即公座殿失应降，若

①② （唐）李林甫等撰：《唐六典》卷2，文渊阁四库全书影印本。

当年劳剧有异于常者，听减一殿……诸食禄之官，考在中上以上，每进一等，加禄一季；中下以下，每退一等，夺禄一季。若私罪下中以下，公罪下下，并解见任，夺当年禄，追告身；周年，听依本品叙。”（《唐六典·尚书吏部》）

此外，唐太宗还采取试用的办法。唐初沿袭隋制，以尚书、中书（二省长官称令）、门下（长官称侍中）三省长官共议国政，行宰相职务。但因唐太宗曾作尚书令，此职他即位后不再授予臣下，由尚书仆射代任尚书省长官，与侍中、中书令同为宰相。三省长官品位崇高，不轻易授人，宰相却不可缺员。唐太宗特置参议得失、参知政事、参与朝政、同中书门下平章事、同中书门下三品等名号，职务都是宰相，不过作相的官员品位不高，在其试用期间进退较易，使用起来比较便利。一方面皇帝可以在较多的官员中选相，用人权加强了；另一方面也便于发现人才，量才施用。

唐太宗作为一位才华卓越的伟大的政治家，不仅善于选才用人，而且在用人时信而不疑：一是他对犯过错误或受过处分的人才，不抱成见，用而不疑。如裴寂晚年因罪流于静州，碰上当地羌人反叛，有人怀疑裴寂参与叛乱，太宗云：“我国家于（裴）寂有性命之恩，必不然矣。”（《旧唐书·裴寂传》）[①] 事实上裴寂不仅没有参与叛乱，还亲率家僮平叛。二是对曾经的对手不念旧恶，信而用之。如对曾为李建成、李元吉重要谋士的魏征、王珪等人，只要他们真诚拥戴自己，唐太宗就如同对待自己的旧属一样委以重任。三是对于臣下的小过从不追究，不因此疑人；对不识大体，吹毛求疵，邀功请赏的人，则明令降黜之。如萧瑀，据《资治通鉴》记载：“先是，萧瑀与宰相参议朝政，瑀气刚而辞辩，房玄龄等皆不能抗，上多不用其言，玄龄、魏征、温彦博尝有微过，瑀劾奏之，上竟不问。萧瑀由此怏怏自失，遂罢御史大夫，为太子少傅，不复预闻朝政。”[②] 为了防止以进谏之名诋毁犯有小错的朝中百官，影响中央对重大事务的决策和管理，太宗明确规定：“无识之人，务行谗毁，交乱君臣，殊非益国。自今以后，有上书讦人小恶者，当以谗人之罪罪之。”（《贞观政要·杜谗邪》）[③] 对于无识之人借进谏之机破坏君臣关系的，将予以严厉制裁。四是充分信任文武大臣，并予以保护。如房玄龄、杜如晦作为太宗宰相，权重位

---

① （后晋）刘昫撰：《旧唐书》，中华书局 1975 年版，第 2289 页。

② （北宋）司马光编著：《资治通鉴》卷 193。

③ （唐）吴兢撰：《贞观政要》，骈宇骞、骈骅译，中华书局 2009 年版，第 176 页。

高。太宗对他们始终笃信不疑，视为心腹。如贞观十九年（公元645年）太宗亲征高丽，房玄龄留守京师，一切大事皆可独自处理，无须奏请。有人诬告房玄龄谋反，房玄龄立即将此人通过驿站快速送往太宗临时所在之处，太宗命令将此人处决。又如文武全才李靖，握有兵权，威望很高，唐太宗从不猜忌他。功臣侯君集因李靖不肯尽授其兵法而告发李靖有谋反意图，太宗查过后不予理睬。正因为太宗用人不疑，对臣下充分信任，文武大臣们皆感知遇之恩，谋臣忠勤于内，团结协作，共管朝政；将帅效命疆场，忠勇不屈，共同缔造了贞观王朝的太平之治。

## 五、虚心纳谏，依法管理

唐太宗认为一个人的知识和才能是有限的，他认识到自己的不足，特别注意采纳下级建议，择善而从，尽量保证决策和管理过程中较少出现一些不必要的失误。贞观初年，他曾对大臣萧瑀说："朕少好弓矢，得良弓十数，自谓无以加，近以示弓工，乃曰'皆非良材'。朕问其故，工曰：'木心不直，则脉理皆邪，弓虽劲而发矢不直。'朕始寤向者辨之未精也。朕以弓矢定四方，识之犹未能尽，况天下之务，其能遍知乎！"① 用自己对弓箭的理解来说明个人认知的局限性，启示臣下谏议，"自是诏京官五品以上，更宿中书内省，每召见，皆赐坐与语，询访外事，务知百姓利害、政教得失焉"（《贞观政要·政体》）。②

基于对个人认知局限性的正确认识，唐太宗善于纳谏。他认为要使臣下对自己敢于纳谏，就必须在朝廷上创造一个和谐的人际氛围，建立一个平等的君臣关系，使臣下敢于进谏。他总是鼓励大臣对自己直言进谏，并对大臣们说："炀帝多猜忌，临朝对群臣多不语。朕则不然，与群臣相亲如一体耳。"③ 他还说："若人主所行不当，臣下又无匡谏，苟在阿顺，事皆称美，则君为暗主，臣为谀臣，君暗臣谀，危亡不远。朕今志在君臣上下，各尽至公，共相切磋，以成治道。公等各宜务尽忠谠，匡救朕恶，终不以直言忤意，辄相责怒。"（《贞观政要·求谏》）④ 正因为他虚怀若谷，鼓励臣下直谏，贞观朝涌现了如

① （北宋）司马光编著：《资治通鉴》卷192。

② （唐）吴兢撰：《贞观政要》，骈宇骞、骈骅译，中华书局2009年版，第10页。

③ （北宋）司马光编著：《资治通鉴》卷194。

④ （唐）吴兢撰：《贞观政要》，骈宇骞、骈骅译，中华书局2009年版，第38页。

魏征、房玄龄等一批在朝廷中敢于直谏，勇于提出个人看法的良臣、忠臣。其中，最为典型的是魏征。魏征去世后，唐太宗悲伤地说："夫以铜为镜，可以正衣冠；以古为镜，可以知兴替；以人为镜，可以明得失。朕常保此三镜，以防己过。今魏征殂逝，遂亡一镜矣！"（《旧唐书·魏征传》）[①]

贞观时期，建立了较为完备的法制体系。唐太宗强调依律明正赏罚，防止枉纵。首先，唐太宗主持制定了《贞观律》，加强法制建设，明确了赏罚制度。之后，长孙无忌等人为其作注，即《唐律疏议》。《唐律疏议》一直保存下来，成为中国古代宗法地主阶级专政社会成就最高的法典。这一完整的法律体系包括律、令、格、式四种：律，从消极方面规定违反令、格、式以及其他一切犯罪的刑罚制裁；令，规定国家各种制度的法典，基本上包括了经济基础和上层建筑的各个方面；格，皇帝对国家机关或个人因时因事而颁行的诏书汇编；式，国家机关经常和广泛适用的办事细则和公文程式。律、令、格、式具体规定了国家机关、政府官员、普通民众等应当遵守的制度，四种法律形式互为补充、互相协调，体现了唐代立法的高度成就。

唐太宗还强调依律明正赏罚，防止枉纵。贞观六年（公元632年），他对魏征说："用得正人，为善者皆劝；误用恶人，不善者竞进。赏当其劳，无功者自退；罚当其罪，为恶者戒惧。故知赏罚不可轻行，用人弥须慎择。"（《贞观政要·择官》）[②] 认为无论赏与罚都应该慎重，要施行得当。那么，如何保证赏罚得当呢？他认为关键在于依据法令的统一标准。贞观十一年（公元637年），魏征奏云，"夫刑赏之本，在乎劝善而惩恶，帝王之所以与天下为画一，不以贵贱亲疏而轻重者也"，并指出当时赏罚不当的情况，"今之刑赏，未必尽然。或屈伸在乎好恶，或轻重由乎喜怒；遇喜则矜其情于法中，逢怒则求其罪于事外；所好则钻皮出其毛羽，所恶则洗垢求其瘢痕。瘢痕可求，则刑斯滥矣；毛羽可出，则赏因谬矣。刑滥则小人道长，赏谬则君子道消。小人之恶不惩，君子之善不劝，而望治安刑措，非所闻也"，太宗"深嘉而纳用"（《贞观政要·刑法》）[③]《贞观政要·刑法》还记载，贞观九年（公元635年），"盐泽道行军总管、岷州都督高甑生，坐违李靖节度，又诬告靖谋逆，减死徙边。时

---

① （后晋）刘昫撰：《旧唐书》，中华书局1975年版，第2561页。

② （唐）吴兢撰：《贞观政要》，骈宇骞、骈骅译，中华书局2009年版，第80页。

③ （唐）吴兢撰：《贞观政要》，骈宇骞、骈骅译，中华书局2009年版，第213～215页。

有上言者曰："甑生旧秦府功臣，请宽其过。"太宗云："虽是藩邸旧劳，诚不可忘。然理国守法，事须画一，今若赦之，使开侥幸之路。且国家建义太原，元从及征战有功者甚众，若甑生获免，谁不觊覦？有功之人，皆须犯法。我所以必不赦者，正为此也。"[①] 认为如果官员都不遵循统一的法律，将使国家秩序遭到破坏。这些都反映了他强调依法明正赏罚、防止枉纵的思想。

## 六、重视教育，改革和完善科举制度

以武力夺取天下的唐太宗并没有像汉高祖刘邦那样轻辱士人，更没像秦始皇那样焚书坑儒，而是重用文士，重视教育，兴办学校，整理经籍。经过他的大力提倡和推动，文教大兴，"于是唐三百年之盛，称贞观，宁不其然"[②]。

首先，重视官员学养，注意选拔重用文士。早在李唐还没有完成全国统一的武德四年（公元 621 年），李世民就在秦王府开设文学馆，聚集天下士人。《唐会要》云："武德四年十月，秦王既平天下，乃锐意经籍，于宫城之西开文学馆，以待四方之士。于是以僚属大行台司勋郎中杜如晦，记室考功郎中房玄龄，及于志宁，军谘祭酒苏世长，安策府记室薛收，文学褚亮、姚思廉，太学博士陆德明、孔颖达，主簿李元道，天策仓曹李守素，记室参军虞世南，参军事蔡允恭、颜相时，著作佐郎摄天策记室许敬宗、薛元敬，太学助教盖文达，军谘典签苏勖等，并以本官兼文学馆学士。及薛收卒，征东虞州录事参军刘孝孙入馆。令库直阎立本图其状，具题其爵里，命褚亮为文赞，号曰十八学士写真图。藏之书府，用彰礼贤之重也。诸学士食五品珍膳，分为三番，更直宿阁下。每日引见，讨论文典。"[③] 毫无疑问，李世民在当时激烈的政治斗争中看到了这些文士的力量，通过开设文学馆争取他们，以壮大自己的政治势力。据新、旧《唐书》记载，在秦府 18 学士中，8 人死于贞观初年，余者房玄龄、杜如晦、于志宁、许敬宗 4 人官至贞观宰相，姚思廉、颜相时、褚亮、虞世南、孔颖达、盖文达等人也都历仕清显之职。武德九年（公元 626 年）九月唐太宗在皇宫弘文殿聚四部书 20 余万卷，于弘文殿左侧开设弘文馆。《旧唐书·儒学传》云："及即位，又于正殿之左，置弘文学馆（疑'学'字为衍文）。精

① （唐）吴兢撰：《贞观政要》，骈宇骞、骈骅译，中华书局 2009 年版，第 212 页。
② （北宋）欧阳修、宋祁撰：《新唐书》，中华书局 1975 年版，第 5636 页。
③ （北宋）王溥撰：《唐会要》卷 64。

选天下文儒之士虞士南、储亮、姚思廉等，各以本官兼任学士，令更日宿直。听朝之暇，引入内殿，讲论经义，商略政事，或至夜分乃罢。又召勋贤三品已上子孙，为弘文馆学士。”①《贞观政要》又载贞观二年（公元627年）：“是岁大征天下儒士，赐帛给传，令诣京师，擢以不次，布在廊庙者甚众。学生通一大经已上，咸得署吏。”② 由于唐太宗重用文士，弘文馆学士在新王朝国家各项事务的管理中发挥了相当的作用。

其次，大力兴办学校，尤其是中央官学。虽然高祖李渊重视教育，但其在位期间，由于受当时国内战乱、经济凋敝等因素的制约，成效并不显著。李世民即位以后，随着政治、经济等方面条件的改善，于是加大力度发展教育事业：一是设立“二馆”，教授生徒。“二馆”指弘文馆和崇文馆。弘文馆主要是太宗君臣讨论学术、商量政事之处，较早就开始教授生徒。《唐六典》云：“贞观元年，敕见任官文武执事五品以上子有性爱学书及有书性者，听于馆内学书，其法书内出。其年有二十四人入馆，敕虞世南、欧阳询教示楷法。黄门侍郎王珪奏：‘学生学书之暇，请置博士，兼肄业焉。’敕太学助教侯孝遵授其经典，著作郎许敬宗授以《史》、《汉》。二年，又请为学生置讲经博士，考试经业，准式贡举，兼习书法。”③ 弘文馆最初主要是教贵族子弟学习书法，《史》、《汉》等经典只是“学书之暇”的“兼习”。到贞观二年（公元627年）王珪奏置讲经博士之后，便转变为以教授经业、准式贡举为主，书法则变为“兼习”了，弘文馆也就成了对国家最高贵族阶层子弟进行教育之地。唐太宗贞观十三年（公元639年），于“东宫置崇文馆”，④ 建立又一所和弘文馆规格相当的贵族子弟学校。其目的是适应新王朝政治管理的需要，通过弘文、崇文二馆对国家上层贵族子弟进行教育。二是增筑校舍，扩大招生规模。《唐会要·学校》云：“贞观五年以后，太宗数幸太学，增筑学舍一千二百间，国学、太学、四门亦增生员，其书、算等各置博士，凡三千二百员。其屯营飞骑，亦给博士，授以经业。已而高丽、百济、新罗、高昌、吐蕃诸国蕃长，亦遣子弟请入国学。于是国学之内，八千余人，国学之盛，近古未有。”⑤ 唐太宗广建学舍，

① （后晋）刘昫撰：《旧唐书》，中华书局1975年版，第4941页。

② （唐）吴兢撰：《贞观政要》，骈宇骞、骈骅译，中华书局2009年版，第188页。

③ （唐）李林甫等撰：《唐六典》卷8，文渊阁四库全书影印本。

④ （北宋）欧阳修、宋祁撰：《新唐书》，中华书局1975年版，第1163页。

⑤ （北宋）王溥撰：《唐会要》卷35。

扩大招生规模，相当多的庶族地主子弟也获得了学习机会。他还派博士为玄武门屯营将士讲授经典，进行教育。随着唐王朝实力逐渐增强，学校教育也日益兴隆，长安也随之成为当时世界各国文化交流的中心。

最后，整理典籍。各类典籍因年代久远、社会动荡等多种因素，在流传过程中散佚不少，文理乖错，给人们学习和研究带来很大不便。贞观四年（公元630年），唐太宗命颜师古考定五经。考定完之后，他又令房玄龄召集当时的学者详细讨论。因师承不同，学者们纷纷提出了异议，于是颜师古根据宋、晋流传下来的古本一一解答，详加说明，在场诸儒，莫不叹服。贞观七年（公元633年），唐太宗令将新定的五经颁行天下，使天下士子学习有章可循。经学在流传和发展过程中，不仅存在经古文之争，郑学、王学之争，南学、北学之争，还产生了不少文字讹谬的现象，这不仅造成理论上的歧义和思想上的混乱，在科举考试中也缺乏统一标准。为了改变这种状况，使经学符合新兴唐王朝的统治需要，唐太宗令颜师古、孔颖达等鸿学硕儒，撰定180卷《五经疏义》，命名为《五经正义》，颁行天下。唐太宗统一了五经定本和颁布《五经正义》，为唐王朝儒家经典的整理和儒学的复兴做出了重大贡献。

隋唐选拔官员的主要途径有三：门荫入仕、流外入仕、科举入仕，此外还有上书入仕、捐资入仕等特殊情况。门荫入仕指官僚贵族子弟凭借其父祖的官职、勋、爵、资历、品位获得官职，因其给授是依靠父祖家门荫庇，故称门荫、官荫、荫补，亦称任子；流外入仕指由胥吏、技术人员等普通吏员在积累了一定的年资后经考试迁转进入流官行列，因其非正途出身，不在朝廷正式九品流官之内，故称“流外”，又因其铨选须经迁转而入流，故又称“流外入流”；科举入仕指士人经举荐，由地方及尚书省二级考试合格后入仕。

唐太宗十分重视科举考试，增加了进士录取人数。唐高宗时平均每科进士仅4.4名，而贞观时期平均每科就已达到为10.25名。《唐摭言》云：“（进士科）然彰于武德而甲于贞观。盖文皇帝（李世民）修文偃武，天赞神授，尝私幸端门，见新进士缀行而出，喜曰：‘天下英雄入吾彀中矣！’”[①]《唐摭言·后论》曰：“文皇帝拨乱反正，特盛科名，志在牢笼英彦。”[②] 高祖李渊立下每年科考的规矩，到太宗贞观年间得到巩固和确立。唐太宗对人才的重要性有充分

① （五代）王定保著：《唐摭言》，中华书局1959年版，第3页。

② （五代）王定保著：《唐摭言》，中华书局1959年版，第43页。

认识，非常重视科举在人才选拔中的作用，所以开进士科以尊奖文词之士。放榜之日，他前往考场参观，并亲题飞白体“礼部贡院”四字以作为榜头题词。贞观年间，已经建立起一整套科举考试选拔人才的制度，为士人进入国家管理阶层开辟了一条重要的途径。

唐太宗还十分重视进士科。进士科开始时与秀才、明经、明算、明法、明字等科并列，属每岁常举科目，但不久之后就成为唐代科举中最受重视的科目。《唐摭言》云：“进士科始于隋大业中，盛于贞观、永徽之际；缙绅虽位极人臣，不由进士者，终不为美，以至岁贡常不减八九百人。其推重谓之‘白衣公卿’，又曰‘一品白衫’；其艰难谓之‘三十老明经，五十少进士’；其负倜傥之才，变通之术，苏、张之辨说，荆、聂之胆气，仲、由之武勇，子房之筹画，弘羊之书计，方朔之诙谐，咸以是而晦之。修身慎行，虽处子之不若；其有老死于文场者，亦所无恨。故有诗云：‘太宗皇帝真长策，赚得英雄尽白头！’”（《唐摭言·散序进士》）[①] 从此，贞观年间得到巩固和确立的进士科，成为广大士人一心向往的科名，甚至老死科场亦无所恨。

同时，唐太宗提升了科举考试选拔人才的公平性。科举考试虽然在隋代创建，并在唐高祖时期得到一定的发展，但是，通过科举选拔官员的规模较小，加之魏晋以来九品中正制的影响，科举选士在唐初的地位并不高。唐太宗不仅重视科举，提高科举考试的地位，他还提升了科举选拔人才的公平性，使得许多庶族寒门弟子可以入仕为官，从而扩大了唐帝国的统治基础。很多士子都向“十年寒窗无人问，一举成名天下知”靠拢。此外，唐太宗通过科举考试影响教育，达到既控制思想又选拔人才的目的。唐高祖时期，科举考试还没有很好地与学校教育相结合，通过科考选拔官员的力度较小。这种状况到了贞观时期明显改善，为了达到考试所必须具备的知识水准，必须经过长期的学习。唐太宗时期设立各个层次的学校，在学校中教授与科举考试有关的内容，使科考与学校教育结合起来，“教有所指，考有所向”。这不仅实现了选拔人才的目的，通过教育也统一和控制了人们的思想。

## 七、边疆和民族关系管理

一方面，唐太宗采用军事手段征讨扰边四夷，开疆拓土；另一方面，对于

① （五代）王定保著：《唐摭言》，中华书局 1959 年版，第 5 页。

归顺的边疆诸族人民，与内地各族实行平等同一的管理政策。

贞观时期，随着国家实力的大幅度提升，太宗大兴武功，开疆拓土，除对高丽的战争没有取得完全胜利之外，其余如征讨东突厥、吐蕃、吐谷浑、高昌、焉耆、西突厥、薛延陀、龟兹等，都取得了辉煌的胜利。贞观王朝边疆战争之频繁和战胜次数之多，在中国古代史上非常罕见。对此，唐代边塞诗中有生动的描绘，“汉家旌帜满阴山，不遣胡儿匹马还。愿得此身长报国，何须生入玉门关?”（戴叔伦《塞上曲》）“青海长云暗雪山，孤城遥望玉门关。黄沙百战穿金甲，不破楼兰终不还。”（王昌龄《从军行》其四）“大漠风尘日色昏，红旗半卷出辕门。前军夜战洮河北，已报生擒吐谷浑。”（王昌龄《从军行》其五）“葡萄美酒夜光杯，欲饮琵琶马上催。醉卧沙场君莫笑，古来征战几人回?”（王翰《凉州词》）这些豪言壮语形象地表现了大唐帝国，尤其是贞观年间四面出击、金戈铁马、勇猛豪壮的气势。当然，这些胜利还与当时军队战斗力、整体战略、用人选将及配合、协调等重要因素密不可分。在中华历史上的名将名相中，贞观年间占了相当高的比例；在中华军事史上，贞观时期的战例也多被后世引用。因此，唐朝被称为中国历史上最激昂风发的时代。

贞观年间，开拓疆土，大获全胜，奠定了唐朝300年的基业。其中，俘虏颉利可汗比较有代表性。唐军出击定襄，痛歼突厥，活捉颉利可汗，这是贞观王朝拓边战争中最辉煌的胜利，从而消灭了唐朝最大的边患。稍后，唐太宗命令著名将领侯君集征讨骄横的吐蕃。侯君集夜袭击败吐蕃军，斩首千余。吐蕃被打败后，松赞干布派使者谢罪求和，执著请求和亲。贞观十五年（公元641年），唐太宗命文成公主入藏，唐蕃联姻。贞观八年（公元634年）唐军再次远征，途中缺水，就刺马饮血，终于袭破伏允可汗军营，伏允逃脱，但不久在沙漠中被部下所杀，吐谷浑从此被纳入唐帝国版图。贞观十三年（公元639年）大败高昌国，高昌王麴文泰因惊吓过度病死。贞观十九年（公元645年），为援助处于高丽和百济围困中的新罗，唐军向辽东（即当时中国东北辽河以东地区以及朝鲜半岛北部）开发，进军高丽，先后攻克玄菟、横山、盖牟、磨米、辽东、白岩、卑沙、麦谷、银山、后黄十城，迁徙辽、盖、岩三州户口入中国7万人；其中，新城、建安、驻跸三大战，斩首4万余级。但是，唐军将士也阵亡约2000人，折损战马七八成。太宗此次出征重创高丽，具有重大意义。这是自三国时期毌丘俭攻破高丽屠王城以来中国军队第一次真正战胜高丽，收复了今天辽宁一带南北朝时期被高丽侵夺的土地，为今后唐朝彻底征服

高丽打下了坚实的基础。贞观二十二年（公元 648 年），王玄策作为唐朝使者出使天竺（今印度），恰遇中天竺大臣那伏帝阿罗那顺篡位，劫持唐使。王玄策只身逃到吐蕃，借来吐蕃军和尼泊尔军向天竺进发，连战 3 天之后大败天竺军，斩首 3000 余级，水淹天竺军致死约万人，阿罗那顺弃城逃跑，副使蒋师仁追上将其俘虏。

在通过武力攻城略地、征讨四夷的过程中，唐太宗还实行进步、合理的边疆管理政策和措施，不仅维护了同相关邻国的宗主国关系，促进了边疆地区的发展繁荣，更重要的是以兼收并蓄的心态吸收了不同地域、不同民族的文化，使唐文化在继承并突破六朝文化的基础上，创造了中华帝国历史文化的高峰，也成为当时世界文化的高峰。

唐太宗推行的边疆管理政策，源于他的民族管理思想。他始终不渝地主张和实行“爱之如一”的民族管理思想。贞观二十一年（公元 647 年），他总结了自己能使四夷宾服的五条成功经验，其中第五条：“自古皆贵中华，贱夷、狄，朕独爱之如一，故其种落皆依朕如父母。”[①] “爱之如一”就是在处理汉族和少数民族之间的关系时同等看待、一视同仁。唐太宗的这一民族管理思想的形成，原因如下：一是善纳众议。贞观四年（公元 630 年），他与群臣讨论如何安置内附的东突厥民众时，包括名臣魏征在内的多数大臣主张强制同化，只有中书令温彦博建议把东突厥迁入河南朔方之地，保全其部落、风俗，实际就是在尊重突厥民族生产生活方式及风俗习惯的基础上，实行自然同化政策。太宗在反复权衡之后采纳了温彦博的建议，历史证明温彦博的建议合理、适当，具有进步意义。二是华夷一家，融合华夷。这是唐太宗实行“爱之如一”民族管理政策的思想基础。他认为夷狄与汉人一样皆可顺化归服，“夷狄亦人耳，其情与中夏不殊。人主患德泽不加，不必猜忌异类。盖德泽洽，则四夷可使如一家；猜忌多，则骨肉不免为仇乱。炀帝无道，失人已久，辽东之役，人皆断手足以避征役，玄感以运卒反于黎阳，非戎狄为患也……突厥贫弱，吾收而养之，计其感恩，入于骨髓，岂肯为患！且彼与薛延陀嗜欲略同，彼不北走薛延陀而南归我，其情可见矣。”[②] 这种人道主义思想无疑具有历史进步性。三是与太宗本人的胡人血缘有一定联系。其母（纥豆陵氏）为北周上柱国窦毅的女

---

① （北宋）司马光编著：《资治通鉴》卷 198。

② （北宋）司马光编著：《资治通鉴》卷 197。

儿，窦毅家族起源于西北少数民族。其祖母孤独氏是鲜卑族人。太宗本人无疑是个混血儿。因此，太宗不歧视少数民族自在情理之中。此外，唐太宗还善于总结历史上处理民族关系的经验教训，这对他“爱之如一”民族管理思想的形成也具有一定的影响。

在这种民族管理思想支配下，太宗制定了相关的民族管理政策：一是和亲。西汉以来，和亲就是维护边疆秩序的重要政策。唐太宗沿袭了这一政策，在适当的时候和少数民族首领以及供职朝廷的少数民族上层人物联姻。贞观十一年（公元 637 年），把其妹南阳公主嫁与内附的突厥处罗可汗之子阿史那社尔。贞观十三年（公元 639 年），又以宗室女弘化公主许与吐谷浑可汗诺曷钵为妻。在这些和亲之中，最典型也是影响最深远的当推文成公主入藏嫁与吐蕃首领松赞干布。文成公主将佛教等文化，以及内地各种先进的科学技术带到了西藏高原，促进了西藏经济、文化的发展，这次和亲也成为汉藏两族人民友谊和团结的象征。

二是团结友好。唐太宗特别注意加强民族团结，这集中体现在内徙东突厥族人和设置羁縻府州两项措施上。在平定东突厥后，唐太宗采纳中书令温彦博的建议，将约 10 万户突厥族人内迁入中原，保全其种落，教导他们从事和发展农业生产，并从中挑选百余人担任京官武职，不仅稳定了内迁突厥族人的民心，也促进了与突厥人的团结。为了管理好未入中原的突厥余部，唐太宗又创设羁縻府州，这是郡县制在民族地区新的表现形式。因为皇帝权威在这些地区的建立不是一蹴而就的，而是一个逐步发展的过程。对于皇权影响力尚未达到的民族地区，为了保证将其纳入王朝的管理体系之内，又要避免发生尖锐冲突，从秦汉时起的历代王朝就采取了羁縻方式的管理少数民族：一方面，中央王朝将少数民族首领作为管理这些民族地区的代表，通过他们来实现对这些民族的管理；另一方面，中央王朝又允许这些少数民族沿袭其传统的政治、经济、行政管理模式，保留其原有的社会组织形式，在认同、服从和维护皇权一统的前提下自主管理其内部事务，从而实现中央王朝与少数民族地方上层两个方面的政治需要。贞观时期羁縻府州的设置集中表现了这一点。初唐时期，唐高祖颁布诏书，表示“怀柔远人，义在羁縻”（《册府元龟·帝王部》）。[①] 唐太宗继承和发展了这一思想，形成羁縻府州制。《新唐书·地理志》云：“唐兴，

① （北宋）王钦若等编纂：《册府元龟》卷 170。

初未暇于四夷，自太宗平突厥，西北诸蕃及蛮夷稍稍内属，即其部落列置州县。其大者为都督府，以其首领为都督、刺史，皆得世袭。虽贡赋版籍，多不上户部，然声教所暨，皆边州都督、都护所领，著于令式。今录招降开置之目，以见其盛。其后或臣或叛，经制不一，不能详见。突厥、回纥、党项、吐谷浑隶关内道者，为府二十九，州九十。突厥之别部及奚、契丹、靺鞨、降胡、高丽隶河北者，为府十四，州四十六。突厥、回纥、党项、吐谷浑之别部及龟兹、于阗、焉耆、疏勒、河西内属诸胡、西域十六国隶陇右者，为府五十一，州百九十八。羌、蛮隶剑南者，为州二百六十一。蛮隶江南者，为州五十一，隶岭南者，为州九十三。又有党项州二十四，不知其隶属。大凡府州八百五十六，号为羁縻云。"[①] 可见，羁縻府州有较大的自治权，都督、刺史也由原部族首领担任，并可世袭。但是，这些都督、刺史都必须由中央任命，同时还取消了上述少数民族部族最高统治者的"可汗"称号，保证了中央政府对民族地区的统一管理，避免了民族分裂。为加强对羁縻府州的管理，贞观时期还设置了都护府这一行政管理机构。都护府是中央与羁縻府州之间的桥梁，代表中央政府对羁縻府州行使管理权，负责管理边防、行政和民族事务等各项事务。作为都护府长官的都护由朝廷命官担任，不能世袭；其属官也由朝廷任命，所管辖地方都必须服从朝廷的命令，遵循中央的政策。羁縻府州和都护府的设置比较妥善地处理了中央王朝与少数民族之间的关系，不仅保证了国家的统一和民族的自治，而且在当时历史条件下也符合各族人民的共同利益，从而很好地实现了民族团结。

三是德治教化。唐太宗出身权贵家庭，从小接受很好的儒家正统思想教育，在治国理政的过程中注重德治教化的作用。对少数民族亦是如此。之前历史上的一些政治家、军事家和外交家都把夷狄视为"禽兽"，如春秋时期的管仲和魏绛、西汉季布、东汉虞诩、隋文帝杨坚等，其中以班固的观点比较有代表性。班固在《汉书·匈奴传》"赞"中云："是以《春秋》内诸夏而外夷狄。夷狄之人贪而好利，被发左衽，人而兽心，其与中国殊章服，异习俗，饮食不同，言语不通，辟居北垂寒露之野，逐草随畜，射猎为生，隔以山谷，雍以沙幕，天地所以绝外内也。是故圣王禽兽畜之，不与约誓，不就攻伐；约之则费赂而见欺，攻之则劳师而招寇。其地不可耕而食也，其民不可臣而畜也，是以

① （北宋）欧阳修、宋祁撰：《新唐书》，中华书局1975年版，第1119～1120页。

外而不内，疏而不戚，政教不及其人，正朔不加其国；来则惩而御之，去则备而守之。”[①] 以中原汉族礼仪文明去衡量和规范少数民族，自然凸显出这些民族的强悍勇猛和文明程度较低的方面。唐太宗认为，“戎、狄与天地俱生”，[②] 自然具有中原人的基本素质，也自然会有“人心”。武德九年（公元626年），唐太宗当面批评突厥颉利可汗的代表执失思力时云：“吾与汝可汗面结和亲，赠遗金帛，前后无算。汝可汗自负盟约，引兵深入，于我无愧？汝虽戎狄，亦有人心，何得全忘大恩，自夸强盛？”[③] 贞观十八年（公元644年），他明确提出了“夷狄亦人，以德治之，可使如一家”。[④] 认为“夷狄亦人”，也自然有“人心”，自然有追求物质利益的一面。太宗还遣司农卿郭嗣本赐薛延陀玺书云：“突厥颉利可汗未破已前，自恃强盛，抄掠中国，百姓被其杀者不可胜纪。我发兵击破之，诸部落悉归化。我略其旧过，嘉其从善，并授官爵，同我百僚，所有部落，爱之如子，与我百姓不异。”（《旧唐书·突厥传》）[⑤] 对其首领既往不咎，对其臣民“爱之如子”，与汉人同等看待。他还在《封怀化郡王李思摩为可汗诏》中云：“朕受命三灵，因心百姓，爰初薄伐，非贪辟土之功。洎于克定，实宏安民之道，久欲存其亡国，返其遗萌，尚恐疮痍未瘳，衣食不足。今岁月已积，年谷屡登；众种增多，畜牧蕃息。缯絮无乏，咸弃其毡裘；菽粟有余，靡资于狐兔。便可复其故庭，继其先绪，归三祠于沮泽，旋十角于卢山。使复会蹛林，弭其依风之思；重宴乐水，遂其向日之欢。”[⑥] 将他们安置于内地肥沃的农耕地区，迅速提高了突厥人的生产力水平和生活质量。

唐太宗和亲、团结和德治教化的民族管理政策，为唐代社会和唐文化的发展提供了和平安定的社会环境，极大地促进了唐代社会和唐文化的发展繁荣。从和亲政策方面看，“北狄风俗，多由内政，亦既生子，则我外孙，不侵中国，断可知矣。由此而言，边境足得三十年来无事。”[⑦] 游牧民族与农业民族，从生活方式到伦理道德观念和立身处世原则等方面皆有重大差异，如果纯用儒家思想来衡量和亲政策，可能会产生一些偏颇。但强大的唐王朝的和亲政策具有

① （东汉）班固著：《汉书》，中华书局1962年版，第3834页。

② （北宋）司马光编著：《资治通鉴》卷198。

③ （北宋）司马光编著：《资治通鉴》卷191。

④ （北宋）王溥撰：《唐会要》卷94。

⑤ （后晋）刘昫撰：《旧唐书》，中华书局1975年版，第5164页。

⑥ （清）董诰等编纂：《全唐文》卷6。

⑦ （唐）吴兢撰：《贞观政要》，骈宇骞、骈骅译，中华书局2009年版，第228页。

相当的诚意，所以和亲政策还是取得了较好的效果。四夷诸蕃均以和亲为荣，不仅减少骚扰唐朝边境，一些蕃族甚至协助唐王朝安定边境、平息内乱。如贞观二十二年（公元 648 年），松赞干布发兵助王玄策击败中天竺军。后来唐王朝平定“安史之乱”，亦曾两度得到回纥兵协助。从民族团结政策方面看，唐太宗在羁縻府州之上又设置都护府一级，都护由中央委派，代表中央对边疆行使主权，管理边防、行政和少数民族事务。同时，唐太宗又兼顾少数民族传统，允许羁縻府州在经过必要的程序得到中央准允后，其首领可以世袭。羁縻府州的赋税也基本上可自行支配。这样不仅实现了对边疆的有效管理，而且也使少数民族诚心归顺，对稳定边疆发挥了重要作用。另外，羁縻府州和都护府的设立还有助于各民族之间的经济文化交流，对巩固国家统一和促进境内多民族相互了解、团结、融合，甚至对国家实力的发展壮大，都起到了积极的作用。从德治教化政策方面看。唐太宗对少数民族“绥之以德，爱之如一”，使各族首领甘愿归服。他同等爱护汉夷将领，各族将领也对他忠心耿耿、竭心尽力。太宗死后，这些将领们皆如丧考妣，“四夷之人入仕于朝及来朝贡者数百人，闻丧皆恸哭，剪发、剺面、割耳，流血洒地”，“阿史那社尔、契苾何力请杀身殉葬”，[①] 可见唐太宗在各少数民族中的威望及影响。

进步、开明的民族政策，各民族之间的平等地位，有利于各族人民之间的友好往来和文化交流。唐帝国是当时世界上最强盛的国家，也是最文明的国家，首都长安是世界性的大都会。在当时世界各国人士心中，唐帝国是充满生机活力的地方。各国才俊不远万里，冒着诸多风险来到大唐。诸国外交使节品赏了唐帝国的高度繁荣和文明之后，一些甚至不想回国，而要想法留下来。来自诸国的民众在领略了唐文化的繁荣之后，多以成中国人为荣。外来侨民在全国各地定居，尤其在新兴的商业城市，仅广州的西洋侨民就达 20 万人以上。贞观王朝也是中国历史上少有的开放王朝，外国人入境和中国人出境并没有太严格的限制，人们不用担心出国后的中国人会数典忘祖，也不担心进来的外国人会喧宾夺主。贞观王朝国民不卑不亢的大国气度和王者风范，对外来侨民既不歧视也不奉迎，不盲目排外也不希与周延。外国侨民享有和中国人一样的权利，不仅可以经商致富，还可以从政当官，率皆一视同仁。来自阿拉伯和日本的侨民就有不少在中国担任官职的，少数还担任部长级高官。此外，唐帝国接

---

① （北宋）司马光编著：《资治通鉴》卷 199。

收一批批外国留学生来学习中国的先进文化，仅日本官派的公费留学生就有了7批，每批数百人，来自民间自费留学生则远远超过此数。这些日本留学生学成归国后，在日本进行了“大化改新”。这是日本第一次现代化运动，也是一次比较彻底的中国化运动，从典章制度到服饰风俗等诸多方面全部效仿贞观王朝，使当时处于原始部落状态的日本民族获得了巨大的历史进步。大唐文化也在与其他各民族文化在相互吸收、取长补短的基础上走向繁荣兴盛。这些文化交流，其广度和深度都大大超越前代，突厥、回纥、吐蕃、南诏、靺鞨和西域各族的风俗习惯、音乐舞蹈、绘画艺术、诗歌创作、体育娱乐等方面都融汇到唐文化的大潮之中，铸成了唐文化的辉煌成就。

## 八、宗教管理

唐太宗时期仍然实行唐高祖道先佛后的宗教管理政策，佛教徒对此一直不满，持续与道教徒进行激烈论争。贞观七年（公元633年），太子中舍辛谞以庄生《齐物论》思想向佛教徒提出四个问题，质疑佛教，慧净作《析疑论》作答，之后法琳又在《析疑论》的基础上作《广析疑论》与之论辩。辛谞的问题一：“一音演说，各随类解，蠕动众生，皆有佛性。然则佛陀之与先觉，语从俗异；智慧之与般若，义本元同；习知觉若非胜因，念佛慧岂登妙果？”辛谞的问题二：“彼此名言，遂可分别；一音各解，乃玩空谈。”对此两个问题，慧净答得非常明白。他列举了“逍遥一也，鹏鷃不可齐乎万里；荣枯同也，椿菌不可齐乎八千。而况爝火之侔日月，浸灌之方时雨，宁有分同明润，而遂均其曜泽哉？至若山豪一其大小，彭殇均其寿夭……庄生所以绝其有封，非于未始无物，斯则以余分别，攻子分别。”辛谞的问题三：“诸行无常，触类缘起，复心有待，资气涉求，然则我净受于薰修，慧定成于缮剋。”辛谞的问题四：“续凫截鹤，庸讵真如，虫化蜂飞，何居弱丧？”对于这后两个问题，慧净融合佛、道二教思想，回答得思理清晰，切中要点：“无常者故吾去也，缘起者新吾来也。故吾去矣，吾岂常乎？新吾来矣，吾岂断乎？新故相待，假熏修以成静；美恶更代，非缮克而难功。是则生灭破彼断常，因果显其中观。斯实庄释元同，东西理会。而吾子去彼取此，得无谬乎？”“夫自然者报分也，熏修者业理也。报分已定，二鸟不羡于短长；业理资缘，两虫有待而飞化。”① 辛谞提出

① （清）董诰等编纂：《全唐文》卷904。

了佛教理论的几个基本问题，有较深的思想性和思辩性，也得到佛教高僧慧净的称赏。慧净称赞其："博究精微，旨瞻文华，惊心眩目，辩超炙輠，理跨联环，幽难勃以纵横，掞藻纷其骆驿，非夫哲王，谁其溢心，瞻彼上人，固难与对。"[①] 这场争论可以看出，贞观时期佛、道二教之间的论争已不同于高祖时期的"华夷之辩"和谩骂式的辩难，而深入到宗教教义的探讨。辛谞提出的几个理论问题得到慧净大师的称赏，从一个侧面说明当时佛、道二教在教义上是部分相通的，也在某种意义上说明外来的佛教在与中国本土文化结合的过程中达到新的水平和高度。

道教虽然得到李唐皇室袒护，但其教义、教徒等方面都比佛教逊色得多。为了巩固道先佛后的政策，贞观十一年（公元637年）李世民亲驾洛州时再次颁布《令道士在僧前诏》重申："大道之兴，肇于邃古，源出无名之始，事高有形之外。迈两仪而运行，包万物而亭育，故能经邦致治，反朴还淳。至如佛教之兴，基于西域，逮于后汉，方被中华。神变之理多方，报应之缘匪一……况朕之本系，出于柱史。今鼎祚克昌，既凭上德之庆；天下大定，亦赖无为之功。宜有改张，阐兹元化。自今以后，斋供行立，至于称谓，其道士女冠，可在僧尼之前。庶敦本之俗，畅于九有；尊祖之风，贻诸万叶。"[②] 在诏书中明确承认皇祖李姓出自老子，李唐国祚昌盛，天下大定，靠的是老子"上德之庆"、"无为之功"，并把道教居先与"敦本"、"尊祖"联系在一起。诏令一出，高僧智实、法常等10人随驾至京上表直谏。智实针对诏令中的"国家本系，出自柱下；尊祖之风，形于前典"等语句，在其《论道士处僧尼前表》中云："令道士等处僧之上，奉以周旋。岂敢拒诏？寻老君垂范，治国治家，所佩服章，亦无改异。不立观宇，不领门徒，处柱下以全真，隐龙德而养性。智者见之谓之智，愚者见之谓之愚，非鲁司寇，莫之能识。今之道士，不遵其法，所著衣服，并是黄巾之余，本非老君之裔。行三张（张角、张梁、张宝）之秽术，弃五千之妙门，反同张禹，漫行章句。从汉魏已来，常以鬼道化于浮俗，妄托老君之后，实是左道之苗，若位在僧尼之上，诚恐真伪同流，有损国化。如不陈奏，何以表臣子之忠情？"上表表示绝不奉诏，并将老子与道教加以区分，站在佛教的立场指责道教。唐太宗见奏表，遣中书侍郎岑文本宣敕："明

① （清）董诰等编纂：《全唐文》卷904。
② （清）董诰等编纂：《全唐文》卷6。

诏久行，不伏者与杖!”诸僧皆“饮气吞声”。智实却“不伏此理，万刃之下，甘心受罪”，“遂杖之，放还。”不久遂感气疾而离世（释道宣《续高僧传·释知实传》）。[①] 可见在当时的中国，当宗教与世俗王权发生冲突时，前者必须无条件服从后者政治的需要，否则就要受到打压。贞观时期，佛教徒经数次打击，未敢再攻击道教，道先佛后的政策也得以顺利实施。

唐太宗道先佛后的政策，不仅因为李唐皇室自认老子为其始祖以抬高门第，还因为他要平衡儒、释、道三者之间的力量。佛教因为南北朝及隋代统治者的崇信、扶持、提倡，得以迅速发展，大有超越儒、道二家之势，所以要对佛教加以限制。唐太宗抑制佛教并非不允许其存在，他还是给予了佛教生存发展的合法地位。随着唐王朝政治的稳定和经济的繁荣，综合国力空前提高，对外交往的日趋频繁，中外文化的交流、融合已经成为蓬勃发展的时代潮流，唐太宗对佛教亦投入了极大的关注。他先后下令兴建了许多佛寺，度僧尼，烧香拜佛，施舍财物。如先后于汾州立宏济寺、于吕州立普济寺、于晋州立慈云寺、于邙山立昭觉寺、于汜水立等慈寺、于洛州立昭福寺等，这些寺院都在贞观四年（公元 630 年）五月建造完毕。贞观六年（公元 632 年）将高祖旧宅观善坊立为天宫寺；贞观七年（公元 633 年）将宁仁坊立为众香寺；贞观八年（公元 634 年）为太穆皇后追福，将修德坊立为宏福寺；贞观中将延康坊立为西明寺；贞观二十二年（公元 648 年）李治为文德皇后追福，将晋昌坊立为慈恩寺等。贞观十五年（公元 641 年），唐太宗亲至宏福寺为其母太穆皇后追福，“敬以绢二百匹奉慈悲大道”，还在其《宏福寺施斋愿文》中自称：“菩萨戒弟子”，说“惟以丹诚，归依三宝。谨于宏福道场，奉施斋供，并施净财，以充檀捨，用斯功德”。[②] 他资助玄奘法师翻译佛经，更是“在中国文化史和佛教史上最大的一件大事”，“唐太宗为他设立译场，集中国内学僧与文人名士数千人，参加佛经的翻译工作”（南怀瑾《中国佛教发展史略》）。[③] 玄奘前往天竺求取佛经，历尽磨难，于贞观十九年（公元 645 年）回到长安，受到太宗召见。太宗对其赞叹不已，数次劝其还俗担任宰相，都被玄奘婉拒。于是他下诏将玄奘从天竺取回的梵本佛经 657 部，于宏福寺设译场翻译。佛经译出后，他

---

① 《大正藏》卷 50，第 635～636 页。

② （清）董诰等编纂：《全唐文》卷 10。

③ 南怀瑾著：《南怀瑾选集》（第五卷），复旦大学出版社 2011 年版，第 411 页。

亲自撰写《大唐三藏圣教序》，并称玄奘为“法门领袖”。[①]

总之，唐太宗作为一位政治家，他对道教的袒护和对佛教的关注，根本目的只有一个，就是为了巩固大唐帝国的政治稳定，为社会各项事业的发展创造有利的社会环境和条件。

## 第四节　长孙无忌的管理思想

长孙无忌历仕唐高祖、唐太宗和唐高宗三朝，位居外戚、元舅。在唐太宗图形于凌烟阁的有特殊贡献的 24 位功臣中，长孙无忌被列在首位。他参与玄武门之变、太宗立储和高宗易后等重大政治事件。由于受到唐太宗特殊信赖，长孙无忌在贞观时期发挥了特殊作用，并受遗命辅佐高宗，成为唐初政治史上的特殊人物。但在最后却遭人诬陷，被迫自缢。

### 一、助定玄武门大计，注意处理好君上臣下之关系

隋明帝暴政，农民起义烽火遍地，李渊集团伺机起兵晋阳。长孙无忌与李世民有“布衣之交”，故前来投奔，并将其妹嫁于世民，即后来的长孙皇后。他跟随世民征讨，受封渭北道行军典邈，但此时期并没有建立显赫功劳。长孙无忌在政治舞台上崭露头角，始于玄武门之变。李渊建唐后，按照嫡长子继承制，长子李建成被立为太子，次子李世民受封为秦王。这时李渊集团发生分裂，最突出的事件是太子李建成和秦王李世民之间争夺皇位继承权的矛盾。李世民以其杰出的才能、接踵而至的显赫军功及建立在军功之上的崇高威望，不仅使其本人萌生了觊觎皇位的心思，也引起太子李建成的忌妒和不安。开始是李建成想对李世民下毒手。武德九年（公元 626 年），秦王李世民被邀至太子李建成处饮酒，因中毒而归，其府中大为震骇。谋臣房玄龄对长孙无忌说：“今嫌隙已成，一旦祸机窃发，岂惟府朝涂地，实乃社稷之忧；莫若劝王行周公之事以安家国。存亡之机，间不容发，正在今日！”[②] 主张劝说李世民像周公诛杀管叔、蔡叔那样除掉太子李建成和齐王李元吉，长孙无忌当即表示同

① （清）董诰等编纂：《全唐文》卷 10。

② （北宋）司马光编著：《资治通鉴》卷 191。

意："吾怀此久矣，不敢发口；今吾子所言，正合吾心，谨当白之。"[①] 于是长孙无忌向李世民进献此谋。接着，长孙无忌、房玄龄、杜如晦等都积极劝说李世民对东宫、齐王集团果断行事，先发制人，认为只有如此才能转危为安。其后，"建成、元吉以秦府多骁将，欲诱之使为己用，密以金银器一车赠左二副护军尉迟敬德"，但尉迟敬德不仅不被利诱，还将此事报告了李世民。随之程知节、房玄龄、杜如晦等，都被太子、齐王"谮之于上（高祖李渊）而逐之"，于是李世民心腹"唯长孙无忌尚在府中"，[②]他与高士廉、侯君集、尉迟敬德日夜劝世民尽早诛杀建成与元吉。为此，长孙无忌奉密令诏房、杜入见，作最后筹略。武德九年（公元 626 年）六月四日，长孙无忌随秦王等伏兵于玄武门诛讨建成、元吉。由于事前精心谋划，加之秦王府众将拼杀，终于取得了完全胜利。诛杀建成、元吉后，李世民被立为太子。在这场政变中，长孙无忌利用他独特的身份地位，替李世民筹谋划策，酝酿政变时态度坚决，竭诚劝谏；准备政变时，日夜奔波，内外联络；政变之时，他不惧危难，亲至玄武门内，起到了他人无法替代的作用，为李世民夺得太子之位立下了汗马之功。这正是长孙无忌最为李世民宠信并委以重任的最主要原因。

玄武门之变的两个月后，李渊退位，李世民继位，是为太宗。长孙无忌"以功第一，进封齐国公"（《旧唐书·长孙无忌传》），[③] 同时进封的还有尉迟敬德、房玄龄、杜如晦和侯君集。在这些人中，功绩最为卓著的首推长孙无忌和尉迟敬德，"及论功，敬德与长孙无忌为第一"（《旧唐书·尉迟敬德传》），[④]李世民深明长孙无忌有功于他，委以重任和恩宠之隆是朝臣中罕见的。后又令人绘二十四功臣像于凌烟阁，长孙无忌以功居首位。他甚至把长孙无忌同力牧、管仲相提并论："黄帝得力牧而为五帝先，夏禹得咎繇而为三王祖，齐桓得管仲而为五伯长。朕自居籓邸，公为腹心，遂得廓清宇内，君临天下。""太宗追思王业艰难，佐命之力，又作《威凤赋》以赐无忌"（《旧唐书·长孙无忌传》）。[⑤]

长孙无忌虽然功勋显赫，但他竭忠于太宗，并注意处理好君上臣下之关系，善避嫌疑，这是他被重用的另一重要原因。唐太宗对长孙无忌是恩威并重，一方面暗示他不要居功自傲；另一方面又坚持重用，并在群臣面前表示对

---

①② （北宋）司马光编著：《资治通鉴》卷 191。

③ （后晋）刘昫撰：《旧唐书》，中华书局 1975 年版，第 2447 页。

④ （后晋）刘昫撰：《旧唐书》，中华书局 1975 年版，第 2499 页。

⑤ （后晋）刘昫撰：《旧唐书》，中华书局 1975 年版，第 2448 页。

他的信任和树立他的威望。有人密表上奏太宗说无忌权宠过重，太宗以表示之云："朕与卿君臣之间，凡事无疑。若各怀所闻而不言，则君臣之意无以获通"。之后又召集百官曰："朕今有子皆幼，无忌于朕，实有大功，今者委之，犹如子也。疏间亲，新间旧，谓之不顺，朕所不取也。"长孙无忌亦深以盈满为诫，恳辞要职，文德皇后为之陈情，太宗不得已，拜其为开府仪同三司，解除其尚书右仆射之职。贞观七年（公元 633 年），太宗又拜长孙无忌为司空，无忌固辞，并通过其舅高士廉奏请太宗："臣幸居外戚，恐招圣主私亲之诮，敢以死请恐"（《旧唐书·长孙无忌传》）。[①] 太宗向群臣讲明其授官标准："必择才行，若才行不至，纵朕至亲，亦不虚授，襄邑王神符是也；若才有所适，虽怨仇而不弃，魏征等是也。朕若以无忌居后兄之爱，当多遗子女金帛，何须委以重官，盖是取其才行耳。无忌聪明鉴悟，雅有武略，公等所知，朕故委之台鼎。"长孙无忌竭忠于太宗，太宗"欲用为宰相数矣"，[②] 对他"礼遇尤重，常令出入卧内"（《旧唐书·长孙无忌传》）。[③]贞观六年（公元 632 年），太宗令高士廉重新刊定《氏族志》，以李唐皇族为首，外戚次之。新刊定的《氏族志》打破了以往纯以郡姓作为门第等差的传统，划分门第等级的标准只看各族姓士人在唐朝官爵的高下，不考虑过去做官的情况。这更树立了长孙无忌崇高的政治地位。

贞观后期，唐太宗多次要大臣面提其过失。但是，长孙无忌深谙君上臣下的秩序，加之太宗晚年心骄志满，喜欢臣下歌功颂德，于是"曲相谀悦"，深为太宗喜欢，很好地处理了他与太宗的君臣关系。这是他后期依旧深得太宗宠信，权力不衰的又一个重要原因。贞观十八年（公元 644 年）的一天，太宗问侍臣："朕闻君圣臣直，人常苦不自知，公宜面攻朕得失"，长孙无忌答道："陛下神武圣文，冠卓千古，性与天道，非臣等愚所及，诚不见有所失"（《新唐书·长孙无忌传》）。[④] 刘洎首先肯定"陛下拨乱创业，实功高万古，诚如无忌等言"，然后才指出"然顷有人上书，辞理不称者，或对面穷诘，无不惭退。恐非奖进言者"（《贞观政要·纳谏》）。[⑤] 此处长孙无忌对太宗歌功颂德；刘洎先赞太宗"功高万古"，然后才指出问题。作为一个中华帝制时代的帝王，太

---

①③　（后晋）刘昫撰：《旧唐书》，中华书局 1975 年版，第 2447 页。

②　（北宋）司马光编著：《资治通鉴》卷 192。

④　（北宋）欧阳修、宋祁撰：《新唐书》，中华书局 1975 年版，第 4020 页。

⑤　（唐）吴兢撰：《贞观政要》，骈宇骞、骈骅译，中华书局 2009 年版，第 50 页。

宗为维护其个人威严和统治权威，喜欢臣下对其歌功颂德，唯命是从。因此，尽管太宗明确要求“言朕过失”，然长孙无忌还是唱颂歌，“曲相谀悦”。

唐太宗知人善任，广开言路，重视纳谏，被其后的帝王们视为榜样，但他又重用长孙无忌，反映了他的阶级局限性和人性的弱点。从表面上看，唐太宗既重用敢于直谏的魏征，又重用“曲相谀悦”的长孙无忌，看似矛盾。实际上，唐太宗以忘隋为鉴，善于总结历史，对这两类人才都以予重任，其目的都是巩固政权，加强统治。唐太宗对长孙无忌非常了解，称他“善避嫌疑，应对敏速，求之古人，亦当无比；而总兵攻战，非所长也”（《旧唐书·长孙无忌传》）。[①] 在临终前，太宗又嘱咐褚遂良：“无忌尽忠于我，我有天下，多是此人力。尔辅政后，勿令谗毁之徒损害无忌。若如此者，尔则非复人臣。”（《旧唐书·长孙无忌传》）[②] 正因为长孙无忌竭忠于李唐，尤其对唐太宗更是赤诚忠心，又能够很好地处理好他与太宗之间的君臣关系，使其权柄日重，始终为太宗所倚重而不失宰辅之职。

## 二、拥立和辅佐李治，保持政策的连续性

唐太宗在废立太子问题上颇为踌躇、动摇。他共有 14 子，其中只有长子李承乾、四子魏王李泰、九子李治为长孙皇后所生。初立承乾为太子，但其“好声色，慢游无度，然惧太宗知之，不敢见其迹。每临朝视事，必言忠孝之道，退朝后，便与群小亵狎”，又有足疾，“行甚艰难”（《旧唐书·太宗诸子传》），[③] 不为太宗喜欢。四子李泰善文词，“太宗以泰好士爱文学，特令就府别置文学馆，任自引召学士。又以泰腰腹洪大，趋拜稍难，复令乘小舆至于朝所……又每月给泰料物，有逾于皇太子”（《旧唐书·太宗诸子传》）。[④] 李泰颇得太宗宠爱，据《大唐新语·匡赞》记载，他曾被太宗“面许立为太子”。[⑤] 于是，李泰潜有夺嫡之意，承乾亦甚忌，“文武群官，各有附托，自为朋党”（《旧唐书·太宗诸子传》）。[⑥] 贞观十七年（公元 643 年），承乾因“谋反”罪

① （后晋）刘昫撰：《旧唐书》，中华书局 1975 年版，第 2453 页。
② （后晋）刘昫撰：《旧唐书》，中华书局 1975 年版，第 2454 页。
③ （后晋）刘昫撰：《旧唐书》，中华书局 1975 年版，第 2648 页。
④ （后晋）刘昫撰：《旧唐书》，中华书局 1975 年版，第 2653～2654 页。
⑤ （唐）刘肃撰：《大唐新语》，许德楠、李鼎霞点校，中华书局 1984 年版，第 5 页。
⑥ （后晋）刘昫撰：《旧唐书》，中华书局 1975 年版，第 2655 页。

贬为庶人。在重新立太子的问题上，朝臣分成两派，岑本文、刘洎等力主立李泰；长孙无忌、褚遂良固请立李治。褚遂良谏云："陛下昔立承乾为太子，而复宠爱魏王，礼数或有逾于承乾者，良由嫡庶不分，所以至此。殷鉴不远，足为龟镜"（《旧唐书·褚遂良传》）。[①] 太宗虽欲立晋王李治，但因不合乎长幼之序，犹豫不决，于是召长孙无忌、房玄龄、李勣与褚遂良等谋议，"（太宗）因自投于床，抽佩刀欲自刺。无忌等惊惧，争前扶抱，取佩刀以授晋王。无忌等请太宗所欲，报曰：'我欲立晋王。'无忌曰：'谨奉诏。有异议者，臣请斩之。'"长孙无忌进一步指出："晋王仁孝，天下属心久矣。伏乞召问百僚，必无异辞。若不蹈舞同音，臣负陛下万死。"（《旧唐书·长孙无忌传》）[②] 这样，遂决定立晋王李治为太子。在这一重大事件中，长孙无忌以重臣、国舅的身份告诫太宗要审思慎行，否则可能导致玄武门之变的重现，引起了太宗的深思和警觉。太宗认为"泰立，承乾、晋王皆不存；晋王立，泰共承乾可无恙也"（《旧唐书·太宗诸子传》）。[③] 在立李治为太子这件事上，长孙无忌发挥了极为关键的作用。

因为李治仁弱，太宗认为他不能守社稷之重，又打算另立吴王李恪为太子，但被长孙无忌谏止。据《资治通鉴》记载："上（李世民）疑太子仁弱，密谓长孙无忌曰：'公劝我立雉奴，雉奴懦，恐不能守社稷，奈何！吴王恪英果类我，我欲立之，何如？'无忌固争，以为不可。上曰：'公以恪非己之甥邪？'无忌曰：'太子仁厚，真守文良主；储副至重，岂可数易？愿陛下熟思之。'上乃止。"[④] 此后，他多次在太宗面前盛赞李治，"虽不出宫门，天下无不钦仰圣德"，"太子仁恕，实守文之德；趣尚虽异，各当其分，此乃皇天所以祚大唐而福苍生者也。"[⑤] 坚决拥立李治。

长孙无忌如此坚定不移地拥立晋王，不仅表达了对李世民的忠诚，又建立了拥立之功，为日后大权在握，保持其主导制定的相关政策的继续推行奠定了有利的前提条件。贞观二十二年（公元 648 年），长孙无忌为检校中书令，知尚书、门下省事，位极尊荣。贞观二十三年（公元 649 年），太宗临终前召无忌与褚遂良入卧内，对二人说："朕今悉以后事付公辈。太子仁孝，公辈所知，

---

① （后晋）刘昫撰：《旧唐书》，中华书局 1975 年版，第 2731 页。

② （后晋）刘昫撰：《旧唐书》，中华书局 1975 年版，第 2452～2453 页。

③ （后晋）刘昫撰：《旧唐书》，中华书局 1975 年版，第 2655 页。

④⑤ （北宋）司马光编著：《资治通鉴》卷 197。

善辅导之！”又对李治说：“无忌，遂良在，汝勿忧天下！”并受遗命辅政。“无忌与褚遂良同心辅政，上（李治）亦尊礼二人，恭己以听之，故永徽之政，百姓阜安，有贞观之遗风”，“无忌以元舅辅政，凡有所言，上（李治）无不嘉纳。”①

## 三、受命修订《唐律》，主张德主刑辅

李治即位，是为高宗。长孙无忌任太尉同书门下三品，兼检校中书令，知尚书、门下二省事，权位更尊。但后来因反对高宗册立武则天为后，为许敬宗以谋反罪诬陷，流放黔州自缢而死。长孙无忌因参与编修《唐律》，作为《唐律疏议》的第一主撰人而名垂史册，在法制史上都占有重要地位。

长孙无忌奉唐太宗令与房玄龄、杜如晦等 19 人，本着省烦去蠹、变重为轻为基本原则，先后两次重修《唐律》。修律过程中贯彻了“先存百姓”以“安人宁国”指导方针，故而立法宽平，适应了唐初恢复和发展社会经济的历史要求，促进了“贞观之治”的到来。

长孙无忌在《唐律疏议》中主张“德主刑辅”。他在《唐律疏议》开篇即云：“夫三才肇位，万象斯分。禀气含灵，人为称首。莫不凭黎元而树司宰，因政教而施刑法。”② 在简要叙述了唐代之前中国法律发展的历史之后，他总结云：“德礼为政教之本，刑罚为政教之用，犹昏晓阳秋相须而成者也。”③ 认为德礼是政治教化的根本，刑罚是政治教化的手段，即管理国家应以德治礼教为主，而以刑事惩罚为辅，德礼和刑罚对于管理国家都不可或缺，犹如昏晓相须而成一昼夜，春秋相须而成一岁一样。这是唐初立法基本思想的形象概括。长孙无忌还云：“其有情恣庸愚，识沈愆戾，大则乱其区宇，小则睽其品式，不立制度，则未之前闻。故曰：‘以刑止刑，以杀止杀。’刑罚不可弛于国，笞捶不得废于家。时遇浇淳，用有众寡。”④认为“德主刑辅”的根本要求是多用德教，少用刑法，但刑罚不得废弛。其《进律疏表》云：“律增甲乙之科，以正浇俗；礼崇升降之制，以拯颓风。”⑤ 认为法律和礼教都具有淳风化俗的作用，这种认识又兼容了法家的相关思想。

---

① （北宋）司马光编著：《资治通鉴》卷 199。

②④ （唐）长孙无忌等撰：《唐律疏议》，刘俊文点校，中华书局 1983 年版，第 1 页。

③ （唐）长孙无忌等撰：《唐律疏议》，刘俊文点校，中华书局 1983 年版，第 3 页。

⑤ （唐）长孙无忌等撰：《唐律疏议》，刘俊文点校，中华书局 1983 年版，第 578 页。

## 第五节　李靖的管理思想

李靖作为中国历史上卓越的军事家，一直为具有真知灼见者所尊崇。唐高祖评之曰："古之名将韩、白、卫、霍岂能及也。"（《旧唐书·李靖传》）① 贞观名相王珪评之曰："才兼文武，出将入相。"（《旧唐书·王珪传》）② 南宋叶括亦云："唐太宗、李靖，近世君臣之用兵者，无出其上。"（《叶适集·水心别集》）③ 就是雄才大略的唐太宗也师事李靖。唐太宗豪风傲骨，不肯轻易服人，他求贤纳谏、虚怀若谷，不过是高山不厌抔土之意。但他对李靖则不同，每遇棘手的重大问题时总求教于李靖。元代戈直在《贞观政要》集论中云："太宗天资英武，善战无敌，一时群臣，皆不足以仰望其清光。帝之所推服而师事之者，独李靖一人而已。盖自孙武以来，能将法度之师者，独孔明与靖耳。"军事才能特出的唐太宗亦向李靖求教，足见李靖不同凡响。

李靖的管理思想主要体现在军事方面。晚唐五代无名氏辑录整理的《李卫公问对》（又称《唐太宗李卫公问对》、《唐李问对》、《李靖问对》，或简称《问对》），是唐太宗与李靖关于军事问题的言论辑录，集中体现了李靖的军事管理思想，其要点如下：

### 一、高度重视军队的制度建设、教育、训练

首先，李靖继承了古代优秀军事家的宝贵思想，高度重视军队的制度建设。《问对》卷上太宗问曰："数起于五，而终于八，则非设象，实古阵也。卿试陈之。"李靖回答曰："臣按黄帝始立丘井之法，因以制兵，故井分四道，八家处之，其形井字，开方九焉。五为陈法，四为闲地，此所谓数起于五也。虚其中，大将居之；环其四面，诸部连绕，此所谓终于八也。及乎变化制敌，则纷纷纭纭，斗乱而法不乱；混混沌沌，形圆而势不散。此所谓散而成八，复而为一者也。"太宗又曰："深乎，黄帝之制兵也！后世虽有天智神略，莫能出其

① （后晋）刘昫撰：《旧唐书》，中华书局 1975 年版，第 2478 页。
② （后晋）刘昫撰：《旧唐书》，中华书局 1975 年版，第 2529 页。
③ （南宋）叶适撰：《叶适集》，刘公纯等点校，中华书局 1961 年版，第 68 页。

阃阈。降此孰有继之者乎？"李靖回答曰："周之始兴，则太公实缮其法：始于岐都，以建井亩；戎车三百辆，虎贲三百人，以立军制；六步七步，六伐七伐，以教战法。陈师牧野，太公以百夫制师，以成武功，以四万五千人胜纣七十万众。周《司马法》，本太公者也。太公既没，齐人得其遗法。至桓公霸天下，任管仲，复修太公法，谓之节制之师。诸侯毕服。"太宗又问曰："儒者多言管仲霸臣而已，殊不知兵法乃本于王制也。诸葛亮王佐之才，自比管、乐，以此知管仲亦王佐也。但周衰时，王不能用，故假齐兴师尔。"李靖再拜曰："陛下神圣，知人如此，老臣虽死，无愧昔贤也。臣请言管仲制齐之法：三分齐国，以为三军；五家为轨，故五人为伍；十轨为里，故五十人为小戎；四里为连，故二百人为卒；十连为乡，故二千人为旅；五乡一师，故万人为军。亦由《司马法》一师五旅、一旅五卒之义焉。其实皆得太公之遗法。"[①] 通过这三问三答，深刻论述了上古杰出的军事家黄帝、姜太公、管仲在军队层级、行阵、部伍等方面制度建设的要义，指出这些制度建设是取得胜利的重要保证。其后，李靖又进一步阐述了制度建设是胜败的关键之一。太宗问曰："诸葛亮言'有制之兵，无能之将，不可败也；无制之兵，有能之将，不可胜也。'朕疑此谈非极致之论。"李靖对曰："武侯有所激云耳。臣按《孙子》有曰：'教习不明，吏卒无常，陈兵纵横，曰乱。'自古乱军引胜，不可胜纪。夫教道不明者，言教阅无古法也；吏卒无常者，言将臣权任无久职也；乱军引胜者，言己自溃败，非敌胜之也。是以武侯言'兵卒有制，虽庸将难败；若兵卒自乱，虽贤将危之。'又何疑焉？"（《问对》卷上）

其次，李靖高度重视开展军队教育。太宗问曰："深乎，黄帝之制兵也！后世虽有天智神略，莫能出其阃阈。降此孰有继之者乎？"李靖答之曰："周之始兴，则太公实缮其法：始于岐都，以建井亩；戎车三百辆，虎贲三百人，以立军制；六步七步，六伐七伐，以教战法。陈师牧野，太公以百夫制师，以成武功，以四万五千人胜纣七十万众。周《司马法》，本太公者也。太公既没，齐人得其遗法。至桓公霸天下，任管仲，复修太公法，谓之节制之师。诸侯毕服。"（《问对》卷上）李靖论述了黄帝治军取胜的一个重要因素，就是在军队部伍建制之后，重视军队教育、训练。太宗又问："旧将老卒，凋零殆尽，诸军新置，不经陈敌，今教以何道为要？"李靖回答云："臣尝教士，分为三等。

① 无名氏辑录：《李卫公问对》，文渊阁四库全书影印本。下文同。

必先结伍法，伍法即成，授之军校，此一等也。军校之法，以一为十，以十为百，此一等也。授之裨将，裨将乃总诸校之队，聚为陈图，此一等也。大将军家此三等之教，于是大阅，稽查制度，分别奇正，誓众行罚，陛下临高观之，无施不可。”（《问对》卷中）新建置的军队必须要经过部伍行阵“三等之教”，才能投入战备。他还强调教法得道的重要性。太宗曰：“教阅之法，信不可忽。”李靖回答曰：“教得其道，则士乐为用。教不得法，虽朝督暮责，无益于事矣！臣所以区区古制、皆纂以图者，庶乎成有制之兵也。”（《问对》卷上）

李靖还强调军队阵法训练的重要性。中国古代用兵作战非常讲究阵法，阵法训练是军队日常训练的重要内容。《问对》中唐太宗和李靖讨论阵法训练的问题时，李靖援引《孙子兵法》的比喻：“其实兵形象水，因地制流，此其旨也。”（《问对》卷中）认为军队的阵形如同流水，要依地势高低决定其流向一样选定阵形，这就是阵法的主旨。军队阵形变化的法则是“水之形，避高而趋下；兵之形，避实而击虚”（《孙子兵法·虚实》）。[①]《问对》强调军队的阵法训练，但并不认为古人的阵法就是一成不变的。在讨论阵法的变化时，李靖说：“左右、早宴，临时不同，在乎奇正之变者也。左右者人之阴阳，早宴者天之阴阳，奇正者天人相变之阴阳，若执而不变，则阴阳俱废，如何守牝牡之形而已。故形之者，以奇示敌，非吾正也；胜之者，以正击之，非吾奇也，此谓奇正相变。”（《问对》卷中）认为奇正是天时与人事相互变化的阴阳，如果泥古不变，那么就没有阴阳相变。阵法应随机应变，不可拘泥，否则就违反阴阳变化的规律，也就违背了事物发展变化的规律。与军队的阵法训练相应，唐太宗制定了《破阵乐舞》。李靖观看后赞扬道：“陛下所制破陈乐舞，前出四表，后缀八幡，左右折旋，起步金鼓，各有其节，此即八陈图四头八尾之制也。人间但见乐舞之盛，岂有知军容如斯焉！”（《问对》卷中）

最后，李靖还重视加强军队内部的团结，这也为后世兵家所重视。《问对》中唐太宗询问李靖：姜太公、孙武所说丘陵、墓地等地形地物，可否在战争中加以利用？李靖答之曰：“用众在乎心一，心一在乎禁祥去疑。倘主将有所疑忌，则群情摇。群情摇，则敌乘衅而至矣。安营据地，便乎人事而已。若涧、井、闲、隙之地，及如牢如罗之处，人事不便者也，故兵家引而避之，防敌乘

① 中国人民解放军军事科学院战争理论研究部《孙子》注释小组注：《孙子兵法新注》，中华书局1977年版，第58页。下文同。

我。丘墓故城非绝险处，我得之为利，岂宜反去之乎。”（《问对》卷下）认为对敌作战必须要求全军上下团结一心，而军心一致就必须禁止迷信，消除疑虑。太宗随即也肯定这一思想：“今后请将有以阴阳拘忌于事宜者，卿当丁宁诫之。”（《问对》卷下）

李靖认为加强军队内部团结的核心是搞好官兵关系，提出了“爱设于先，威设于后”的原则。太宗问曰：“《尚书》言：‘威克厥爱，允济；爱克厥威，允罔功。’何谓也？”李靖回答曰：“爱设于先，威设于后，不可反是也。若威加于先，爱救于后，无益于事矣。《尚书》所以慎戒其终，非所以作谋于始也。故孙子之法万代不刊。”（《问对》卷中）认为对部队管理要教戒先行，刑罚后施，并引用《尚书》之语，告诫管理者慎用刑罚，注意后果。李靖还认为，统帅还要集思广益和授任权柄。《问对》卷下李靖云：“今陛下每有出师，必与公卿议论，告庙而后遣，此则邀以神圣矣；每有任将，必使之便宜从事，此则假以权重矣。”

## 二、注重战略战术变化：谋无常法，因敌制胜

春秋时期著名军事家孙武云：“夫兵形象水，水之形，避高而趋下；兵之形，避实而击虚。水因地而制流，兵因敌而制胜。故兵无常势，水无常形；能因敌变化而取胜者，谓之神。”（《孙子兵法·虚实》）[①] 李靖作为一名因敌制胜、用兵如神的统帅，在战争中总是能够根据具体情况采取灵活的战略战术，避实击虚，打败敌人，真正做到了“战胜不复，而应形于无穷”（《孙子兵法·虚实》）[②]。李靖一生主要指挥了初唐的四场重大战争：南平萧铣、南平辅公祏、北破东突厥、西定吐谷浑。

在扫平雄踞江南萧铣的战争中，李靖善择战机，主要是采取了攻其无备、出其不意的战略战术。武德四年（公元621年）二月，李渊任赵郡王李孝恭为夔州总管，训练水军，大造战舰，准备南下击灭萧铣。因李孝恭军事经验少，李渊令李靖为行军总管兼李孝恭长史，委以军事，成为实际上的总指挥。九月，李渊下令发巴蜀兵，以李孝恭、李靖统率军队自夔州（今四川奉节东）顺江东下。此时唐军总体实力远胜萧铣，但这次战争中双方所能投入的兵力，则

① 中国人民解放军军事科学院战争理论研究部《孙子》注释小组注：《孙子兵法新注》，第58页。
② 中国人民解放军军事科学院战争理论研究部《孙子》注释小组注：《孙子兵法新注》，第56页。

以萧铣为强。因为初唐战事频繁，北方的突厥屡屡入寇，必须派兵守御；山东、河南新附，亦需重兵弹压，所以李靖、李孝恭所率之兵只是唐军主力的一部分，萧铣却可以集中所有兵力与唐军决战。当时“东自九江，西抵三峡，南尽交趾，北距汉川，铣皆有之，胜兵四十余万”；[①] 并且“时属秋潦，江水泛涨，三峡路险”，萧铣占有天时地利。然而这些有利条件反而导致萧铣犯下了致命的误判，认为“（李）靖不能进”，“遂休兵不设备”。李靖认为：“兵贵神速，机不可失。今兵始集，铣尚未知，若乘水涨之势，倏忽至城下，所谓疾雷不及掩耳，此兵家上策。纵彼知我，仓卒征兵，无以应敌，此必成擒也。”（《旧唐书·李靖传》）[②] 只有乘敌未备，突然袭击，使敌人仓促之间无法集中其主力，方能取胜。李孝恭采纳了李靖的意见，亲率战舰 2000 余艘东下，攻克要地荆门、宜都，乘胜进抵夷陵（今宜昌）城下。萧铣部将文士弘率精兵数万屯清江（今清江入长江口）。李孝恭率军一到，即欲出战。李靖认为文士弘系萧铣悍将，因为其新失荆门，率锐救败，恐不可当，宜先驻军南岸，待其气衰再行出击。李孝恭不听，遂留李靖守营，自率兵出击文士弘，果被文士弘打得大败。文士弘乘胜纵兵四处抢掠，部伍大乱。李靖乘其混乱挥军出击，大破文士弘军，斩获甚众，并乘胜追击，直奔萧铣都城江陵。李靖率军先后攻克江陵外城和水城，缴获了大批舟舰，却让孝恭全部散弃江中，顺流漂下。诸将皆云：“破敌所获，当藉其用，奈何弃以资敌？”李靖却说：“萧铣之地，南出岭表，东距洞庭。吾悬军深入，若攻城未拔，援兵四集，吾表里受敌，进退不获，虽有舟楫，将安用之？今弃舟舰，使塞江而下，援兵见之，必谓江陵已破，未敢轻进，往来觇伺，动淹旬月，吾取之必矣。”[③] 李靖的疑兵之计果然奏效，长江江陵下游的萧铣援兵见江中许多遗弃散落的舟舰，以为江陵已破，都疑惧不前。交州总管丘和、长史高士廉、司马杜之松将赴江陵朝见，途中闻萧铣已败，都到投降了唐军。唐军遂包围江陵，萧铣见内外隔绝，外无援兵，难以久支，遂投降唐军。

在剿灭辅公祏的战争中，李靖则主要采用出其不意、正面与敌决战的战略方针。武德六年（公元 623 年），已经降唐的辅公祏聚众 10 万在丹阳（今南

---

① （北宋）司马光编著：《资治通鉴》卷 185。

② （后晋）刘昫撰：《旧唐书》，中华书局 1975 年版，第 2476 页。

③ （北宋）司马光编著：《资治通鉴》卷 189。

京）谋反。李渊命李孝恭为主帅，李靖为副，率李绩等 7 总管军东下讨伐。当时唐朝已基本平定北方，统一全国的战争已经接近尾声。所以李孝恭、李靖所率之兵，实力胜过辅公祏。辅公祏派冯惠亮率 3 万水师驻守当涂（今安徽当涂），陈正道率 2 万步骑驻守青林，"梁山连铁锁以断江路，筑却月城，延袤十余里，与惠亮为犄角之势"（《旧唐书·李靖传》）。[①] 李孝恭诸将大都认为公祏劲兵连栅、固守不战，若直取丹阳，捣毁其巢窠，余者则不战自降。李靖分析了敌方形势，认为辅公祏留守丹阳的也是精锐部队，他们都将极力坚守，"若我师至丹阳，留停旬月，进则公祏未平，退则惠亮为患，此便腹背受敌，恐非万全之计。惠亮、正通皆是百战余贼，必不惮于野战，止为公祏立计，令其持重，但欲不战，以老我师。今欲攻其城栅，乃是出其不意，灭贼之机，唯在此举。"（《旧唐书·李靖传》）[②] 孝恭依从其计。李靖遂率大军水陆并进，经过浴血奋战，冯惠亮抵挡不住逃走。李靖乘胜追击至丹阳城下，辅公祏弃城而逃，被活捉。至此，江南皆平。

攻灭东突厥，李靖则主要采用主动出击、依势取胜的战略方针。高祖时期，由于忙于剿灭各路农民义军，遂对当时强大的突厥称臣。武德九年（公元 626 年），唐太宗刚即位，突厥颉利可汗乘机进犯，长安城中兵弱力寡，太宗曾冒险亲临渭水桥与颉利可汗结盟，突厥才退兵。此后不久，东突厥国内发生了变乱，所属薛延陀、回纥、拔野古诸部相继叛离，突厥衰落。贞观三年（公元 629 年）八月，唐太宗命兵部尚书李靖为定襄道行军总管，以张公瑾为副，率军大举进攻突厥。又命李绩、柴绍、薛万彻等为各道总管出击突厥。贞观四年（公元 630 年）正月，李靖冒着严寒率领 3000 精锐骑兵从马邑（今山西朔县）出发，挺进恶阳岭。颉利遭到唐军的突袭，兵将大惊，认为是唐军倾国而来。李靖探知这一消息，使用离间计使颉利亲信康苏密投降；然后迅速出击定襄，在李绩等唐军的配合下，打得突厥溃不成军。颉利收集残兵败将，退守铁山。此时身处山穷水尽的颉利派使者执失思力入朝，请求内附，实欲赢得时间以卷土重来。李靖认为，"颉利虽败，其众犹盛，若走度碛北，保依九姓，道阻且远，追之难及。今诏使至彼，虏必自宽，若选精骑一万，赍二十日粮往袭之，不战可擒矣"，[③] 遂率大军连夜出发进击阴山，再次大败突厥。不久，颉

①② （后晋）刘昫撰：《旧唐书》，中华书局 1975 年版，第 2478 页。

③ （北宋）司马光编著：《资治通鉴》卷 193。

利被李道宗擒获。东突厥灭亡。

在西定吐谷浑的战争中，李靖主要采用了稳步推进、逐步歼敌的战略方针。吐谷浑亦属游牧民族，“居甘松山之阳，洮水之西，南抵白兰，地数千里。有城郭，不居也。随水草，帐室、肉粮”（《新唐书·西域传》）。[①] 吐谷浑军队流动性极强，这一特点决定了唐军不可能将其一举全歼。但吐谷浑实力较弱，而此时唐军却更为强大。因此，李靖决计大举深入，分进合击，“大战数十，多所杀获，残其国，国人多降”（《新唐书·李靖传》）。[②] 最后，吐谷浑伏允可汗率1000多骑兵逃到碛中，部下纷纷离散，不久为部下所杀。李靖率军经过了两个月奋战，最终平定了吐谷浑，大唐也随即控制吐谷浑全境。

李靖用兵，不仅总在战略上胸有成竹，因敌制胜，而且在战术上机智灵活，善随机变。南平萧铣的战争中，唐军曾与萧铣大将文士弘所率数万精兵相遇。李孝恭错误估计了对方的实力，没有听从李靖的劝告。他令李靖守营，率军出击文士弘，结果大败而还。文士弘军得胜之后，“贼舟大掠，人皆负重。靖见其军乱，纵兵击破之，获其舟舰四百余艘，斩首及溺死将万人”（《旧唐书·李靖传》）。[③] 在这次战役中，李靖果断决策，机智灵活，使唐军转败为胜。可见，李靖不仅善于根据敌我双方的具体情况的变化运用灵活的战术，而且善于抓住有利战机给予敌人致命打击。其深刻的战略洞察力和高超的指挥艺术，不愧为中国历史上最为卓越的军事统帅之一。

### 三、决策指挥善于处理和利用“奇”与“正”的关系：奇正皆得，国之辅也

奇与正，是中国古代军事决策指挥中的重要范畴。关于奇正关系的探讨，最早出现于《老子》：“以正治国，以奇用兵。以无事取天下。”（《老子道德经注》）[④] 但是，真正在军事领域系统论述奇正关系的是《孙子兵法》：“凡战者，以正合，以奇胜……战势不过奇正，奇正之变，不可胜穷也。奇正相生，如循环之无端，孰能穷之？”《孙子兵法·势篇》[⑤] 认为在战略战术上，用正兵当

---

① （北宋）欧阳修、宋祁撰：《新唐书》，中华书局1975年版，第6224页。
② （北宋）欧阳修、宋祁撰：《新唐书》，中华书局1975年版，第3815页。
③ （后晋）刘昫撰：《旧唐书》，中华书局1975年版，第2477页。
④ （魏）王弼著：《王弼集校释》，楼宇烈校释，中华书局1980年版，第149页。
⑤ 中国人民解放军军事科学院战争理论研究部《孙子》注释小组注：《孙子兵法新注》，第41页。

敌，用奇兵取胜；奇正相生相变，无穷无端。自孙武确立和阐述奇与正这一对范畴后，后世兵家多有沿用和探讨。如《孙膑兵法》、《尉缭子》等，但大都承袭孙武之论。

在《问对》中，李靖对奇与正这一对范畴作了集中探讨，并阐发了一些新的思想。《问对》卷上李靖云："黄帝始立丘井之法，因以制兵，故井分四道，八家处之，其形井字，开方九焉。五为陈法，四为闲地，此所谓数起于五也。虚其中，大将居之；环其四面，诸部连绕，此所谓终于八也。及乎变化制敌，则纷纷纭纭，斗乱而法不乱；混混沌沌，形圆而势不散。此所谓散而成八，复而为一者也。"（《问对》卷上）认为奇与正起源于方阵本身的队形变换，是在五军阵向八阵演变过程中产生的。李靖列举了一些著名的战例，如其本人破突厥、平吐谷浑，孔明七擒孟获，唐太宗霍邑擒获宋老生之战，霍去病征匈奴等，说明奇与正都不是一成不变的，而是靠指挥者"变而神之"的。他说："若非正兵变为奇，奇兵变为正，则安能胜哉？故善用兵者，奇正在人而已。变而神之，所以推乎天也。"（《问对》卷上）他还说："曹公《新书》曰：'己二而敌一，则一术为正，一术为奇。己五而敌一，则三术为正，二术为奇。'此言大略耳。唯孙武云：'战势不过奇正，奇正之变，不可胜穷。奇正相生，如循环之无端，孰能穷之？'斯得之矣……教战时，各认旗鼓，迭相分合，故曰分合之变，此教战之术耳。教阅既成，众知吾法，然后如驱群羊，由将所指，孰分奇正之别哉？孙武所谓'形人而我无形'，此乃奇正之极致。是以素分者教阅也，临时制变者不可胜穷也。"（《问对》卷上）李靖认为奇正不是预先决定的，而是临时依据战场上的具体情况决定的，"奇正相变，循环无穷"，"善用兵者，无不正，无不奇，使敌莫测。故正亦胜，奇亦胜。三军之士止知其胜，莫知其所以胜。非变而通，安能至是哉！分合所出，唯孙武能之。吴起而下，莫可及焉。"（《问对》卷上）这一系列重要论断，进一步发展了《孙子兵法》的奇正理论。

在此基础上，《问对》中李靖强调把奇正与虚实、示形、分合等结合起来。《问对》卷中李靖云："奇正者天人相变之阴阳，若执而不变，则阴阳俱废，如何守牝牡之形而已。故形之者，以奇示敌，非吾正也；胜之者，以正击之，非吾奇也，此谓奇正相变。兵伏者，不止山谷草木伏藏。所以为伏也，其正如山，其奇如雷，敌虽对面，莫测吾奇正所在。至此，夫何形之有焉。"认为"示形"是奇正转化的重要因素。《问对》卷中李靖还云："奇正者，所以致敌

之虚实也。敌实，则我必以正；敌虚，则我必为奇。苟将不知奇正，则虽知敌虚实，安能致之哉！”认为奇正相变的目的是致敌虚实，从而“使敌势常虚，我势常实”，牢牢地掌握作战主动权。而且李靖还认为奇正相变与分合适宜，“兵散则以合为奇，合则以散为奇”（《问对》卷中）。

李靖还将军事与政治管理结合起来，君上的命令与将领的变通结合起来，认为只有做到“奇正皆得”的将领，才是国家的辅佐之臣。当太宗问曰：“黄帝兵法，世传《握奇文》，或谓为《握机文》，何谓也?”李靖回答云：“奇音机，故或传为机，其义则一。考其辞云：‘四为正，四为奇，余奇为握机。’奇，余零也。因此音机。臣愚谓兵无不是机，安在乎握而言也？当为余奇则是。夫正兵受之于君，奇兵将所自出。《法》曰：‘令素行以教其民者，则民服。’此受之于君者也。又曰：‘兵不豫言，君命有所不受。’此将所自出者也。凡将正而无奇，则守将也；奇而无正，则斗将也；奇正皆得，国之辅也。”在指挥作战中，李靖很好地实践了他的军事管理思想，奇正并用，“使敌莫测”，常出奇制胜。

## 四、领导者应当抓住要害，不战而胜

《孙子兵法·谋攻》云：“夫用兵之法，全国为上，破国次之；全军为上，破军次之；全旅为上，破旅次之；全卒为上，破卒次之；全伍为上，破伍次之。是故百战百胜，非善之善也；不战而屈人之兵，善之善者也。”① 孙武此处论述的“不战”，当然不是完全避免战斗，而是要“上兵伐谋”（《孙子兵法·谋攻》），② 即在战争开始之前，要先在谋略上战胜敌人，用最小的牺牲夺取最大的胜利。可以说，李靖是中国古代的军事指挥家中对这一思想的最好实践者。在李靖一生指挥的所有战争中，他总是以敏锐的洞察力，抓住敌人的要害给予致命打击。如攻灭突厥的“定襄之战”，李靖抓住了突厥内部不和，以及对唐军的恐惧心理这两个致命弱点，冒着严寒朔风，亲率3000精锐骑兵进击突厥主力部队所在地定襄（今山西定襄县）。颉利可汗万万没有料到唐军会突然袭来，兵将相顾，无不大惊失色。在夜幕掩护下，李靖率军一举攻入定襄城内，颉利仓皇逃往碛口（今内蒙古二连浩特西南）。“定襄之战”的胜利，为

① 中国人民解放军军事科学院战争理论研究部《孙子》注释小组注：《孙子兵法新注》，第21页。
② 中国人民解放军军事科学院战争理论研究部《孙子》注释小组注：《孙子兵法新注》，第22页。

唐军赢得整个平定突厥战争的胜利奠定了坚实的基础，不仅使东突厥遭受重大的物质损失，更重要的是摧毁了东突厥军队的斗志，东突厥的北方霸主声威和心理优势顷刻崩塌。因此，“定襄之战”后，颉利便遣使请求内附，虽然只是缓兵之计，但充分说明此时的颉利只想苟延残喘，再无力南向牧马了。

在南平萧铣的战争中，李靖同样抓住敌人要害给予打击。《旧唐书·李靖传》记载：“铣以时属秋潦，江水泛涨，三峡路险，必谓靖不能进，遂休兵不设备。”[①] 李靖抓住萧铣的这一致命弱点，迅速挥师渡江，直取江陵，使萧铣主要军力还未得聚集，就被迫投降。在这次战争中，李靖不仅直击敌人要害，还以突出的智谋扩大了敌人的弱点。本来在迫使萧铣投降之前，他是可以坚持到援军到来的。李靖指挥唐军围攻江陵时，先攻破江陵外城和水城，缴获大批舟舰，李靖令人将这些舟舰尽散之于江中。他认为“今弃舟舰，使塞江而下，援兵见之，必谓江陵已破，未敢轻进，往来觇伺，动淹旬月，吾取之必矣”，果不出其所料，“（萧）铣援兵见舟舰，果疑不进”。[②] 援军不到，独守空城的萧铣被迫投降。其后，萧铣援军群龙无首，只好相继投降。这场战争，李靖抓住了萧铣的要害弱点，未及与萧铣主力决战，就以很小的代价取得了这场初唐重要战争的胜利，真可谓不战而屈人之兵。

## 第六节　魏征的管理思想

作为唐初著名政治家和思想家，魏征在玄武门之变后，和长孙无忌、房玄龄、李靖等文武大臣一起，辅佐唐太宗开创了著名的“贞观之治”，并提出了实现大唐长治久安的各项管理思想。这些思想大多被太宗采纳，为初唐社会的发展繁荣起了重要作用。

### 一、以亡隋为戒，借古鉴今

魏征具有敏锐的历史眼光，他认为初唐的国家管理应该充分了解过去，并引为鉴戒，立足现实，放眼未来。

---

① （后晋）刘昫撰：《旧唐书》，中华书局 1975 年版，第 2476 页。

② （北宋）司马光编著：《资治通鉴》卷 189。

经过长达14年之久的隋末农民起义战争，新兴的唐王朝终于以全新的气象出现在饱经战火的人民面前。因为经过长期混战，严重破坏了社会的政治、经济和文化等方面。为了恢复和发展社会经济，实现大唐的长治久安，魏征经常自觉地以历史上的成败得失为戒，尤其是从亡隋的弊政中吸取经验教训。他亲历了隋末战乱，亲眼目睹了隋朝的兴亡，对隋王朝的盛衰有着切肤感受。他对中国历史，尤其是当时的近世史又有深入的研究。据《旧唐书·魏征传》记载："初，有诏遣令狐德棻、岑文本撰《周史》，孔颖达、许敬宗撰《隋史》，姚思廉撰《梁》、《陈史》，李百药撰《齐史》。（魏）征受诏总加撰定，多所损益，莽在简正。《隋史》序论，皆征所作；《梁》、《陈》、《齐》各为总论，时称良史。"[①] 作为梁、陈、齐、周、隋史编撰工作的总撰官，魏征对历史有深入的研究，他能够比较准确地认识到历代王朝盛衰兴亡的原因。他对隋朝的灭亡有着深刻的认识，认为自隋文帝杨坚时期的国家管理中就渐生慕名好事，崇尚浮华之风，尤其是杨坚晚年的险躁之心，致使其不能敦本息末。隋明帝杨广："嗣承平之基，守已安之业，肆其淫放，虐用其民，视亿兆如草芥，顾群臣如寇雠，劳近以事远，求名而丧实。兵缠魏阙，阽危弗图，围解雁门，慢游不息。天夺之魄，人益其灾，群盗并兴，百殃俱起，自绝民神之望，故其亡也忽焉。"（《隋书·列传第三十五》"史臣曰"）[②] 杨广依凭国家富强之基，好大喜功，多次大兴土木，屡动骄怒之兵，赋繁税苛，甚至贪残凶暴，等等，不以国家长治久安为怀，严重破坏了国计民生，这是隋王朝覆灭的主要原因。

作为一名识见深远的政治家和史学家，魏征对前车之覆、后车之鉴的道理具有真切的认识。他在给唐太宗所上的奏疏谏论中，总以隋亡的教训来劝诫太宗勿重蹈历史覆辙。《旧唐书·魏征传》记载了魏征给太宗"四疏"，其三云："夫鉴形之美恶，必就于止水；鉴国之安危，必取于亡国。《诗》曰：'殷鉴不远，在夏后之世。'又曰：'伐柯伐柯，其则不远。'臣愿当今之动静，思隋氏以为鉴，则存亡治乱，可得而知。若能思其所以危，则安矣；思其所以乱，则治矣；思其所以亡，则存矣。存亡之所在，节嗜欲以从人。省畋游之娱，息靡丽之作，罢不急之务，慎偏听之怒。近忠厚，远便佞，杜悦耳之邪说，听苦口之忠言。去易进之人，贱难得之货。采尧、舜之诽谤，追禹、汤之罪己，惜十

① （后晋）刘昫撰：《旧唐书》，中华书局1975年版，第2549～2550页。

② （唐）魏征等撰：《隋书》，中华书局1973年版，第1636页。

家之产，顺百姓之心。近取诸身，恕以待物……慎终如始，可不勉欤!”[①] 从总结亡隋历史经验教训中，魏征提出了才偃革兴文、布德施惠，居安思危、防微杜渐，兼听则明、偏信则暗等管理思想。

## 二、堰革兴文，布德施惠

堰革兴文，布德施惠，就是要求国家止息大兴干戈土木，致力于文治德化，轻徭薄赋，简政省刑，休养生息，恢复和发展社会经济。《隋书·列传》“史臣曰”云：“善为水者，引之使平，善化人者，抚之使静。水平则无损于堤防，人静则不犯于宪章。”[②] 静之则安，动之则乱，和平安定的社会环境是发展的前提条件。长期保持社会安定和民心安宁，使百姓专心致力于恢复和发展社会生产，反映了当时社会发展的现实需要，体现了广大民众的利益诉求。其中，反对浮华、节制奢欲，君臣相得，取信于民，是魏征重点强调的几个方面。

魏征反对浮华不实，主张务实求治。贞观六年（公元 632 年），当时社会已经比较稳定，社会经济也得到较好的恢复和发展，许多大臣上书请求唐太宗举行封禅大典。唐太宗也认为天下太平，其功业成就可以上告知于天，下播之于万民，于是就同意了封禅的提议。唯魏征认为不可：“陛下功则高矣，而民未怀惠；德虽厚矣，而泽未滂流；诸夏虽安，未足以供事；远夷慕义，无以供其求；符瑞虽臻，罻罗犹密；积岁丰稔，仓廪尚虚，此臣所以窃谓未可。臣未能远譬，且借喻于人。今有人十年长患，疗治且愈，此人应皮骨仅存，便欲使负米一石，日行百里，必不可得。隋氏之乱，非止十年，陛下为之良医，疾苦虽已乂安，未甚充实，告成天地，臣窃有疑。且陛下东封，万国咸萃，要荒之外，莫不奔走。今自伊、洛以东，暨乎海岱，灌莽巨泽，苍茫千里，人烟断绝，鸡犬不闻，道路萧条，进退艰阻，岂可引彼夷狄，示以虚弱？竭财以赏，未厌远人之望；重加给复，不偿百姓之劳。或遇水旱之灾，风雨之变，庸夫横议，悔不可追。岂独臣之恳诚，亦有舆人之诵。”（《旧唐书·魏征传》）[③] 认为在国家元气还没有完全恢复的情况下，就认为功高德厚而举行隆重大典，崇虚

① （后晋）刘昫撰：《旧唐书》，中华书局 1975 年版，第 2554～2555 页。

② （唐）魏征等撰：《隋书》，中华书局 1973 年版，第 1688 页。

③ （后晋）刘昫撰：《旧唐书》，中华书局 1975 年版，第 2560 页。

名而受实害，过分劳民伤财，可能会招致许多人的不满。魏征言之理确，太宗只得作罢。与屏弃浮华不实一样，节制奢欲也是古代帝王们极难做到的事。太宗虽然颇能自我节制，但有时也喜欢营造豪华的宫殿，喜欢游猎巡幸。魏征尖锐地指出，存亡兴衰的关键在于节制嗜欲，减少游猎，这样就可以减少铺张浪费。《旧唐书·魏征传》记载了魏征给太宗"四疏"其一云："（杨广）恃其富强，不虞后患。驱天下以从欲，罄万物以自奉，采域中之子女，求远方之奇异。宫宇是饰，台榭是崇，徭役无时，干戈不戢……遂以四海之尊，殒于匹夫之手，子孙殄灭，为天下笑，深可痛哉……今宫观台榭，尽居之矣；奇珍异物，尽收之矣；姬姜淑媛，尽侍于侧矣；四海九州，尽为臣妾矣……若惟圣罔念，不慎厥终，忘缔构之艰难，谓天命之可恃。忽彩椽之恭俭，追雕墙之侈靡，因其基以广之，增其旧而饰之。触类而长，不思止足，人不见德，而劳役是闻，斯为下矣。譬之负薪救火，扬汤止沸，以乱易乱，与乱同道，莫可则也，后嗣何观，则人怨神怒；人怨神怒，则灾害必下，而祸乱必作。"① 以亡隋的历史事实，说明如果在上位者不能节制奢欲，而是铺张浪费，那么奢糜之风就如同"负薪救火，扬汤止沸"，决然不可遏制。长此以往，祸乱必作。

作为国家最高管理者的国君布德施惠，主要针对臣民，所以国君必须处理好君、臣、民三者的关系。《贞观政要·君臣鉴戒》记载，贞观十四年（公元640年）魏征上疏云："臣闻君为元首，臣作股肱，齐契同心，合而成体，体或不备，未有成人。然则首虽尊高，必资手足以成体；君虽明哲，必藉股肱以致治……《书》云：'元首明哉！股肱良哉！庶士康哉！''元首丛脞哉！股肱惰哉！万事堕哉！'然则委弃股肱，独任胸臆，具体成理，非所闻也。"② 认为君臣同体，君依赖臣下管理国家。他还认为君臣相得，自古为难，"其能开至公之道，申天下之用，内尽心膂，外竭股肱，和若盐梅，固同金石者，非惟高位厚秩，在于礼之而已"（《贞观政要·君臣鉴戒》）。③ 如果君主能开至公之道，申天下之用，尊礼臣下，那么君臣之间就会"和若盐梅，固同金石"，浑然一体。魏征希望君臣之间关系融洽，君明臣良，共图大业。

国君不但要使臣以礼，还要任得其所，信而不疑，不能求全责备。《贞观政要·君臣鉴戒》还记载魏征上疏云："任之虽重，信之未笃，则人或自疑。

---

① （后晋）刘昫撰：《旧唐书》，中华书局1975年版，第2550～2551页。

②③ （唐）吴兢撰：《贞观政要》，骈宇骞、骈骅译，中华书局2009年版，第70页。

人或自疑，则心怀苟且。心怀苟且，则节义不立。节义不立，则名教不兴。名教不兴，而可与固太平之基，保七百之祚，未之有也。又闻国家重惜功臣，不念旧恶，方之前圣，一无所间。然但宽于大事，急于小罪，临时责怒，未免爱憎之心，不可以为政。君严其禁，臣或犯之，况上启其源，下必有甚，川壅而溃，其伤必多，欲使凡百黎元，何所措其手足？此则君开一源，下生百端之变，无不乱者也。”[①] 魏征认为臣下应该做良臣，而不要只做忠臣，“良臣，稷、契、咎陶是也。忠臣，龙逢、比干是也。良臣使身获美名，君受显号，子孙传世，福禄无疆。忠臣身受诛夷，君陷大恶，家国并丧，空有其名”（《旧唐书·魏征传》）。[②]《论语·八佾》记孔子云：“君使臣以礼，臣事君以忠。”历代帝王们都要求臣下对其竭忠，而魏征主张做良臣而不做忠臣，这当然有其人生经历的因素。

魏征认为，国君还必须处理好君民关系。贞观初年，李世民曾颁布了数道减轻赋徭的诏令，后又有更改，让民众无所适从。《贞观政要》记载，贞观三年（公元 629 年）李世民下诏：“关中免二年租税，关东给复一年。”但不久，又敕云：“已役已纳，并遣输纳，明年总为准折。”即已经完纳者，就从明年再征。免除之后，又复征收，言而无信。鉴于此，魏征云：“始发大号，便有二言，生八表之疑心，失四时之大信。纵国家有倒悬之急，犹必不可，况以泰山之安，而辄行此事！为陛下为此计者，于财利小益，于德义大损。”魏征还指出：“陛下每云，我之为君，以诚信待物，欲使官人百姓，并无矫伪之心。自登极已来，大事三数件，皆是不信，复何以取信于人？”（《贞观政要·直谏》）[③] 魏征认为，政令多变便会失信于民，赋税多征也加重人民负担，应该轻徭薄赋，施惠于民，取信于民。魏征关于偃革兴文、布德施惠这一思想，不仅包含反对浮华、节制奢欲，君臣民相得，施惠于民、取信于民等内容，还包含用贤斥奸，德刑并用、赏罚严明等主张。这些思想主张促进了“贞观之治”局面的到来，太宗对此也高度肯定。

## 三、居安思危，防微杜渐

魏征性格刚直、才识超卓，以敢于犯颜直谏著称。他告诫太宗在成功面前

① （唐）吴兢撰：《贞观政要》，骈宇骞、骈骅译，中华书局 2009 年版，第 72～74 页。

② （后晋）刘昫撰：《旧唐书》，中华书局 1975 年版，第 2547～2548 页。

③ （唐）吴兢撰：《贞观政要》，骈宇骞、骈骅译，中华书局 2009 年版，第 52～54 页。

仍要留心治道，居安思危，防微杜渐，只有这样才能实现国家的长治久安。《旧唐书·魏征传》记载了贞观十一年（公元637年），魏征上奏太宗“四疏”，其二云：“见可欲则思知足以自戒，将有所作则思知止以安人，念高危则思谦冲而自牧，惧满溢则思江海而下百川，乐盘游则思三驱以为度，恐懈怠则思慎始而敬终，虑壅蔽则思虚心以纳下，想谗邪则思正身以黜恶，恩所加则思无因喜以谬赏，罚所及则思无因怒而滥刑。”即著名的“十思”（后世称为《谏太宗十思疏》）。总此“十思”，再修德行，“简能而任之，择善而从之。则智者尽其谋，勇者竭其力，仁者播其惠，信者效其忠。文武争驰，君臣无事，可以尽豫游之乐，可以养松乔之寿，鸣琴垂拱，不言而化。”[①] 贞观十一年，在初唐社会已经比较稳定，国民经济得到恢复的情况下，唐太宗已经有些懈怠，不再像贞观初年那样雄心勃勃，兢兢业业。因此，魏征及时指出国君应该居安思危，励精图治，实现国家长治久安。

虽然唐太宗是中华帝制时代罕见的明君，但他并不能一如既往长久地约束自己。在国势稍振、天下稍安之后，他就渐好奢纵，贪图享乐，“不能克终俭约”。于是贞观十三年（公元639年），魏征又上了一道“十渐”疏（后世称为《十渐不克终疏》）。在该疏中，魏征具体指出了太宗十个方面“渐不克终”的错误言行，“求骏马于万里，市珍奇于域外，取怪于道路，见轻于戎狄，此其渐不克终一也”；“顷年以来，意在奢纵，忽忘卑俭，轻用人力……此其渐不克终二也”；“至于今日，纵欲以劳人，卑俭之迹岁改，骄侈之情日异。虽忧人之言不绝于口，而乐身之事实切于心……直意在杜谏者之口，岂曰择善而行者乎？此其渐不克终三也……顷年已来，疲于徭役，关中之人，劳弊尤甚。杂匠之徒，下日悉留和雇；正兵之辈，上番多别驱使。和市之物不绝于乡闾，递送之夫相继于道路。既有所弊，易为惊扰，脱因水旱，谷麦不收，恐百姓之心，不能如前日之宁帖。此其渐不克终十也”（《贞观政要·慎终》）。[②] 魏征期盼太宗，“若见诫而惧，择善而从，同周文之小心，追殷汤之罪己，前王所以致礼者，勤而行之，今时所以败德者，思而改之，与物更新，易人视听，则宝祚无疆，普天幸甚。”（《贞观政要·慎终》）[③] 认为只要太宗防微杜渐，改正不当言

---

① （后晋）刘昫撰：《旧唐书》，中华书局1975年版，第2552页。
② （唐）吴兢撰：《贞观政要》，骈宇骞、骈骅译，中华书局2009年版，第262～266页。
③ （唐）吴兢撰：《贞观政要》，骈宇骞、骈骅译，中华书局2009年版，第266～268页。

行，就能够善始善终，实现国家长治久安。魏征在李世民建设和管理国家方面取得巨大成就，众人歌功颂德时，依然直谏后者励精图治，防微杜渐，善始慎终，体现了他卓越的胆识。

## 四、兼听则明，偏信则暗

《贞观政要·君道》云："贞观二年，太宗问魏征曰：'何谓为明君暗君？'征曰：'君之所以明者，兼听也；其所以暗者，偏信也。《诗》云：'先民有言，询于刍荛。'昔唐、虞之理，辟四门，明四目，达四聪。是以圣无不照，故共、鲧之徒，不能塞也；靖言庸回，不能惑也。秦二世则隐藏其身，捐隔疏贱而偏信赵高，及天下溃叛，不得闻也。梁武帝偏信朱异，而侯景举兵向阙，竟不得知也。隋炀帝偏信虞世基，而诸贼攻城剽邑，亦不得知也。是故人君兼听纳下，则贵臣不得壅蔽，而下情必得上通也。"[①] 这就是魏征提出的著名的"兼听则明，偏信则暗"典故的由来。"兼听则明，偏信则暗"包含着深刻的哲理。"兼听"就是要虚己外求，倾听各种意见，集思广益，采纳最优的政策措施管理国家，这是明君才能做到的事。"偏信"就是闭目塞听，偏听偏信，致使贤臣壅蔽，佞臣得宠，国家管理由此衰乱，历史上的昏君就是这样。因此，明君只能"兼听"而不"偏信"，否则就会产生弊政。《贞观政要·纳谏》记载"贞观八年，陕县丞皇甫德参上书忤旨，太宗以为讪谤。侍中魏征进言曰：'昔贾谊当汉文帝上书云云'可为痛哭者一，可为长叹息者六。'自古上书，率多激切。若不激切，则不能起人主之心。激切即似讪谤，惟陛下详其可否。'太宗曰：'非公无能道此者。'"[②] 魏征"兼听则明，偏信则暗"的思想，包含了对待批评意见包容和选择的态度，在中国思想史具有重要的意义。

---

① （唐）吴兢撰：《贞观政要》，骈宇骞、骈骅译，中华书局 2009 年版，第 2 页。

② （唐）吴兢撰：《贞观政要》，骈宇骞、骈骅译，中华书局 2009 年版，第 48 页。

# 第三章 盛唐管理思想

中国管理思想史上的盛唐，是指从唐高宗李治显庆五年（公元 660 年）武则天当政开始，至唐玄宗李隆基天宝十四年（公元 755 年）发生“安史之乱”，历五帝近百年的时期。总体上看，本时期统一的宗法地主阶级专制帝国国势虽间有曲折，但却能持续向前发展，整个社会充满了乐观、自信、包容、进取的精神，不仅铸就了唐王朝的高峰，也缔造了中国古代社会最为鼎盛辉煌的时代。

## 第一节 盛唐管理思想概述

李治前期（公元 660 年之前），继续推行了李渊、李世民制定的各项政治、经济、文化教育等各项制度，实现了大唐第二个繁荣的治世——“永徽之治”。但是，从公元 660 开始，武则天开始当权，实际成为大唐的最高统治者。此时期，唐代管理思想便在变革中继续发展。公元 712 年，睿宗李旦让位于太子李隆基，是为玄宗。李隆基是唐代诸君主中在位期最长，而且也是一位非常能干的统治者，《剑桥中国隋唐史》评之曰：“王朝经过了几十年的篡位、权力衰落和政治腐败的苦难，他又使它的力量达到了新的高峰”。①

### 一、盛唐管理思想的发展

到高宗李治显庆五年（公元 660 年），武则天通过一系列的政治斗争彻底打倒了反对她当政的长孙无忌、褚遂良等人的势力。在此后的时间里，仁弱的

① 《剑桥中国隋唐史》，第 332 页。

李治身体健康状况时好时坏，甚至因中风一度局部瘫痪，视力也严重衰退，武则天凭着她精明、锐利的政治敏感，在李治几次患病期间总管国事，卓越的管理才干使她得心应手。因此，到公元 660 年末，武则天已成为唐帝国的实际统治者。之后直到公元 705 年去世前不久，她都强力管理着这个国家。

武则天当政后，注意吏治，劝课农桑，对于土地兼并和逃亡的农民也采取比较宽容的政策。因此社会安定，农业、手工业、商业都有长足发展，户口维持了较高的增长率。文化教育方面，武则天重视科举，有时甚至亲临考场主持考试，首创“殿试”制度。用人唯才是举，不重门第，特别注意从中举者中选拔高级官吏，对年轻人读书具有激励作用，也推动了文化事业的发展。她还以温和的文化政策接纳多元文化，进一步促进了文化的繁荣。武则天当政期间，还注意打击门阀贵族势力。武则天被立为皇后之后，她的反对者长孙无忌、褚遂良等人都被贬逐到边远地区，保守的关陇贵族及其依附者们受到严重打击，为推行其政策措施创造了有利条件。在边疆管理方面，武则天执政后，西突厥攻占了安西四镇，吐蕃也不断在青海一带对唐展开进攻，北边一度臣服的突厥叛乱势力甚至和东北的契丹一直打到河北中部。武则天组织军队反攻，恢复了安西四镇，打败了突厥、契丹，在边地军镇设立常驻军队，把高宗末年在青海屯田的做法推广到甘肃张掖、武威、内蒙五原等地。武则天擅长管理，重视延揽人才，知人善任，重用狄仁杰、张柬之、桓彦范、敬晖等名臣。故其主政期间，政策稳当，百姓富裕，文化复兴，兵略妥善，为唐玄宗的开元盛世打下了坚实的基础。

武则天之后，唐王朝经过了唐中宗李显和唐睿宗李旦兄弟二人数年统治的过渡期，终于迎来了将大唐推上鼎盛阶段的唐玄宗李隆基。

玄宗初年，虽因清除太平公主势力使朝廷元气大伤，但却彻底巩固了皇权。于是，他着手整治混乱和腐败的吏治。为了实现其治国目标，他知人善任，赏罚分明，办事干练果断，提高了官僚机构的办事效率，并采取了一系列的改革措施：精简机构，裁减多余官员；建立严格的考核制度，加强对地方官吏的管理；重新恢复了谏官和史官参加宰相会议的制度；发动了一场检田括户运动，打击强占土地、隐瞒不报的豪强，削减全国的僧人和尼姑数量，增加了国家的财政收入；建立和在全国推广雇佣兵制；恢复了安北都护府，重新恢复了对长城以北地区的管辖权；收复碎叶城，重新恢复了丝绸之路。唐玄宗通过推行一系列有效政策措施，促使唐王朝在政治、经济、文化等都得到新的发

展，人民生活水平和综合国力都超过了太宗贞观时期，开创了中华帝国历史上的鼎盛时代——“开元盛世”，为后世称奉颂扬。

## 二、盛唐管理思想的代表人物

盛唐管理思想在适时的变革中发展，代表人物主要有武则天、李隆基、裴耀卿等。

### （一）武则天

武则天（公元624～705年），并州文水（今山西文水东），生于利州（今四川广元）。中国历史上唯一一个正统的女皇帝，[①] 也是一位女诗人。武则天性巧慧，多权术，初入宫为唐太宗才人。李治即位后数年立为皇后（公元655～683年），唐中宗和唐睿宗时为皇太后（公元683～690年）。高宗时期，她协助处理军国大事，佐持朝政30年后。公元683年高宗去世，其后武则天相继废掉两个儿子中宗和睿宗，于公元690年亲登帝位，自称圣神皇帝，并改国号“唐”为“周”，定都洛阳。史称“武周”或“南周”。公元705年正月，宰相张柬之与大臣桓彦范、敬晖等人联合右羽林大将军李多祚发动政变，逼武则天退位，迎中宗复位。11月，武则天在上阳宫病死，享年82岁。遗制去帝号，称则天大圣皇后。次年五月，与高宗合葬乾陵。

在武则天执政的近半个世纪期间，打击了保守的门阀贵族，促进唐代社会经济、文化的进一步发展，也稳定了边疆形势，可谓上承“贞观之治”，下启“开元盛世”，史评其管理下的大唐有贞观遗风。

### （二）李隆基

李隆基（公元685～762年），唐睿宗李旦第三子，母窦德妃。玄宗多才多艺，善骑射，通音律、历象之学。神龙元年（公元705年）中宗李显即位，恢复了唐国号，但政柄却落入皇后韦氏手中。景龙四年（公元710年）五月，中宗被韦氏和安乐公主合谋毒杀，韦后立温王李重茂为帝，是为少帝。六月，临

---

① 中国历史上另有一位自称皇帝的女性陈硕真。据新旧《唐书》和《资治通鉴》等史料，由于贞观后期奢侈之风盛行，对部分地区的民众剥削加重。陈硕真本是睦州（治今浙江淳安西）人。睦州河汊交错，物产丰富。官府也格外关注，搜刮无度，使得这一地区在高宗李治即位后，百姓负担十分沉重，发生了数起小规模的反抗。陈硕真不忍见乡邻们饱受官吏的压迫，明知敌众我寡，毅然率众举兵反唐，自称“文佳皇帝”。这一年是在高宗永徽四年（公元653年）十月。武则天这一年30岁，两年后才被立为皇后，公元690年称帝。因此，陈硕真是中国历史上女性自称皇帝的第一个人。

淄王李隆基与太平公主（唐高宗与武则天之女）联合发动政变，杀韦后与安乐公主等，拥其父唐睿宗李旦复位，被其父立为太子。公元712年8月，睿宗传位太子，退为太上皇；李隆基即位，改元先天，是为唐玄宗。不久太平公主又欲发动政变以废玄宗，先天二年（公元713年）李隆基亲率郭元振、王毛仲等人先发制人，除掉了太平公主及其手下骨干，将倾向太平公主的官员全部罢官废黜。至此，唐玄宗终于掌握了皇帝应有的权力。就在这一年，唐玄宗把年号改为开元，表明了自己励精图治，再创大唐伟业的决心。唐代从此进入了开元至天宝长达40余年政局比较稳定的鼎盛阶段。

玄宗深知安定升平的政局来之不易，所以即位以后，任用贤相姚崇、宋璟，赋役宽平，刑罚清省，天下富庶。此后所用诸相张嘉贞、张说、韩休、张九龄等亦堪称贤良。玄宗在开元初年提倡节俭，沙汰僧尼，禁民间铸佛像写经，选京官有才识者为地方都督、刺史；之后又在行政、财政、军事诸方面进行了一系列改革，促进经济发展和社会繁荣，开创了“开元盛世”。公元756年7月，太子李亨在灵武（今宁夏灵武西南）即位，改元至德，是为肃宗。玄宗被尊为上皇天帝。公元762年去世，葬于泰陵。

### （三）裴耀卿

裴耀卿（公元681～743年），字焕之，绛州稷山（今山西稷山县）人。其父裴守真曾任户部尚书。少时聪明，长于文章。青年时期在相王李旦府中任典签，受到李旦器重。唐玄宗即位后，裴耀卿任长安县令。主要政治活动集中于唐玄宗时期，历任长安令、济州刺史、户部侍郎、京兆尹、黄门侍郎充转运使、侍中等职。天宝元年（公元742年），拜尚书右仆射，不久转为左仆射。第二年辞世，赠太子太傅，溢文献。

裴耀卿先后在地方和中央担任要职，为政管理宽严相济，改革时弊。在长安作县令前，京城实行将宫中所需物品预先摊派到百姓家庭，然后强买的“配户和市之法”，百姓深受其苦。裴耀卿上任伊始就加以改革，将“配户”对象转为那些囤积居奇、以待高价出售的富商大贾，但可以预先付钱，“一切令出储蓄之家，预给其直，遂无奸僦之弊”（《旧唐书·裴耀卿传》），[①] 公私双方都很方便。在担任济州刺史时，玄宗封禅泰山，济州处于玄宗封禅泰山的必经之路，且在济州部分“道里绵长”，他作为济州刺史要负责接待玄宗及其随行人

① （后晋）刘昫撰：《旧唐书》，中华书局1975年版，第3080页。

员，裴耀卿精心安排，科佩得所，“时大驾所历凡十余州，耀卿称为知顿之最”(《旧唐书·悲哀耀卿传》)，受到玄宗赏识，济州百姓亦为其立碑颂德。任宣州刺史时，整治河防工程，以身作则，有善政。开元二十年（公元732年）迁任京兆尹。次年秋天，霖雨害稼，京城谷贵。为了减轻京城负担，唐玄宗召见裴耀卿询问赈灾的办法。裴耀卿分析天下经济形势，奏请唐玄宗通漕运，调运江淮粮赋进京，提出了颇具现代意义的关于粮食的物流管理的思想，得到玄宗批准。裴耀卿为人刚直不阿、清正廉洁，“远财劾奸”。任江淮、河南转运使，主持漕运的3年间，运粮700万石至长安，省陆运运费30万贯。《旧唐书·食货志》将他与刘晏、李巽共誉为“便时利物，富国安民，足为世法者也”，[①]为唐代粮食物流管理实践做出开创性的贡献。

## 三、盛唐管理思想的特点

盛唐时期，国家管理在初唐各项政策措施基础上进行了适应时代需要的改革，有力地推动了唐王朝鼎盛期——“开元盛世”的到来。

首先，适时推行切实的经济措施，促进经济发展繁荣。不论是武则天，还是玄宗李隆基，都能适时推行切实的经济措施。早在上元元年（公元674年）武则天就向高宗提出“建言十二事”，其中第一条就是“劝农桑，薄赋徭”(《新唐书·后妃传》)。[②] 其后，她又下令引汶水入赵州宁晋城，水渠经十余里，沿途田地得到了很好灌溉。在武则天执政时期，不少地方都兴建了水利工程，遍及今之陕西、河北、河南、山东、湖南、四川、浙江、江苏、甘肃、青海、内蒙古自治区。她还重视屯田，据史籍记载，武则天执政时期在西北边区的大规模屯田就有3次，很好地解决了这些地区军民的衣食问题。

唐玄宗从公元712～725年发动了检田括户运动。当时，豪强霸占农民土地，变成其“籍外之田”；还将逃亡农民变成其“私属”，从土地和人口两方面逃避国家税收。玄宗任命宇文融为全国的覆田劝农使，下设十道劝农使和劝农判官，分派到各地去检查被隐瞒的土地和农户。然后将检查出来的土地没收，并把这些土地分给农民耕种；并对被隐瞒的农户进行登记。这样，一年就增加了几百万客户钱。另外，武则天时期对佛教采取了纵容态度，使得佛教迅速发

① （后晋）刘昫撰：《旧唐书》，中华书局1975年版，第2088页。

② （北宋）欧阳修、宋祁撰：《新唐书》，中华书局1975年版，第3477页。

展，许多佛寺兼并土地，逃避国家税收；僧尼数目剧增，也减少了为国家承担赋税和徭役的人数。玄宗于开元二年（公元 714 年）下令削减全国僧尼数量，全国还俗僧尼达到 1.2 万多人。其后又下令禁止再造新寺，禁止铸造佛像和传抄佛经。这一系列有效的经济措施减轻了农民负担，也增加了财政收入，国家经济又步入了正轨。

其次，适时进行行政管理改革，注重吏治，效实用人。上元元年（公元 674 年），武则天在上书唐高宗的“建言十二事”中，不仅提出了经济方面的劝课农桑，轻徭薄赋，还提出从提高官员的待遇入手，笼络百官。提升八品以上官员的工资，以及提拔长期得不到晋升的中下级官员。“建言十二事”提升了武则天的威望。在用人上，武则天初年为了夺取政权，任用酷吏打击反对派。随着对国家权力的强力控制，她任用了许多贤臣来辅佐她治理天下。武则天知人善任，任用了娄师德、狄仁杰等著名的贤臣，后来的“开元贤相”姚崇、宋璟也是武则天时期提拔的。武则天还在用人制度上改革创新，改革科举，提高进士科地位；举行殿试；开创武举、自举、试官等多种制度，给大批寒门子弟出仕为官提供了机会。《资治通鉴》评之曰：“太后虽滥以禄位收天下人心，然不称职者，寻亦黜之，或加刑诛。挟刑赏之柄以驾御天下，政由己出，明察善断，故当时英贤亦竞为之用。”①

唐玄宗在清除太平公主之后，彻底巩固了皇权，但兵变使朝廷元气大伤，吏治混乱，腐败亟待治理。于是他整顿吏治，提高行政机构的办事效率：一是精简机构，裁减冗员。裁撤了武则天朝以来冗余的官员，此举不仅提高了行政效率，也节省了财政支出。二是建立严格的官吏考核制度，加强对地方官吏的管理。每年十月，派按察使巡查各地民情，纠举违法官吏。三是重新恢复了谏官和史官参加宰相会议的制度。谏官和史官参与讨论国家大事，监督朝政本是贞观时期的制度。但武则天当政，一些事不敢再公开，遂废除了这种制度。四是重视任免德才兼备的县令。他认为郡县官员是国家最基层的管理者，直接和百姓打交道，与社会稳定和发展直接关联。玄宗经常亲自考核他们，升优汰劣。尤其重要的是玄宗知人善任，具有伯乐眼光，提拔了宰相姚崇、宋璟、张九龄、张说等贤相。这些都推进了“开元盛世”的到来。

最后，稳定边疆，继续推进各民族的经济文化交流。武则天称帝前后杀了

---

① （北宋）司马光编著：《资治通鉴》卷 205。

一些反对她的著名将领，致使对外战争频频失利。随着其统治地位的稳固，这种状况得到改变。垂拱三年（公元 687 年），武则天正忙于准备称帝，吐蕃占领了安西四镇，前锋直达敦煌。武则天称帝后的长寿元年（公元 692 年），她派王孝杰率军收复安西四镇，结束了唐蕃反复争夺西域的局面。在北方，武则天称帝前，负责防御突厥的将领程务挺因替裴炎申辩被杀，突厥更加肆意侵扰。武则天圣历元年（公元 698 年），突厥默啜可汗将从赵州、定州掠夺的男女八九万人全部杀死，还一路残杀百姓，饱掠而去。武则天任命太子李显为河北道元帅，狄仁杰为副，领兵 10 万出击突厥。由于突厥事先已经得知唐军到来，突厥军队遂撤出了赵州。狄仁杰一面安抚百姓，又严令部队不得扰民，终于安定了河北。在东北，武则天时期契丹崛起，她三次派兵讨伐皆以失败告终，后来在奚和突厥帮助下才平定东北。长安二年（公元 702 年），武则天于庭州置北庭都护府（今新疆吉木萨尔北）管理西突厥故地，隶属安西都护府，巩固了对西域的管辖。虽然武则天时期在军事上的表现不及太宗时期，但还是维持了对边疆的有效管理。

开元十一年（公元 723 年），唐玄宗接受了宰相张说的建议，建立雇佣兵制，为集中训练、提高战斗力提供了保证。通过一系列的改革，如颁布《练兵诏》；加强军马供应；扩充屯田范围，等等。随着国家军力的恢复和发展，开元时期逐步收复营州等地，长城以北的回纥等族也自动取消了独立，重新归附唐朝。恢复了安北都护府，重新行使对长城以北土地的管辖权。还收复了西域地区的碎叶镇，重新恢复了丝绸之路。唐玄宗不仅重新建立起大唐在西域的威望，更重要的是他维护了边疆的稳定，推进了与边境各民族人民的经济文化交流。

## 第二节　武则天的管理思想

在武则天统治大唐的 45 年中，继续推动太宗开创的“贞观之治”的繁荣局面向前发展，社会经济稳步上升，国力持续增强，为大唐鼎盛期——“开元盛世”的到来奠定了坚实的基础。作为中国历史上杰出的政治家，也是唯一的正统女皇，武则天受到古往今来的诸多赞誉。郭沫若称赞她“政启开元治宏贞观，芳流剑阁光被利州”（郭沫若为四川广元祀奉武则天的皇泽寺题联）。武则天的管理思想可以概括为如下几个方面：

## 一、继续推行均田制，重视农业，劝课农桑，轻徭薄赋

初唐推行均田制，推动了社会经济的发展。武则天高度重视均田制，她当政后继续推行这一制度。其《以郑汴等州为王畿制》云："朕以鼎业惟初，宝祚伊始，斟酌今古，申画封疆。征赋科徭，实资宽简，沃埆劳逸，宜有平分。"[①] 唐王朝到武则天时期，承平日久，户口增多，一些州县人口稠密，但土地供应增加较少，少部分百姓甚至没有田业，出现了逃户。于是，武则天放宽了对百姓迁徙的限制，缓和了部分州县人多地少的矛盾，逃户可以在其迁入地附籍，这样，人口布局逐渐趋合理，有利于推行均田制。正史中没有武则天推行均田制的记载，但在敦煌石窟和吐鲁番古墓中保存了武则天继续推行均田制的一些史料，如《大足元年沙州敦煌县效谷乡籍》。[②] 据《旧唐书·食货志》记载，李渊武德七年（公元 624 年）就颁布了均田令，实行均田制（前已述及）。《大足元年沙州敦煌县效谷乡籍》中，邯寿寿一家三口：一白丁、一小女、一寡妻。丁应受 100 亩，小女不受，寡妻应受 30 亩，合应受田 130 亩，加宅地，应受 131 亩，正与籍簿记载符合。该籍簿中所记的其他家庭情况也如此。可见，武则天时期继续比较严格地推行了均田制。

武则天还注重发展农业，重视垦辟田畴和修复水利工程，以提高粮食产量。武周时期将田畴垦辟情况作为考核官吏的一个标准。由于继续推行均田制和鼓励边防驻军开展屯田，更主要是因为人口持续增加，导致窄乡（人口密度大）居民向宽乡（人口密度小）的迁徙，因此必须增加垦田面积来解决百姓的生活问题。在人口持续增加的情况下推行均田制，就需要土地供应的持续增加。允许窄乡徙民于宽乡，就是鼓励开垦。边境屯田绝大部分也是新垦的土地。在各级官吏的切实推行下，武周时期的受田率超过 26%，这与贞观年间基本一致，但武周时期全国人口要比贞观时期更多[③]，这证明了武周时期可耕田地确实增加了不少。武则天还重视兴修水利。初唐以来不仅修复了原来隋代就有的水利工程，还修了一些新的水利工程。如武德八年（公元 625 年）陇州

① （清）董诰等编纂：《全唐文》卷 95。

② ［日］池田温著：《中国古代籍帐研究》，中华书局 1987 年版，第 167～168 页。

③ 王怀双：《论武则天当政时期的经济形势》，载《唐都学刊》2005 年第 6 期。

开五节堰，永徽元年（公元 650 年）薛大鼎于沧州开无棣河，等等(《册府元龟·邦计部》)。[①] 武则天时期，继续保持这些水利工程处于良好的运行状态，还加强完善灌溉系统，中原和江南的部分地区都已经形成了比较合理的灌溉网络。前引《大足元年沙州敦煌县效谷乡籍》的土地四至中，灌溉水渠就有两支渠、无穷渠、乡东渠，说明西部的敦煌一带当时也形成了灌溉网。水利工程的良好运行，促进了粮食产量的提高。东都洛阳作为全国的仓储中心，各地租米不断运到这里。据陈子昂《上军国机要事》叙述，仅江南淮南诸州租船就有数千艘，载粮百万余斛。[②] 为了安置诸州运米的租船，洛阳还专门修建了泊船的人工湖。

武则天重视农业还表现在她亲自劝课农桑。早在她当皇后时就曾主张劝农。上元元年（公元 674 年）她向高宗提出 12 条建议，其中第一条就是“劝农桑，薄赋徭”。武氏临朝之初就规定州县官吏：“若能肃清所部，人无犯法，田畴垦辟，家有余粮，所由官人，宜加等第。功状尤异者，别外加擢。若为政苛滥，户口流移，盗发罕能自擒，逆谋为外境所告，轻者年终贬考，甚者非时解替。”(《诫励风俗敕》)[③] 称帝后，她继续要求州县官员“敦劝农桑，均平赋役”(《明堂灾手诏》)。[④] 将发展农业作为举荐官员的标准之一。中唐时期道州刺史吕温《代百僚进农书表》云：“臣等伏准故事，每年二月一日，以农务方兴，令百僚具则天大圣皇后所删定《兆人本业记》奉进者……祈谷于圜丘，可以致诚，未足为劝；籍田于千亩，可以示劝，未足以教人。必也因天地之和，顺阴阳之理，利其器用，精厥法式，变之而不倦，动之而不劳，四海靡而风行，百姓迷其日用，宏我政本，实惟农书。”[⑤] 认为帝王亲自祭祀社神和耕田，不能劝勉和教化百姓，只有农书能够教导百姓依天地阴阳之变化进行农业生产活动。因此，武氏在高宗后期就组织人员撰写并亲自删定了《兆人本业记》，登基后又将该农书颁发各地，使之成为当时的农业教科书。吕温还“缮写前件书(《兆人本业记》) 凡二十篇，共成三卷”，[⑥] 建议将该农书颁发天下，令官吏、百姓学习。唐文宗大和二年（公元 828 年）二月，“敕李绛所进则天太后删定

① （北宋）王钦若等编纂：《册府元龟》卷 497，中华书局 1960 年影印本。
② （清）董诰等编纂：《全唐文》卷 211。
③ （北宋）宋敏求编：《唐大诏令集》，洪丕谟、张伯元等点校，学林出版社 1992 年版，第 522 页。
④ （清）董诰等编纂：《全唐文》卷 96。
⑤⑥ （清）董诰等编纂：《全唐文》卷 626。

《兆人本业》三卷，宜令所在州县写本散配乡村”（《旧唐书·文宗本纪》）。[①]据《唐会要》记载，长寿二年（公元693年）正月初一普降大雪，文昌左丞姚璹奏曰：“汜胜之农书云，雪是五谷之精，以其协和，则年谷大获；又宋孝武帝大明五年元日降雪，以为嘉瑞。”武则天却说：“朕御万方，心存百姓，如得年登岁稔，此即为瑞。虽获麟凤，亦何用焉。”（《唐会要·祥瑞》）[②]武后垂拱初年，“时有诏白司马坂营大像，糜费巨亿”，左肃政台御史大夫苏珦“以妨农，上疏切谏”，“则天纳焉”（《旧唐书·苏珦传》）。[③]这些都说明武则天重视农业，她不仅严格要求官员们劝课农桑，还能够克制自己的欲望，取消一些可能伤农的做法。

武则天《以郑汴等州为王畿制》云：“征赋科摇，实资宽简。”[④]认为应当在全国推行轻徭薄赋的政策，与民休息。这主要包含以下几个方面：一是实行严格的租庸调制，防止租税重叠征收。《唐会要》记载，武周延载元年（公元694年）八月，武则天敕：“诸户口计年将人丁老疾应免课役及给侍者，皆具亲貌形状，以为定簿。一定以后，不得更貌。疑有奸欺者，听随事貌定，以付手实。”（《唐会要·团貌》）[⑤]这可从敦煌出土的吐鲁番原始文书得到证明，前引《大足元年沙州敦煌县效谷乡籍》邯寿寿名下记有“计布二丈五尺，计麻三斤，计租二石”；按照当时的租庸调制，邯寿寿家仅一丁，应纳租2石，布2丈5尺，麻3斤。可见，初唐以来推行的租庸调制，到武后时期仍然得到严格的执行。二是减轻百姓赋役。唐初定都长安，随着关中人口迅速增加，每年需要大量人力转运关东汾晋、江淮的粮食。洛阳“是霜露之所均，当水陆之交会，庶齐劳逸，无隔遐迩”（《置鸿宜鼎稷等州制》），[⑥]武则天定都于此，节约了不少转运劳费。为了维护国家安全，唐王朝众多将士驻扎边境，需要供给大量的生活资料，运输这些军需的人力成本极大。为了很好地解决这个问题，武则天大力提倡边境地区开展军队屯田。武周天授初年，左金吾将军兼检校丰州都督娄师德管理营田事务，成效卓著。武则天降书慰劳：“卿素积忠勤，兼怀武略，朕所以寄之襟要，授以甲兵。自卿受委北陲，总司军任，往还灵、夏，

① （后晋）刘昫撰：《旧唐书》，中华书局1975年版，第528页。

② （北宋）王溥撰：《唐会要》卷28。

③ （后晋）刘昫撰：《旧唐书》，中华书局1975年版，第3116页。

④⑥ （清）董诰等编纂：《全唐文》卷95。

⑤ （北宋）王溥撰：《唐会要》卷85。

检校屯田，收率既多，京坻遽积。不烦和籴之费，无复转输之艰，两军及北镇兵数年咸得支给。勤劳之诚，久而弥著，览以嘉尚，欣悦良深。”（《旧唐书·娄师德传》）[①] 长寿二年（公元693年），娄师德官拜同凤阁鸾台平章事。武则天对他说：“王师外镇，必藉边境营田，卿须不惮劬劳，更充使检校。”又以娄师德为“河源、积石、怀远等军及河、兰、鄯、廓等州检校营田大使”（《旧唐书·娄师德传》）。[②] 由于武则天的倡导和推广，边境许多地方都开展了屯田。武周大足元年（公元701年），郭元振任凉州都督、陇右诸军州大使，令甘州刺史李汉通开置屯田，尽水陆之利，“旧凉州粟斛售至数千，及汉通收率之后，数年丰稔，乃至一匹绢粟数十斛，积军粮支数十年。元振风神伟壮，而善于抚御，在凉州五年，夷夏畏慕，令行禁止，牛羊被野，路不拾遗。”（《旧唐书·郭元振传》）[③] 屯田较妥善地解决了边境军需，节省了人力物力，在一定程度上减轻了百姓负担。三是减免赋税，赈济灾荒。据新旧《唐书》记载，武则天登基之后多次改元，累计达13次。每次改元都要大赦天下，赦免囚犯罪人，给鳏寡孤独废疾者赐粟，减免灾区乃至全国百姓赋役。有时还给复（免除赋税徭役）某些人或某一地区，万岁登封元年（696年）正月，给复洛州二年，给复登封、告成县三年。神功元年（公元697年）十月，给复徇忠、立节二县一年。长安元年（公元701年）十月，给复关内三年，等等（《新唐书·则天皇后本纪》）。[④] 武则天还较好地保持了用义仓来防止灾荒的政策。贞观二年（公元628年）唐太宗下令天下州县并置义仓，王公以下垦地亩纳二升。唐高宗改令按户等出粟，上上户五石，其余依次递减（《册府元龟·邦计部》）。[⑤] 武则天遵循高宗旧制，要求按户缴纳，还规定“父母令外继别籍者，所析之户，等第并须与本户同，不得降下”（《唐会要·定户登第》），防止大户以析户为名逃脱税赋。每遇战争、灾荒，都要出义仓粟米以赈饥乏。武周如意元年（公元692年）七月，“大雨，洛水泛溢，漂流居人五千余家，遣使巡问赈贷”（《新唐书·则天皇后本纪》）。[⑥] 这些措施很大程度上减轻了百姓负担，有利于发展社

---

① （后晋）刘昫撰：《旧唐书》，中华书局1975年版，第2975页。

② （后晋）刘昫撰：《旧唐书》，中华书局1975年版，第2976页。

③ （后晋）刘昫撰：《旧唐书》，中华书局1975年版，第3044页。

④ （北宋）欧阳修、宋祁撰：《新唐书》，中华书局1975年版，第84～102页。

⑤ （北宋）王钦若等编纂：《册府元龟》卷502，中华书局1960年影印本。

⑥ （北宋）欧阳修、宋祁撰：《新唐书》，中华书局1975年版，第122页。

会生产。

## 二、发展科举，广纳贤才

首先，武则天继承并发展了科举制，为庶族地主阶层知识分子出仕提供了新途，也在一定程度上压制了豪门大族势力。这主要表现在三个方面：一是首创“殿试”。武后在其称帝的天授元年（公元690年），就亲自在洛成殿策问进士，以文词取士，不重经学，破格录用优异者。这就是“殿试”，是武则天对科举制的发展，表明她重视通过科举选拔人才。同时，这也是“殿试”的首创，此后延续了千余年。贞观时期的科举分两级考试，其中乡贡是在家自学的士子在其学业有成后向州县求举，经考试合格后，再由州县推荐到尚书省接受吏部考试。武则天增加了殿试，由皇帝亲自主考，将科举考试由两级增加到三级，使科举制度更为完备。二是首开武举。武周长安二年（公元702年），武则天创立武举，专门招收武人。据《唐会要·兵部侍郎》记载：“长安二年正月十七日敕：天下诸州，宜教武艺，每年准明经、进士贡举例送”（《唐会要·团貌》）。[①]《新唐书》又云：“又有武举，盖其起于武后之时，长安二年，始置武举。其制，有长垜、马射、步射、平射、筒射，又有马枪、翘关、负重、身材之选。”（《新唐书·选举制》）[②]《资治通鉴》、《通典》、《册府元龟》等对此都作了记载。武举打破了文士才能参加科举考试的限制，为武人进士开辟了道路。三是大幅提高科举考试的录用名额。清代徐松《登科记考》记载，唐太宗时录取进士仅205人，而在高宗、武后时期录取进士多达1000余人。可见，武则天对科举制的发展做出了重要贡献。

其次，武则天广纳贤才，多次颁布求贤诏书。如《求贤制》、《搜访贤良诏》、《求访贤良诏》等。《搜访贤良诏》云：“十室之邑，忠信尚存；三人同行，我师犹在。会须搜访，不得称无。荐若不虚，自从褒异之典；举非其士，岂漏贬责之科。所司明为条例，布告远近。”[③] 于是，她下令五品以上文武内外官五品、七品以上清官及外官刺史都督等，在其所管辖的地区内举荐贤才。《求访贤良诏》云：“上之临下，道莫贵于求贤；臣之事君，功岂逾于进善。所

---

① （北宋）王溥撰：《唐会要》卷59。

② （北宋）欧阳修、宋祁撰：《新唐书》，中华书局1975年版，第122页。

③ （清）董诰等编纂《全唐文》卷95。

以允凝庶绩，式静群方，成大厦之凌云，济巨川之沃日。故周称多士，著美风谣；汉号得人，垂芳竹素。历观前代，罔不由兹。朕虽宵分辍寝，日旰忘食，勉思政术，不惮劬劳，而九域之至广，岂一人之独化，必伫材能，共成羽翼……宜令文武官五品以上，各举所知。其有抱梁栋之才，可以丹青神化；蕴韬钤之略，可以振耀天威；资道德之方，可以奖训风俗；践孝友之行，可以劝率生灵；抱儒素之业，可以师范国胄；蓄文藻之思，可以方驾词人；守贞亮之节，可以直言无隐；履清白之操，可以守职不渝。凡此八科，实该三道，取人以器，求才务适。"[①] 认为天下之大，各类事务繁巨，必须依靠各类人才共同完成，因此国君管理天下最首要的事就是求贤。于是她下令五品以上的官员举荐各类人才。在她的提倡下，臣僚们形成一种推举人才的风气。如娄师德荐举、并得到武则天重用的名相狄仁杰，也常以"举贤为意"；经狄仁杰引荐而被提拔的人才有"桓彦范、敬晖、窦怀贞、姚崇等，至公卿者数十人。"(《旧唐书·狄仁杰传》)[②] 同时，武则天还鼓励自荐。如垂拱元年（公元 685 年）春正月，"诏内外文武九品已上及百姓，咸令自举"(《旧唐书·则天皇后本纪》)。[③] 载初二年（公元 690 年）冬十月，"制官人者咸令自举"(《旧唐书·则天皇后本纪》)。[④] 为了避免遗漏，武则天还派人到全国各地搜罗人才。据《朝野佥载》云："伪周革命之际，十道使人天下选残明经、进士及下村教童蒙博士，皆被搜扬。"[⑤]

最后，武则天对贤能之士量才录用，不计资历，甚至不避仇怨。贞观六年（公元 632 年）唐太宗令高士廉等人修订《氏族志》，以李唐皇族为首，外戚次之，山东氏族崔氏被降为第三等，从而提高皇族李氏的地位，扶植了庶族地主，压抑了山东、江南士族，提高了关陇集团的社会地位。到高宗、武后时期，武则天令许敬宗、李义府等人修改《氏族志》，二人于显庆四年（公元 659 年）修成《姓氏录》，以现任官职高低作为划分族姓等级的标准，当时五品以上的职事官、以军功获五品以上的勋官，都在谱中有名，而旧士族中未在当朝任五品以上官的均被摒弃于外。武则天试图通过修订《姓氏录》，进一步

① （清）董诰等编纂《全唐文》卷 95。
② （后晋）刘昫撰：《旧唐书》，中华书局 1975 年版，第 2894 页。
③ （后晋）刘昫撰：《旧唐书》，中华书局 1975 年版，第 117 页。
④ （后晋）刘昫撰：《旧唐书》，中华书局 1975 年版，第 122 页。
⑤ （唐）张鷟撰：《朝野佥载》卷 1，文渊阁四库全书影印本。

打压了高门大族，并打破士庶界限，量才授职，不计出身、资历。其《求贤制》云："其有文可以经邦国，武可以定边疆，蕴梁栋之宏才，堪将相之重任，无隔士庶，具以名闻。若举得其人，必当擢以不次，如妄相推荐，亦置科绳。"① 明确提出选官任职打破士庶界限。其《改元光宅赦文》云："济时之道，求贤是务。其官人及百姓等，或器标瑚琏，材堪栋干，或在职清慎，或抱德幽栖，或武艺驰声，或文藻流誉，宜令京官九品已上诸州长官各举一人，咸以名荐。务取得贤之实，无贻滥吹之讥。又前者有诏，具述内外官寮，备陈行事，以申劝沮。但恐百官在职，尚有亏违，今欲重降深恩，更垂宽宥。弃瑕录用，罔责于前非；涤罪论功，必期于后善。若又不悛己过，重挂疏罗，当使置以严刑，倍加其罚。"② 强调唯才是举。在官阶晋升方面，武则天《文武官计考进阶制》规定："文武官加阶应入五品者，并取出身历十三考已上，无私犯，进阶之时，见居六品及七品已上清官者。应入三品，取出身二十五考已上，亦无私犯，进阶之时，见居四品者。自外纵计阶应入，并不在进阶限。其奇才异行、别效殊功者，不拘此例。"（《唐会要·阶》）③ 在上述选官思想指导下，武则天朝的宰相，有出身士族高门的，也有出身庶族地主的，甚至有来自衰微破落、役同厮养的下等户人家的。

为了达到平治天下的目的，武则天选任职官唯才是举，甚至不避仇怨。据新、旧《唐书》记载，当时北方的契丹军队经常袭扰唐朝边境，其将李楷固、骆务整骁勇善战，率军屡破武周军队。后来，李、骆二人兵败来降，一些朝臣主张处斩他们，为牺牲的将士报仇。但武则天却采纳了狄仁杰的建议，不仅不予以处罚，还分别委任为左玉钤卫将军和右武威将军，让他们驻守边疆。圣历三年（公元700年），李、骆二将"讨契丹余众，擒之，献俘于含枢殿"，"则天大悦，特赐楷固姓武氏"（《旧唐书·狄仁杰传》）。④ 又如武氏光宅元年（公元684年）八月，李敬业举兵谋反，初唐四杰之一的骆宾王为徐起草《代李敬业传檄天下文》，以犀利的文辞，磅礴的气势，数列武氏罪行，暴揭其隐私，猛烈抨击武则天的残忍险毒。武则天看了这篇檄文后，不仅龙颜未怒，反而赞

① （清）董诰等编纂：《全唐文》卷95。

② （清）董诰等编纂：《全唐文》卷96。

③ （北宋）王溥撰：《唐会要》卷81。

④ （后晋）刘昫撰：《旧唐书》，中华书局1975年版，第2893页。

不绝口，还说“宰相之过，安失此人”(《旧唐书·李敬业传》)。[①]

必须对其忠诚，这是武则天用人的前提。高宗后期，她为了巩固自己的权位，利用来俊臣、周兴等酷吏无情打击李唐宗室及其他反对者。但是，在她完全控制了国家权力后，就先后将这些酷吏处死。只要忠诚于她的人才，武则天还尽力保护。如公元 692 年，“左台中丞来俊臣罗告同平章事任知古、狄仁杰、裴行本、司农卿裴宣礼、前文昌左丞卢献、御史中丞魏元忠、潞州刺史李嗣真谋反”，并将他们关入大牢，严刑拷问，欲使罪成。后来武则天亲理此案，把 7 人稍作贬谪或流放，了结此案。[②] 武则天还比较尊重人才，如宰相的狄仁杰、朱敬则、杜景俭等人都受到应有的尊重。尤其是狄仁杰更是深得武则天信用，不断升其职位，每每屈意从之，让其施展才华。

## 三、推行必要的行政改革措施

通过推行必要的行政改革措施，一方面施惠于民，收揽民心；另一方面打击反对者，从而有效地维护和巩固其统治地位。

首先，武则天深知，民心向背是维护统治的基本前提，所以她一直重视施惠于民，收揽民心。如上元元年（公元 674 年），就在她进位天后的当月，即向高宗提出“建言十二事”，其中第六条就是“广言路”(《新唐书·后妃传》),[③] 之后就始终不渝地付诸实践。垂拱二年（公元 686 年）“三月，初置匦于朝堂，有进书言事者听投之，由是人间善恶事多所知悉”；永昌元年（公元 689 年）“六月，令文武官五品已上各举所知”(《旧唐书·则天皇后本纪》)。[④]“建言十二事”中第十条“上元前勋官以给告身者无追覈”，第十一条“京官八品以上益禀入”，第十二条“百官任事久，材高位下者得进阶申滞”(《新唐书·后妃传》),[⑤]“告身”即授官的凭信，“益禀入”即增加薪俸，及提拔一些才高位卑的官员，推行这些切实可行的改革措施，目的就是施惠于各级官吏，收揽人心。长寿元年（公元 692 年）一月，“太后引见存抚使所举人，无问贤愚，悉加擢用，高者试凤阁舍人、给事中，次试员外郎、侍御史、补阙、拾遗、校书郎。试官自此始……太后虽滥以禄位收天下人心，然不称职

---

① （后晋）刘昫撰：《旧唐书》，中华书局 1975 年版，第 2492 页。

② （北宋）司马光编著：《资治通鉴》卷 205。

③⑤ （北宋）欧阳修、宋祁撰：《新唐书》，中华书局 1975 年版，第 3477 页。

④ （后晋）刘昫撰：《旧唐书》，中华书局 1975 年版，第 118～119 页。

者，寻亦黜之，或加刑诛。挟刑赏之柄以驾御天下，政由己出，明察善断，故当时英贤亦竞为之用”。[①] 此举不仅收揽人心，加强吏治，也通过委任新人以削夺既得利益者的势力，巩固了其统治。另外，武则天登基之后 13 次改元，每次改元都要大赦天下，加之其他五花八门的多次大赦，理由如“加尊号”、“造明堂”、“再造明堂成”、“上不豫”、“以疾愈”、“以敬业平”、立皇太子、“以太平公主下嫁”、以孙子满月、“年高，再生二齿”、“封篙岳”，等等，通过这些频繁的大赦，施惠于民，收揽民心，有效维护、巩固了其统治地位。

其次，武则天还推行一些旨在打击反对者的行政改革措施，其中一个重要方面就是信用酷吏。武氏重用周兴、来俊臣等酷吏并非是识人不明，而是有着重要的现实针对性，其目的是要镇压异己，打击反对势力，诛剪政敌。其方法是通过罗织一些罪名逮捕反对者，再使用刑讯逼供有目的地使需要打击的人相互牵连，最后将他们或贬或杀，清除殆尽。据《资治通鉴》记载，“（垂拱二年，公元 686 年）三月，戊申，太后（武则天）命铸铜为匦，置之朝堂，以受天下表疏铭。其东曰‘延恩’，献赋颂、求仕进者投之；南曰‘招谏’，言朝政得失者投之；西曰‘伸冤’，有冤抑者投之；北曰‘通玄’，言天象灾变及军机秘计者投之。命正谏、补阙、拾遗一人掌之，先责识官，乃听投表疏。”此举不仅广开言路，体察民情，也为稍后“铸铜为匦以受天下密奏”做了准备。其后，武氏以徐敬业叛乱，“疑天下人多图己，又自以久专国事，且内行不正，知宗室大臣怨望，心不服，欲大诛杀以威之”，“太后欲周知人间事，保家上书，请铸铜为匦以受天下密奏。其器共为一室，中有四隔，上各有窍，以受表疏。可入不可出。太后善之。未几，其怨家投匦告保家为敬业作兵器，杀伤官军甚众，遂伏诛”。之后，武氏盛开告密之风，“有告密者，臣下不得问，皆给驿马，供五品食，使诣行在。虽农夫樵人，皆得召见，廪于客馆，所言或称旨，则不次除官，无实者不问。于是四方告密者蜂起，人皆重足屏息。”[②] 通过信用酷吏和盛开告密之风，武氏将反对者（包括潜在的）毫不手软地贬谪、流放、赐死、杀、族诛，不惜枉法以除之为快。但是，一旦某个酷吏恶满怨盈，武氏也会毫不犹豫地将其当替罪羊或贬或杀来抚慰民心，推卸自己的责任。然后，再起用另一个善揣测己意的酷吏继续诛杀反对者，待其目的达到，

① （北宋）司马光编著：《资治通鉴》卷 205。
② （北宋）司马光编著：《资治通鉴》卷 203。

再用执法清平的官吏，“太后思徐有功用法平，擢拜左台殿中侍御史，远近闻者无不相贺”。[①] 武氏慧眼识才，常不拘一格提拔贤能之士。这样做不仅用新生政治力量来替换了反对者，也使大批才智之士能够辅助她治国理民，从而很有效地维护和巩固了其统治地位。

此外，武则天还制造个人崇拜，通过臣民进献神符祥瑞活动来宣示其统治的合法性和神圣性。作为女性的武则天称帝，迫切需要天下大众的服从，甚至崇拜。文明元年（公元 684 年）“九月，大赦天下，改元为光宅。旗帜改从金色，饰以紫，画以杂文。改东都为神都，又改尚书省及诸司官名”（《旧唐书·则天皇后本纪》）。[②] 垂拱四年（公元 688 年），“四月，雍州永安人唐同泰伪造瑞石于洛水，献之。其文曰：‘圣母临人，永昌帝业。’于是号其石为‘宝图’……其年五月下制，欲亲拜洛受‘宝图’。先有事于南郊，告谢昊天上帝。令诸州都督、刺史并诸亲，并以拜洛前十日集神都。于是则天加尊号为圣母神皇。大赦天下。改‘宝图’为‘天授圣图’，洛水为永昌。封其神为显圣侯，加特进，禁渔钓，祭享齐于四渎。所出处号曰圣图泉，于泉侧置永昌县。又以嵩山与洛水接近，因改嵩山为神岳，授太师、使持节、神岳大都督、天中王，禁断刍牧。其天中王及显圣侯，并为置庙。又先于汜水得瑞石，因改汜水县为广武县。至其年十二月，则天亲拜洛受图，为坛于洛水之北，中桥之左。皇太子皆从。内外文武在僚、蛮夷酋长，各依方位而立。珍禽奇兽，并列于坛前。文物卤簿，自有唐已来，未有如此之盛者也。礼毕，即日还宫。神都父老勒碑于拜洛坛前，号曰：‘天授圣图之表’”（《旧唐书·礼仪志》）。[③] 武氏当政时举行了很多次这样的活动。凡臣民进献神符祥瑞，武氏一概毫不吝啬、赏赐拜官。因为中国古代的皇权天授的思想根深蒂固，武氏通过寻找和捏造一些象征神圣祥瑞的东西，来证明其得据此位实乃天授，非人力所致，为其攫取和控制皇权建立了天命的合法性和神圣性。

## 四、边疆和民族关系管理

前已述及，突厥在隋初分裂为东突厥和西突厥。太宗贞观四年（公元 630

① （北宋）司马光编著：《资治通鉴》卷 205。

② （后晋）刘昫撰：《旧唐书》，中华书局 1975 年版，第 117 页。

③ （后晋）刘昫撰：《旧唐书》，中华书局 1975 年版，第 925 页。

年）派遣李靖率军平定了东突厥。高宗显庆二年（公元 657 年）派遣苏定方率军击败西突厥。但是到了公元 6 世纪 70 年代末，东突厥势力复振，并于高宗调露元年（公元 679 年）叛唐。虽然叛乱在公元 681 年末被镇压下去，但双方均损失惨重。公元 682 年末，东突厥颉利可汗的后代阿史那骨咄禄可汗统一了东突厥余部，“他在鄂尔浑河上游的故土成功地重建了东突厥人的国家。他在对抗中国人时得到了突厥人阿史德元珍的援助；后者的家族早已效忠于唐王朝，他本人也已接受了中国教育。在高宗的余年，东突厥人在他们的联合领导下继续侵袭今山西、陕西和宁夏诸省的边境地区。这种边界战事造成双重损失，因为唐朝骑兵需要的大量战马大部分产于这个地区”。[①] 随着高宗时期对西突厥和高丽的胜利征服，为了在军事上维持对这些地区的有效控制，使得唐王朝的兵力过于分散。由于东突厥复振，唐军又被迫处于防守地位。武则天当政后并未主动挑起对东突厥的战争，而是在军事上相互制衡的情况下，发展相互之间的友好往来。东突厥阿史那骨咄禄可汗病亡后，其子年幼，其弟默啜“自立为可汗”。武则天长寿二年（公元 693 年），默啜率军侵扰灵州，挑起了战争。武则天“遣白马寺僧薛怀义为代北道行军大总管，领十大将军以讨之”，默啜见官军强大，被迫退兵。之后不久默啜“遣使来朝”，第二年“复遣使请和”。但是，默啜反复无常，凶悍异常，时降时叛。武周万岁通天元年（公元 696 年），默啜在武则天的指派下打败了反叛唐中央的契丹首领李尽忠、孙万荣。其后，武则天遣使册封默啜为特进、颉跌利施大单于、立功报国可汗；还归还了“六州降户数千帐”，“并种子四万余硕、农器三千事以与之”，东突厥更加势大(《旧唐书·突厥传》)。[②] 圣历元年（公元 698 年）三月，默啜遣使为其女求婚。六月，武则天“命淮阳王武延秀下突厥，纳默啜女为妃”。八月，默啜拘留去和突厥和亲的武延秀，上书唐廷声称“我可汗女当嫁天子儿，武氏小姓，门户不敌”，并发兵南下侵扰。武则天命武重规、张仁愿、阎敬容等率领 45 万大军征讨。但是，默啜来势凶猛，一路攻陷定州（今河北定州），“杀刺史孙彦高及吏民数千人”。九月，（武则天）命太子李显为河北道行军元帅、宰相狄仁杰为副元帅；默啜得知唐朝大军出发，“尽杀所掠赵、定等州男女万

① ［英］崔瑞德编：《剑桥中国隋唐史》，第 284 页；参考（北宋）司马光编著：《资治通鉴》卷 202。

② （后晋）刘昫撰：《旧唐书》，中华书局 1975 年版，第 5168 页。

余人，自五回道去，所过，杀掠不可胜纪”。[1] 狄仁杰率军 10 万追击，到赵州时突厥人已经撤退，他一面安抚百姓，并严令将士不得侵扰百姓，河北才安定下来。圣历二年，以魏元忠检校并州长史，充天兵军大总管，以备突厥。终武则天之世，东突厥与唐时战时和。

贞观时期，唐朝在西域设置安西四镇。咸亨元年（公元 670 年），吐蕃攻陷安西四镇。高宗、武后先后于垂拱元年（公元 685 年）～二年（公元 686 年）、永昌元年（公元 689 年）两次派军征讨，但均以失败告终。武则天长寿元年（公元 692 年）九月，西州都督唐休璟上疏请求收复龟兹、于阗、疏勒、碎叶四镇。武则天派王孝杰、阿史那忠节率军进击吐蕃，十月，“大破吐蕃，复取四镇，置安西都护府于龟兹，发兵戍之”。[2] 武氏久视元年（公元 700 年）七月，“吐蕃将麹莽布支寇凉州，围昌松”，这时以升任陇右诸军大使的唐休璟“被甲先陷陈，六战皆捷，吐蕃大奔，斩首二千五百级，获二裨将而还”。长安二年（公元 702 年）十月，“吐蕃赞普将万余人寇茂州，都督陈大慈与之四战，皆破之，斩首千余级”。次年四月，“吐蕃遣使献马千匹、金二千两以求婚”，[3] 就在这一年，吐蕃南部叛乱，赞普器弩悉弄率军平叛卒于军中，诸子争立，吐蕃稍衰。

在处理与东突厥、吐蕃等强邻的关系时，武则天坚持了以和为贵，不主动进攻番邻，防守为主的方针；视对方的态势来决定己方的策略，“降则抚之，叛则讨之”；总体上用得其人。在处理与契丹的关系也大致坚持了这些思想。

## 五、宗教管理

在对待儒释道三教关系上，武则天一改李渊、李世民时期的道先佛后的政策，而是佛教居先，道教居后，充分利用宗教来实现、维护和巩固其权位。

武则天的母亲杨氏在未婚时就已经信佛，所以武氏自幼就受到佛教思想的熏陶。入宫之后，武氏作为唐太宗的才人，在太宗死后入感业寺为尼，有机会更多地接触和了解佛教。高宗李治前期，坚持了其父祖道先佛后的政策，但到了其统治的后期，却更信仰佛教。据《唐会要》记载，上元元年（公元 674

---

① （北宋）司马光编著：《资治通鉴》卷 206。
② （北宋）司马光编著：《资治通鉴》卷 205。
③ （北宋）司马光编著：《资治通鉴》卷 207。

年）李治下诏："公私斋会及参集之处，道士女冠在东，僧尼在西，不需更为先后。"① 规定佛教不再屈居道教之后，佛教也在政策的支持下更加兴盛起来。

武氏对佛教信仰至笃，也看到了佛教的重要影响力。李治驾崩后，武氏欲称帝，自然颇为宗法礼教不容。因此，她一方面采用了一系列的权谋，通过强力手段控制政局；另一方面制造多起神符祥瑞事件，率领群臣接受上天祥瑞。同时，让亲信傅游艺率领关中官民 900 人劝进，后来扩大到 6 万人，希望通过大造声势来鼓动民意。儒家基于传统，认为"牝鸡司晨，惟家之索"，女人当皇帝会带来灾难。道教已为李唐宗室尊奉，自然不会帮助她。因此，武则天转而寻求佛教的支持，使之为其称帝制造舆论。而佛教也想依靠武氏的帮助，恢复其梁陈时代的优势地位。从佛教教义看，北朝时期北凉天竺三藏昙无谶译《大方等无想经》卷四云："天女，时王夫人即汝身是，汝于彼佛暂得一闻《大涅盘经》，以是因缘今得天身。值我出世复闻深义，舍是天形即以女身当王国土，得转轮王所统领处四分之一，得大自在受持五戒作优婆夷，教化所属城邑聚落男子女人大小，受持五戒守护正法，摧伏外道诸邪异见。汝于尔时实是菩萨，为化众生现受女身。"② 昙无谶译《大般涅槃经》亦有类似言说。载初元年（公元 690 年）七月，"东魏国寺僧法明等撰《大云经》四卷，表上之，言太后乃弥勒佛下生，当代唐为阎浮提主"。③ 武氏一方面任用酷吏采用强力手段清除了一些主要的反对者；另一方面又从佛教经典中找到了登上皇位的信仰及舆论依据，于是立即将《大云经》四卷颁行天下，"令诸州各置大云寺，总度僧千人……九月九日壬午，革唐命，改国号为周。改元为天授，大赦天下，赐酺七日。乙酉，加尊号曰圣神皇帝，降皇帝为皇嗣。"（《旧唐书·则天皇后本纪》）④ 武氏利用佛教成功地为其登上皇位做好了信仰及舆论准备。天授二年（公元 691 年）四月，武氏"令释教在道法之上，僧尼处道士女寇之前"（《旧唐书·则天皇后本纪》）。⑤ 至此，武则天确立了佛教居先、道教居后的宗教政策，为佛教进一步发展创造了有利条件。

武则天首先提倡华严宗，推动重译《华严经》。因为华严宗宣扬一切众生皆有佛性，人人都可以成佛，而且即凡心而见佛心，即生成佛。只要弃恶从

① （北宋）王溥撰：《唐会要》卷 49。

② ［日］高楠顺次南、渡边海旭等编纂：《大正藏》卷 12，第 1098 页。

③ （北宋）司马光编著：《资治通鉴》卷 204。

④⑤ （后晋）刘昫撰：《旧唐书》，中华书局 1975 年版，第 121 页。

善，皆可成佛，所谓“放下屠刀，立地成佛”，因而华严宗拥有非常广泛的信众基础。华严宗称颂武氏对佛教的功绩，并将武周与佛教密切联系起来。唐代澄观大师撰《大方广佛华严经疏》云：“况逢圣主，得在灵山，竭思幽宗，岂无庆跃。题称《大方广佛华严经》者，即无尽修多罗之总名……佛及诸王，并称世主。法门依正，俱曰妙严。”[①] 因此，武氏于佛教诸宗之中首倡华严宗。武氏还推动重译《华严经》。东晋佛驮跋陀罗翻译的《大方广佛华严经》60卷，仅是《华严经》的一部分。武氏要将该经全部翻译出来。据《唐大荐福寺故寺主翻经大德法藏和尚传》记载：“女皇革命，变唐为周，遣使往于阗求索梵本。”[②] 梵本取回后，武氏命于阗僧实叉难陀主译，其本人“亲受笔削，敬译斯经”。从证圣元年（公元695年）至圣历二年（公元699年），该经翻译完成。武氏亲自为这部80卷《大周新译大方广佛华严经》写序。序中说，“《大方广佛华严经》者，斯乃诸佛之密藏，如来之性海”，完成该经的翻译，“添性海之波澜，廓法界之疆域。大乘顿教，普被于无穷；方广真筌，遐该于有识……所冀阐扬沙界，宣畅尘区，并两曜而长悬，弥十方而永布。一窥宝偈，庆溢心灵；三复幽宗，喜盈身意。虽则无说无示、理符不二之门，然因言显言，方阐大千之义”。[③] 因此，《华严经》更受到信众的重视。武氏还组织翻译其他佛教经典如《大云经》、《大乘入楞伽经》等，并命人抄写上述佛经，还亲自撰写《方广大庄严经序》、《三藏圣教序》、《新译大乘入楞伽经序》等佛教序论。

此外，武氏还结交并礼敬神秀、慧能、法藏、义净、弘景律等高僧大德，及建寺造像，广施“功德”，不仅充分利用佛教广泛的群众基础来维护、巩固其专制皇权，使佛教成为驯服、驾驭民众的工具，同时也推动了佛教的发展。

武则天在崇奉、利用佛教的同时，也尊重和利用道教来为其统治服务。武氏当政后，配合李治进一步神化老子及其经书，确立老子在道教中的至高无上地位。如频繁制造老君“显圣”的神话；亲临老君故里，首开给老君上尊号的先例。在上元元年（公元674年）十二月，武后在“建言十二事”第八条提出“王公以降皆习《老子》”（《新唐书·后妃传》）。[④] 《唐会要·贡举》对此作了

---

① ［日］高楠顺次南、渡边海旭等编纂：《大正藏》卷35，第503页。
② ［日］高楠顺次南、渡边海旭等编纂：《大正藏》卷12，第1098页。
③ ［日］高楠顺次南、渡边海旭等编纂：《大正藏》卷10，第1页。
④ （北宋）欧阳修、宋祁撰：《新唐书》，中华书局1975年版，第3477页。

详细说明："上元元年十二月二十七日，天后上表曰：'伏以圣绪出自玄元，五千之文，实惟圣教。望请王公以下，内外百官，皆习老子《道德经》，其明经咸令习读，一准《孝经》、《论语》，所司临时策试。'"① 上元二年正式下令："明经咸试《老子》策二条，进士试帖三条。"②仪凤三年（公元 678 年）又敕："自今已后，《道德经》、《孝经》并为上经，贡举皆须兼通。其余经及《论语》，任依恒式。"③从而为道家哲学和道教经学在以儒家经学为主导的唐代科举考试中争得了一席之地，为唐玄宗时道举的设立奠定了基础。仪凤四年（公元 679 年），她又积极支持李治将道教从掌管"宾客及凶仪之事"的鸿胪寺移到掌管"天子族亲属籍"的宗正寺，进一步提高了道教的地位。此外，武氏当政时期还修建道观和度人入道。永淳二年（公元 683 年）十二月，改元弘道，下诏："令天下诸州置道士观，上州三所，中州二所，下州一所。每观各度七人。"（《改元弘道大赦诏》）④ 这些措施虽然有利用道教的目的，但客观上也促进了道教的发展。

## 第三节　李隆基的管理思想

武则天去世后，唐王朝的最高权力经历了中宗李显和睿宗李旦共 7 年的过渡期。此期间，成长起来的李隆基通过政变手段，夺得帝位，是为玄宗。玄宗李隆基从公元 712 年登基开始，至公元 756 年止，共在位 44 年。其统治前期能虚怀纳谏，励精图治；改革吏治，制定官吏迁调制度；大力发展经济；倡导文教；先后任用姚崇、宋璟、张说、韩休、张九龄等人为相，这些贤相各有所长，尽忠职守，使得国家管理充满活力，从而实现天下大治。唐王朝因此进入长达 29 年（即玄宗开元年间，公元 713～742 年）全盛时期，成为当时世界上最强盛的国家，史称"开元盛世"。玄宗后期，专宠杨玉环，任用李林甫、杨国忠等人为相，朝政混乱，导致天宝十四年（公元 755 年）发生了"安史之乱"。此后，唐王朝便进入了日渐衰微的中唐时期。玄宗的管理思想主要体现在其统治前期。

---

①②③ （北宋）王溥撰：《唐会要》卷 75。

④ （清）董诰等编纂：《全唐文》卷 13。

## 一、加强皇权，革新吏治

首先，加强皇权，消除皇族亲属、功臣夺权的权力基础。延和元年（公元712年），唐睿宗李旦传位于第三子李隆基。第二年，李隆基除掉了与其争权的太平公主（李隆基的姑姑）势力，完全掌控了朝政。由于李隆基不是以嫡长子继位，为了防止宫廷政变的发生，他采纳姚崇的建议，规定“戚属不任台省”（《新唐书·姚崇传》），[①] 从而消除皇族亲属夺权的权力基础。同时又将可能对其皇位产生威胁的几位兄弟任命为外州刺史，不准留居京师，而州中政务又委之于别驾、长史、司马等属僚，进一步减少了他们对皇权的可能威胁。为避免自己的子孙后代威胁皇位，玄宗对其子孙们也严加防范。据《资治通鉴》记载：“上（玄宗）即位，附苑城为十王宅，以居皇子，宦官押之，就夹城参起居，自是不复出阁；虽开府置官属及领籓镇，惟侍读时入授书，自余王府官属，但岁时通名起居；其籓镇官属，亦不通名。及诸孙浸多，不置百孙院。太子亦不居东宫，常在乘舆所幸之别院。”[②] 玄宗还严禁诸王、公主、驸马等结交群臣，颁布了《诫宗属制》，规定：“凡在宗属，用申惩诫。自今已后，诸王公主驸马外戚家，除非至亲以外，不得出入门庭，妄说言语。所以共存至公之道，永协和平之义，克固藩翰，以保厥休。”[③] 开元十年（公元722年）又敕令：“宗室、外戚、驸马，非至亲毋得往还；其卜相占侯之人，皆不得出入百官之家。”[④] 采取多方面的措施以防止诸王可能产生的威胁。玄宗对其夺取权力过程中的一些功臣如张说、郭元振、刘幽求、王琚等人，也严于防范，先后通过一些事件将他们贬谪到边远州郡做官，或放归田园，使他们得以善终，也避免了因杀戮功臣可能引起的祸乱。通过这些措施消除了统治阶级内部势力对皇权的可能威胁，稳定了政局。

其次，革新吏治，严明赏罚。主要包括以下两个方面：一是精简机构，裁撤冗员，不仅提高了管理效率，也节省了政府的管理成本。武则天为了笼络人心，授任官员较滥，这种状况到了中宗景龙年间尤为严重。据《通典·职官》记载：“景龙中，有太平、安乐、长宁、宜城等诸公主及皇后陆氏妹郕国夫人、

---

① （北宋）欧阳修、宋祁撰：《新唐书》，中华书局1975年版，第4383页。

② （北宋）司马光编著：《资治通鉴》卷213。

③ （清）董诰等编纂：《全唐文》卷22。

④ （北宋）司马光编著：《资治通鉴》卷212。

李氏妹崇国夫人……皆树用亲识，亦多猥滥。或出自臧获，或由于屠贩，多因赂货，累居荣秩，咸能别于侧门降墨敕斜封以授焉，故时人号为'斜封官'。时既政出多门，迁除甚众，自宰相至于内外员外官及左右台御史，多者则数逾十倍，皆无厅事可以处之，故时人谓之'三无坐处'，谓宰相、御史及员外官也。"①到玄宗即位时，官员冗滥现象已经十分严重。他即位后，立即着手裁撤冗员，"大革奸滥，十去其九"（《通典·职官》）。②开元二年（公元714年），玄宗下诏"悉罢员外、试、检校官，自今非有战功及别敕，毋得注拟"。③撤销了闲散诸司、监、署十余所。二是建立严格的官吏考核制度，形成中央官员和地方官员之间对流机制，加强对地方官员的选拔和管理。为了改变"重京官，轻外任"的官场风气，玄宗建立了颇为严格的官吏考核制度，规定选拔京官才能卓著的到地方作都督、刺史，地方上都督、刺史政绩突出的选拔到中央作官，使这种制度"出入常均，永为恒式"。④玄宗还采纳了张九龄的建议："凡不历都督、刺史，虽有高第，不得任侍郎、列卿；不历县令，虽有善政，不得任台郎、给、舍；都督、守、令虽远者，使无十年任外。"（《新唐书·张九龄传》）⑤此举激励了官吏的进取心。玄宗非常重视地方官吏的选拔和考核，量才授官。其《戒牧宰敕》云："郡县者国之本，牧宰者政之先，朕每属意此官，有殊余职。顷来刺史县令，我不得人，致令户口，未能安业，斯亦朕之不德，所以寤寐劳想，辞命旁求，搜扬所知，亲加试择。"⑥开元四年（公元716年），玄宗亲自策试吏部选用的县令，"上悉召县令于宣政殿庭，试以理人策。惟鄄城令韦济词理第一，擢为醴泉令。余二百余人不入第，且令之官；四十五人放归学问"，⑦还贬斥了主持选官的吏部侍郎卢从愿、李朝隐二人。玄宗时期，还规定"州市令不得用本市内人，县市令不得用当县人"，⑧更有效地防止州县官吏徇私舞弊、培植个人势力。此外，玄宗还对地方官吏的政绩严加考核，升优黜劣。在《整饬吏治诏》中规定每年十月委派各道按察使对刺史、县令的政绩进行考察，分为最、中间、殿三等，作为改转升降的依据，力求"有

---

①② （唐）杜佑撰：《通典》卷19。

③④⑦ （北宋）司马光编著：《资治通鉴》卷211。

⑤ （北宋）欧阳修、宋祁撰：《新唐书》，中华书局1975年版，第4426页。

⑥ （清）董诰等编纂：《全唐文》卷35。

⑧ （唐）李林甫等撰：《唐六典》卷30，文渊阁四库全书影印本。

善必赏，所以劝能；有罪必诛，所以惩恶”（《诛裴景仙敕》）。[①]

## 二、任用贤相，虚心纳谏

唐玄宗在清除太平公主的势力之后，彻底巩固了皇权，但两次兵变使朝廷元气大伤，加之吏治的混乱和腐败，国家亟待治理。为此，玄宗提拔贤能之士，量才任官，先后任用姚崇、宋璟、张九龄、张说等人为相。他执政伊始，便任用先后在武则天朝、睿宗朝为相的姚崇为相，姚崇“明于吏道，断割不滞”（《旧唐书·姚崇传》）。[②] 接着又用刑赏无私、敢于直谏的宋璟为相。北宋司马光评之曰：“姚、宋相继为相，崇善应变成务，璟善守法持正；二人志操不同，然协心辅佐，使赋役宽平，刑罚清省，百姓富庶。唐世贤相，前称房、杜，后称姚、宋，他人莫得比焉。二人每进见，上辄为之起，去则临轩送之。”[③] 姚、宋以外，玄宗开元年间先后任用了卢怀慎、张嘉贞、源乾曜、张说、李元纮、杜暹、韩休、张九龄等人为相，这些人都具有治国理政的卓越才干。司马光云：“上（玄宗）即位以来，所用之相，姚崇尚通，宋璟尚法，张嘉贞尚吏，张说尚文，李元纮、杜暹尚俭，韩休、张九龄尚直，各其所长也。”[④] 而且玄宗对这些正直才干之臣非常信任，优礼相待，授任有权，使其充分施展才智。如任姚崇、宋璟为相，只有军国大事才亲与商定，而任用郎吏及其他吏治之事，则放手让他们去管理。玄宗曾云：“我任（姚）崇以政，大事吾当与决，至用郎吏，崇顾不能而重烦我邪?”（《新唐书·姚崇传》）[⑤] 玄宗优礼待下，宰臣们忠心辅政，使武则天去世之后混乱多年的政局得以稳定。

玄宗统治前期孜孜求治，虚心纳谏，主动招谏。亲政之初，姚崇向他提了10条改革时弊的建议：一是“政先仁恕”；二是“不倖边功”；三是“法行自近”；四是“宦竖不与政”；五是“租赋外一绝之”；六是“戚属不任台省”；七是“陛下接之（臣下）以礼”；八是“群臣皆得批逆鳞，犯忌讳”；九是“绝道佛营造”；十是“推此（前朝之乱）鉴戒为万代法”（《新唐书·姚崇传》）。[⑥]

---

① （清）董诰等编纂：《全唐文》卷34。

② （后晋）刘昫撰：《旧唐书》，中华书局1975年版，第3025页。

③ （北宋）司马光编著：《资治通鉴》卷211。

④ （北宋）司马光编著：《资治通鉴》卷214。

⑤ （北宋）欧阳修、宋祁撰：《新唐书》，中华书局1975年版，第4384页。

⑥ （北宋）欧阳修、宋祁撰：《新唐书》，中华书局1975年版，第4383页。

这十条建议关系到国家管理的诸多重要领域，玄宗当即表示接受，并在第二天就任命姚崇为宰相进行相关改革。开元三年（公元 715 年）五月，玄宗下诏："令诸司长官，各言时政得失，以辅朕之不逮。"（《减膳省刑诏》）[①] 玄宗虚心纳谏，群臣才敢直谏，才使玄宗看到国家管理中的一些不足，及时改善。又如开元四年（公元 716 年）玄宗派宦官到江南取鵁鶄、鸂鶒等异鸟，"欲置苑中"。汴州刺史倪若水上言："今农桑方急，而罗捕禽鸟以供园池之玩，远自江、岭，水陆传送，食为粱肉。道路观者，岂不以陛下为贱人而贵鸟乎？"玄宗当即"手敕谢（倪）若水，赐帛四十段，纵散其鸟"。[②] 开元十二年（公元 724 年），玄宗将东巡洛邑，临别之时亲自向西京留守宋璟求谏。宋璟于是"极言得失"，玄宗特赐宋璟彩绢等，并手制曰："所进之言，书之座右，出入观省，以诫终身。"（《旧唐书·宋璟传》）[③] 可见，此时期的玄宗善用贤能，虚心纳谏，使得一批德才兼备之士尽心竭力，效忠大唐，君臣齐心协力共同铸就了唐王朝的辉煌盛世。

## 三、采取多种发展社会经济的政策措施

玄宗统治前期能适时采取灵活政策措施，推动社会经济稳定发展。这些政策措施主要包括以下几个方面：

首先，轻徭薄赋，提倡节俭。针对武则天去世之后吏治混乱，国家财政支出逐年增加而社会经济发展缓慢的状况，玄宗轻徭薄赋，发展生产。开元初年，玄宗比较注意节用民力，提倡俭朴。开元元年（公元 713 年），玄宗昭告天下减轻兵役，改景云年间"百姓二十五入军，五十五免"为"二十五入军，五十免"。[④] 开元十年（公元 722 年），玄宗采纳张说建议，放免缘边戍兵"二十余万"归农，人数占当时缘边戍兵的 1/3。此举不仅增加了劳动力，而且节约国家军费开支。开元十二年（公元 724 年），制令"听逃户自首，辟所在闲田，随宜收税，毋得差科征役，租庸一皆蠲免"。[⑤] 开元初年，玄宗不大兴土木，保证了农业生产的顺利进行。如开元元年五月，正在修建的大明宫尚未竣

① （清）董诰等编纂：《全唐文》卷 27。
② （北宋）司马光编著：《资治通鉴》卷 211。
③ （后晋）刘昫撰：《旧唐书》，中华书局 1975 年版，第 3034～3035 页。
④ （北宋）司马光编著：《资治通鉴》卷 210。
⑤ （北宋）司马光编著：《资治通鉴》卷 212。

工，玄宗下敕“以农务方勤，罢之以待闲月”[①]。开元二年（公元714年）七月，玄宗因“风俗奢靡”，制令：“乘舆服御、金银器玩，宜令有司销毁，以供军国之用；其珠玉、锦绣，焚于殿前；后妃以下，皆毋得服珠玉锦绣。”其后不久又敕令：“百官所服带及酒器、马衔、镫，三品以上，听饰以玉，四品以金，五品以银，自余皆禁之；妇人服饰从其夫、子。其旧成锦绣，听染为皂。自今天下更毋得采珠玉，织锦绣等物，违者杖一百，工人减一等。”并停罢两京织锦坊。史学家司马光《资治通鉴》在记述玄宗上述措施之后评论道：“明皇之始欲为治，能自刻厉节俭如此。”[②] 节俭施政，减少国家财政支出，也减少了对民众的剥削，不仅缓和了阶级矛盾，也有助于发展生产。

其次，检田括户，抑制兼并。从武则天统治后期开始，土地兼并日趋激烈，大批均田农户破产逃亡。据《旧唐书·韦嗣立传》记韦嗣立上疏武则天：“国家自永淳已来，二十余载……海内黔首，骚然不安，州县官僚，贪鄙未息……今天下户口，亡逃过半，租调既减，国用不足。”[③] 该疏虽然言之过重，但逃户逐年增加，租调逐年减少却属事实。逃亡农民失去户籍，官吏于是让他们所欠租调由近亲邻保代交，迫使更多的农民逃亡异乡。玄宗即位前的中宗、睿宗时期，许多破产流亡的农民被豪强大族变成“私属”，导致国家税负收入减少，国库虚乏，而且大量逃户的存在还给社会稳定带来威胁。因此，玄宗即位后，接受了宇文融的建议，从开元九年（公元721年）到开元十二年（公元724年）的4年之中，在全国范围内对田户进行了一次大检括：以宇文融为劝农使，下设劝农判官10人，这10人分别兼任10州御史，分行全国各地检括被兼并的农田和被豪强荫庇逃户；并规定“新附客户（逃户），免六年赋调”。[④] 开元十年（公元722年）春正月，玄宗下令：“内外官职田，除公廨田园外，并官收，给还逃户及贫下户欠丁田。”（《旧唐书·玄宗本纪》）[⑤] 到开元十二年八月，检括“凡得客户八十余万，田亦称是。岁终，增缗钱数百万”。[⑥] 检田括户，在一定程度上抑制了土地兼并，保证了国家的财赋收入，也在一定程度上缓和了阶级矛盾和稳定了社会秩序。

---

① （北宋）司马光编著：《资治通鉴》卷210。

② （北宋）司马光编著：《资治通鉴》卷211。

③ （北宋）欧阳修、宋祁撰：《新唐书》，中华书局1975年版，第2867页。

④⑥ （北宋）司马光编著：《资治通鉴》卷212。

⑤ （后晋）刘昫撰：《旧唐书》，中华书局1975年版，第183页。

再次，兴修水利，发展农业。玄宗统治前期重视兴修水利，发展农业生产。他在《春中兴庆宫醺宴》诗序中云："所宝者粟，所贵者贤。故以宵旰为怀，黎元在念。尽力沟洫，不知宫室之已卑。"就表达了他对兴修水利的重视。开元初，玄宗就曾命京兆尹李元纮"疏决三辅"，"诸王公权要之家，皆缘渠立硙，以害水田，元纮令吏人一切毁之，百姓大获其利"（《旧唐书·李元纮传》）。[①] 玄宗特别提拔、表彰在兴修水利方面有政绩的官员。如良吏姜师度，素"有巧思，颇知沟洫之利"，担任州刺史时，修复平虏渠，"以避海艰，粮运者至今利焉"；担任陕州刺史时，"（陕）州西太原仓控两京水陆二运，常自仓车载米至河际，然后登舟。师度遂凿地道，自上注之，便至水次，所省万计"；担任同州刺史时，"于朝邑、河西二县界，就古通灵陂，择地引雒水及堰黄河灌之，以种稻田，凡二千余顷，内置屯十余所，收获万计"。因其重视兴修水利工程，政绩递增，玄宗也屡屡提升其官职，特加金紫光禄大夫(《旧唐书·姜师度传》)。[②] 开元年间，政府组织人力、物力在全国各地修筑了许多水利工程。据《新唐书·地理志》记载，此期间修建的水利工程有：太原的甘泉渠、荡沙渠、灵长渠和千亩渠等，引文谷水，溉田数千顷；朗州武陵郡有永泰渠和北塔堰溉田千余顷，考功堰溉田 1100 顷，右史堰溉田 2000 顷；四川眉州有涌济大堰一、小堰十，引通济水溉田 1600 顷，等等。本时期全国共兴建了 56 项农田水利工程，相当于唐代水利工程总数的 20％以上。这些水利工程极大地推动了农业生产的发展。

由于玄宗实施了一系列有利于发展生产的措施，社会经济在贞观之治、永徽之治的基础上继续发展，人口迅速增长。到开元末年，全国有"户八百四十一万二千八百七十一，口四千八百一十四万三千六百九"，[③] 约为贞观年间的 3 倍。《新唐书·食货志》记载开元年间，"海内富实，米斗之价钱十三，青、齐间斗才三钱，绢一匹钱二百。道路列肆，具酒食以待行人，店有驿驴，行千里不持尺兵。天下岁入之物，租钱二百余万缗，粟千九百八十余万斛，庸、调绢七百四十万匹，绵百八十余万屯，布千三十五万余端。"[④] 整个社会一派安定、繁荣的景象。杜甫的"忆昔开元全盛日，小邑犹藏万家室。稻米流脂粟米白，

① （后晋）刘昫撰：《旧唐书》，中华书局 1975 年版，第 3073～3074 页。

② （后晋）刘昫撰：《旧唐书》，中华书局 1975 年版，第 4816 页。

③ （北宋）司马光编著：《资治通鉴》卷 214。

④ （北宋）欧阳修、宋祁撰：《新唐书》，中华书局 1975 年版，第 1346 页。

公私仓廪俱丰实。”就反映了开元年间富庶、繁华的盛世图景。

最后，玄宗时期，政府还组织垦荒，扩充屯田。初唐时期就已设置屯田，有军屯和民屯两种，规模较小。到了武则天当政时期，屯田又进一步发展。据《新唐书·陈子昂传》记载武后垂拱二年（公元686年）甘州四十余屯，“岁取二十万斛”[①]；《新唐书·黑齿常之传》记载高宗调露年间（公元679～680年）于河源“垦田五千顷，岁收粟斛百余万”。[②] 玄宗开元年间，屯田有了较大的发展，军屯多在边疆。据《资治通鉴》记载：“唐自武德以来，开拓边境，地连西域，皆置都督、府、州、县。开元中，置朔方、陇右、河西、安西、北庭诸节度使以统之，岁发山东丁壮为戍卒，缯帛为军资，开屯田，供糗粮，设监牧，畜马牛，军城戍逻，万里相望。”[③] 可见，边境大部分地区都有屯田。另据《唐六典·尚书工程》记载：“凡军、州边防镇守，转运不给，则设屯田，以益军储。其水陆腴瘠，播植地宜，功庸烦省，收率等级，咸取决焉。诸屯分田役力，各有程数……凡天下诸军、州管屯，总九百九十有二……大者五十顷，小者二十顷。凡当屯之中，地有良薄，岁有丰俭，各定为三等。凡屯皆有屯官、屯副。”[④] 屯田收入也不少。据《新唐书·食货志》记载：“凡屯田收多者，褒进之。岁以仲春籍来岁顷亩、州府军镇之远近，上兵部，度便宜遣之。开元二十五年（公元737年），诏屯官叙功以岁丰凶为上下。镇戍地可耕者，人给十亩以供粮。方春，屯官巡行，谪作不时者。天下屯田收谷百九十余万斛。”[⑤] 开元二十五年全国屯田收谷190余万斛，而开元全盛时期国家每年租粟收入为1980余万斛来，屯田收入约占全国总数的1/10。因此，玄宗时期发展屯田，不仅有效增加了国家的粮食收入，也招抚了大量流散农民；不仅发展了农业生产，也稳定了社会秩序。

## 四、军事与民族关系管理

武则天当政时期，对边境诸族的进攻主要采取守势，致使西北和北方领土逐渐被吐蕃、突厥蚕食。为了收复被占国土，增强军力，唐玄宗对兵制进行了

---

① （北宋）欧阳修、宋祁撰：《新唐书》，中华书局1975年版，第4073页。
② （北宋）欧阳修、宋祁撰：《新唐书》，中华书局1975年版，第4122页。
③ （北宋）司马光编著：《资治通鉴》卷223。
④ （唐）李林甫等撰：《唐六典》卷7，文渊阁四库全书影印本。
⑤ （北宋）欧阳修、宋祁撰：《新唐书》，中华书局1975年版，第1372页。

改革。据《新唐书·兵志》云："自高宗、武后时，天下久不用兵，府兵之法浸坏，番役更代多不以时，卫士稍稍亡匿，至是益耗散，宿卫不能给。"① 高宗、武后时期，均田制的破坏导致农民逃亡，影响了军队的兵源，府兵制因之受到破坏，从而影响了军队战斗力，无法对抗强悍的突厥军队。鉴于此，"宰相张说乃请一切募士宿卫"，即实行募兵制。玄宗接受了张说的建议，于开元十一年（公元 723 年）改革府兵制，建立募兵制："取京兆、蒲、同、岐、华府兵及白丁，而益以潞州长从兵，共十二万，号'长从宿卫'，岁二番，命尚书左丞萧嵩与州吏共选之。"（《新唐书·兵志》）② 第二年，更名为"彍骑"。其具体做法是："皆择下户白丁、宗丁、品子强壮五尺七寸以上，不足则兼以户八等五尺以上，皆免征镇、赋役，为四籍，兵部及州、县、卫分掌之。"开元十三年（公元 725 年），"始以彍骑分隶十二卫，总十二万，为六番，每卫万人。京兆彍骑六万六千，华州六千，同州九千，蒲州万二千三百，绛州三千六百，晋州千五百，岐州六千，河南府三千，陕、虢、汝、郑、怀、汴六州各六百，内弩手六千。"（《新唐书·兵志》）③ 之后，玄宗经过 10 多年的时间将募兵制推广到全国各地，从而取消了原来的府兵轮番到边境戍守的做法，解除了民众的轮戍之苦，也有助于军队集中训练，保证了战斗力。

除了对兵制进行改革之外，玄宗还采取了其他一些治理军队的措施，主要如下：一是裁军。开元初年，玄宗接受了张说的建议将缘边戍兵 60 余万裁减了 20 万。二是颁布了《练兵诏》："其以西北军镇宜加兵数，先以侧近兵人充，并精加简择……战兵别简为队伍，专令教练，不得辄有使役。"④ 命令西北军镇扩充军队，加强训练。三是颁布了《禁私役兵士诏》："自今已后，总管以下私使兵士计庸，以受所监临财物论。"规定总管以下私自役使士兵的按受贿论处。四是加强战马供应。据《资治通鉴》记载："上（玄宗）初即位，牧马有二十四万匹，以太仆卿王毛仲为内外闲厩使，少卿张景顺副之。至是（开元十三年）有马四十三万匹，牛羊称是。上之东封，以牧马数万匹从，色别为群，望之如云锦。"⑤ 余者《量减镇兵年限诏》将士兵戍边年限减为 4 年；《条制番

---

① （北宋）欧阳修、宋祁撰：《新唐书》，中华书局 1975 年版，第 1326 页。
② （北宋）欧阳修、宋祁撰：《新唐书》，中华书局 1975 年版，第 1326～1327 页。
③ （北宋）欧阳修、宋祁撰：《新唐书》，中华书局 1975 年版，第 1327 页。
④ （清）董诰等编纂：《全唐文》卷 26。
⑤ （北宋）司马光编著：《资治通鉴》卷 212。

夷事宜诏》要求训练军队，加强武备；《赐兵士葬祭诏》要求为死亡士兵造棺，送回故乡安葬；还下令扩充屯田范围，在西北和北方边境地区大力发展屯田，增加粮食供应，等等。这些措施，总体上适应了大唐社会现实发展的要求，利军利民。

唐玄宗不仅对军队内政进行有效的改革和治理，还对边疆进行了卓有成效的管理，先后将原先丢失的土地重新夺了回来。玄宗时期，除西面的吐蕃之外，还要处理同南诏、西域各国、突厥、回纥等各民族之间的关系。基于游牧民族本身的扩张性和掠夺性，首先挑起战端的总是吐蕃、突厥等民族。由于唐王朝疆域辽阔和发展国计民生的需要，玄宗对边疆各族总体上以和为主，主要采用羁縻怀柔的政策，辅之以军事手段，主要目的不是开疆拓土，而是以戈止武，维护和平。除唐蕃之间战争较多之外，本时期与其余民族的战争较少，总体上维持了边疆的和平安定和各民族之间的经济文化交流，回纥甚至出兵帮助平定“安史之乱”。

终唐之世，西面始终面临来自吐蕃的巨大威胁。松赞干布去世之后，吐蕃与唐和好的国策发生逆转，开始向四周扩张。高宗咸亨元年（公元 670 年）大非川战役之后，吐蕃乘势攻陷了唐安西都护府治所龟兹，占领安西四镇的大部分地区。军事上的失利迫使唐军放弃四镇，将安西都护府治所迁回西州（今新疆吐鲁番）。唐与吐蕃在西域的角逐也因之处于守势。武则天当政，决心夺回四镇，先后两次主动出击吐蕃，但均以失败告终。长寿元年（公元 692 年），武氏再次组集大军，终于克复等 4 镇，重新确立了大唐对西域的统治地位。自武氏收复 4 镇至“安史之乱”的半个多世纪，唐军在西域基本保持了对吐蕃军的优势。

到了玄宗时期，唐蕃之间的战争主要在河陇和西域两个战场进行，呈现以河陇一带为主战场，两个战场互相策应的态势。自高祖以来，在军事上唐王朝并未采用秦汉以来修筑长城，分兵把口，进行防堵的策略，而是依托一系列坚固的军镇据点，相对集中兵力，机动防御，并伺机反攻和逐步扩大控制区域的方针。“安史之乱”前，玄宗继承了上述战略方针，依靠强盛的国力，组织了对吐蕃的一系列的有效防御和反攻，取得了全面的胜利。

中宗、睿宗时期，吐蕃以河西九曲之地（今青海东南黄河曲流处）为基地，不断攻掠河陇一带。唐玄宗开元二年（公元 714 年），吐蕃将领坌达延、乞力徐率领 10 万人马进犯临洮。玄宗命令薛讷、郭知运、王晙等率领 10 余万军队迎击，在武街大胜吐蕃军，杀俘数万人。之后，吐蕃欲以对等之礼请和，遭玄宗拒绝。开元四年（公元 716 年），吐蕃攻打松州，被松州都督孙仁献打败。开元五年（公元 717 年），郭知运率军在九曲之地再次大败吐蕃军。此后的多年交战，唐军连续取胜，河陇一带防务进一步巩固。开元十七年（公元 729 年），信安王李暐攻克了被吐蕃侵占多年的石堡城，玄宗改石堡城为振武军，留兵设防。自此，唐河西、陇右地区连成一片。吐蕃连战连败，再次遣使求和请婚。玄宗答应了吐蕃的请求。开元十八年（公元 730 年），双方约以赤岭（今青海日月山）为界，并于甘松岭（今四川松潘境内）及赤岭互市。开元二十一年（公元 733 年），双方订立了赤岭之盟。此后的开元、天宝年间，唐蕃之间先后在今宁夏、甘肃、新疆境内进行了多次战争，皆以唐军的胜利告终。此时期，唐在西域依托安西、北庭所辖军镇，联合附近其他蕃国，时守时攻，不断巩固和扩大控制范围。吐蕃起初亦与东突厥、突骑施等联合，双方争夺的重点在安西四镇、北庭一带。后来，随着东突厥和突骑施的衰落，唐蕃争夺的重点转移到葱岭以南地区。虽然先是吐蕃取胜，但后来唐军大举反击并大获全胜。玄宗天宝六年（公元 747 年），高仙芝攻下小勃律，周边依附吐蕃的 20 余个小蕃国重新归附唐朝。天宝十二年（公元 753 年），唐将封常清先后攻破大勃律（今克什米尔的巴尔蒂斯坦）和西域东部的播仙（今新疆且末）。至此，唐王朝对吐蕃的胜利战争发展到了顶峰。但是，“安史之乱”后不到半个世纪，河陇诸州及安西、北庭所辖地区重又为吐蕃占领。

## 五、宗教管理

武则天当政，为了从宗教方面打击李氏皇族势力，对佛教采取了纵容态度，佛教势力得以迅速发展，全国许多佛教寺院在国家包庇下兼并土地，逃避税收。另外，僧尼剧增也使承担赋役的人数减少，影响了国家的财政收入。因此，到唐玄宗时期，从整体上看虽然实行佛道并存的政策，但在具体措施上却是扶持道教，抑制佛教。玄宗在历史上以崇奉道教著称，他不仅对神仙之事兴趣浓厚，对道经义理亦有深刻思考。其在位时期，尊崇老庄，尤其是尊奉老子，广造道观，度道士女冠，提高道教的社会地位；在文化教育方面，他亲自注疏笺证和推广《道德经》，中央和州郡均设置崇玄学馆，科举加试道经，他曾试图以道学统摄儒佛二学，达到唐代崇道的顶峰。

玄宗崇道首先表现在礼敬道士。早在景龙四年（公元 710 年），作为临淄王的李隆基与太平公主谋划诛杀韦皇后时，“道士冯道力、处士刘承祖皆善于占兆，诣上（李隆基）布诚款。”（《旧唐书·玄宗本纪》）[①] 玄宗在其即位后的先天二年（公元713年），拜著名道士叶法善为鸿胪卿，“封越国公，仍依旧为道士，止于京师之景龙观，又赠其父为歙州刺史。当时尊宠，莫与为比”；叶法善107岁去世时，玄宗专门下诏褒奖：“道士鸿胪卿、员外置、越国公叶法善，天真精密，妙理玄畅，包括秘要，发挥灵符，固以冥默难源，希夷罕测。而情栖蓬阆，迹混朝伍，保黄冠而不杖，加紫绶而非荣，卓尔孤秀，冷然独往。胜气绝俗，贞风无尘，金骨外耸，珠光内应……朕当听政之暇，屡询至道；公以理国之法，数奏昌言。谋参隐讽，事宜弘益……宜申礼命，式旌泉壤。可赠越州都督。”（《旧唐书·叶法善传》）[②] 可见叶法善在开元初年国家管理中的作用及玄宗对叶法善的尊崇。据相关史籍记载，玄宗还礼敬道士卢鸿一、司马承祯、王希夷、李含光、吴筠等人。这些著名道士频繁出入宫中，与玄宗谈道论玄，当然会涉及社会诸多层面的内容，无形之中影响了玄宗对国家管理政策措施的制定。

其次，玄宗崇道表现在广建道观，增度道士女冠。开元十九年（公元731年）之后，玄宗崇道达到高峰期，主要表现在全国范围内广建道观，增度道士女冠。据《旧唐书·司马承祯传》记载：“（司马）承祯因上言：‘今五岳神祠，皆是山林之神，非正真之神也。五岳皆有洞府，各有上清真人降任其职，山川风雨，阴阳气序，是所理焉。冠冕章服，佐从神仙，皆有名数。请别立斋祠之所。’玄宗从其言，因敕五岳各置真君祠一所，其形象制度，皆令承祯推按道经，创意为之”[③] 开元十九年（公元731年），“令两京及天下诸州各置太公尚父庙，以张良配飨……五岳各置老君庙”（《旧唐书·玄宗本纪》）。[④] 开元二十九年（公元740年），玄宗又下《命两京诸路各置元元皇帝庙诏》，令“两京及诸州，各置玄元皇帝庙一所，每年依道法斋醮”。[⑤] 天宝元年（公元742年），陈王府参军田同秀上言其夜梦“玄元皇帝降见于丹凤门之通衢，告赐灵符在尹喜之故宅”，于是玄宗“遣使就函谷故关尹喜台西发得之，乃置玄元庙于大宁

① （后晋）刘昫撰：《旧唐书》，中华书局1975年版，第166页。

② （后晋）刘昫撰：《旧唐书》，中华书局1975年版，第5108页。

③ （后晋）刘昫撰：《旧唐书》，中华书局1975年版，第5128页。

④ （后晋）刘昫撰：《旧唐书》，中华书局1975年版，第196～197页。

⑤ （清）董诰等编纂：《全唐文》卷31。

坊”（《旧唐书·玄宗本纪》）。① 玄宗下令在全国范围内广造道观的同时，又命令全国各地道观增度道士女冠。其《南郊推恩制》云：“诸观道士等，如闻人数今少，修行多阙，其欠少人处，宜度满七人。并取三十已上，灼然有道行经业者充，仍令所由长官精加试练，采访使重覆，勿使逾滥。度讫挟名奏闻。其诸观有绝无人处，亦量度三两人，准此简试。”② 天宝八年（公元749年）又下《加应道尊号大赦文》：“其洞、宫、山，各置坛祠宇，每处度道士五人，并取近山三十户，蠲免租税差科，永供洒扫。诸郡有自古得道昇仙之处，虽先令醮祭，循虑未周。宜每处度道士二人，其灵迹殊尤功应远大者度三人，永修香火。其茅山紫阳观取侧近二百户，太平、崇元二观各一百户，并蠲免租税差科，长充修葺洒扫。应天下灵山仙迹，并宜禁断樵采弋猎……其五岳四渎名山大川，各令本郡长官致祭……其太真观虽先度人，住持尚少，宜更度道士七人。”③ 可见，玄宗不仅下令广度道士女冠，而且对道观也给予优厚待遇和充分保护。

最后，玄宗崇道表现在文化教育方面，他亲自注疏笺证和推广《道德经》，中央设置崇玄馆，州郡推崇玄学，科举加试道经《老子》策等诸多内容。玄宗亲自为《道德经》作注疏、笺证，令崇玄馆缮写，分送诸道探访使颁行全国。还下《尊道德南华经诏》：“其坟籍中有载玄元皇帝、南华等真人犹称旧号者，并宜改正。其余编录经义等书，亦宜以《道德经》列诸经之首。其《南华经》等不须编在子书。仍即令集贤院审详改定应旧号并科目讫，具宣付所司，仍颁示中外。”④ 开元二十一年（公元733年），玄宗制令：“制令士庶家藏《老子》一本，每年贡举人量减《尚书》、《论语》两条策，加《老子》策。”（《旧唐书·玄宗本纪》）⑤ 开元二十九年（公元740年），玄宗又下《命两京诸路各置玄元元皇帝庙诏》，下令在全国范围内设立崇玄学馆，生徒于当州县学生数内均融量置，“令习《道德经》及《庄子》、《文子》、《列子》，待习业成，每年准明经举送至省。置助教一人，委所由州长官，于诸色人内精加访择补授，仍稍

---

① （后晋）刘昫撰：《旧唐书》，中华书局1975年版，第214页。

② （清）董诰等编纂：《全唐文》卷25。

③ （清）董诰等编纂：《全唐文》卷39。

④ （清）董诰等编纂：《全唐文》卷32。

⑤ （后晋）刘昫撰：《旧唐书》，中华书局1975年版，第199页。

加优奖。”[1] 设立崇玄学馆之后，还对地方官吏考核中，增加考察他们兴办道学成效的内容：“三载考绩，以鉴吏能……其天下道学，固已有置者，并乡学等，此并切于生人，比来兴置，盖为教导，各宜敦劝，使有成益。”（《遣使分巡天下诏》）[2]科举考试中，玄宗还要策问《道德经》、《文子》、《列子》、《庄子》等书内容。其《策道德经及文列庄子问》：“朕听政之暇，尝读《道德经》、《文》、《列》、《庄子》，其书文约而义精，词高而旨远，可以理国，可以保身。朕敦崇其教，以左右人也。子大夫能从事于此，甚用嘉之。”[3] 不仅如此，天宝元年玄宗又下诏，将庄子、文子、列子、庚桑子列在真人，“庄子号为南华真人，文子号为通玄真人，列子号为冲虚真人，庚桑子号为洞虚真人。其四子所著书改为真经。崇玄学置博士、助教各一员，学生一百人”（《旧唐书·玄宗本纪》）。[4]

在玄宗崇道活动中，最为突出是对老子的推崇。高宗乾封元年（公元 666 年）追封老子为“太上玄元皇帝”。玄宗天宝元年（公元 742 年）九月“两京玄元庙改为太上玄元皇帝宫”；天宝二年（公元 743 年）正月“追尊玄元皇帝为大圣祖玄元皇帝”，三月“追尊圣祖玄元皇帝父周上御史大夫敬曰先天太上皇，母益寿氏号先天太后，仍于谯郡本乡置庙。尊咎繇为德明皇帝。改西京玄元庙为太清宫，东京为太微宫，天下诸郡为紫极宫”（《旧唐书·玄宗本纪》）。[5] 天宝八年（公元 749 年）玄宗“亲谒太清宫，册圣祖玄元皇帝尊号为圣祖大道玄元皇帝”，[6] 天宝十三年（公元 754 年）又“上玄元皇帝尊号曰大圣祖高上大广道金阙玄元天皇大帝”。[7] 对老子的尊崇无以复加。与此相应，玄宗对道教发展史上具有较大贡献的道士也加以崇封（见《加应道尊号大赦文》）。在提高追赠老子尊号的同时，也提升对老子的祭祀、祭礼的规格，并将对老子的祭祀纳入李唐皇室祭祖告天的仪礼程式中，为其后李唐诸帝所遵循。唐玄宗之所以如此尊崇道教，不仅与盛唐宏阔包容的精神气度密切联系，也与他企图通过发展道教来重塑李唐皇室的威信和形象，清除武则天时期佛教大盛

①② （清）董诰等编纂：《全唐文》卷 31。
③ （清）董诰等编纂：《全唐文》卷 40。
④ （后晋）刘昫撰：《旧唐书》，中华书局 1975 年版，第 215 页。
⑤ （后晋）刘昫撰：《旧唐书》，中华书局 1975 年版，第 216 页。
⑥ （后晋）刘昫撰：《旧唐书》，中华书局 1975 年版，第 223 页。
⑦ （后晋）刘昫撰：《旧唐书》，中华书局 1975 年版，第 227 页。

的消极影响有关，还与其爱好神仙之术、喜欢服食丹药及对老子学说的偏爱等个人因素密切关联。

玄宗扶持道教，抑制佛教。从他颁布的一系列诏令就可以看出其佛教政策，他先后发布了《检括僧尼诏》、《禁百官与僧道往还制》、《禁坊市铸佛写经诏》、《禁士女施钱佛寺诏》、《禁创造寺观诏》、《分散化度寺无尽藏财物诏》、《禁僧道不守戒律诏》、《禁僧道掩匿诏》、《澄清佛寺诏》、《禁僧徒敛财诏》、《禁僧俗往还诏》等诏令，不仅禁造寺观、铸佛像、写佛经，还禁止僧尼与百官、百姓交往，明确说明其“不度人来尚二十余载”（《澄清佛寺诏》）。[①] 虽如此，但他并非完全排斥佛教，而是让佛教继续生存，尤其对密宗比较优容。密教虽在晋代就传入中国，但中国佛教密宗却是在开元时期形成的。密宗创始人善无畏、金刚智、不空三人称“开元三大士”。开元四年（公元 716 年），善无畏携带梵文佛经来到长安。之后，他以祈雨而获得玄宗的赏识，玄宗请他住在内道场，并尊其为“教主”，后又将其安置在兴福寺。开元八年（公元 720 年），金刚智来到长安，玄宗将他迎至慈恩寺，后迁往荐福寺。在玄宗的支持下，善无畏、金刚智与不空翻译了大量密宗经典，创立了中国佛教密宗。[②] 除此之外，玄宗对禅宗、唯识宗、天台宗也给予了一定的关注。在其前往东都洛阳时，随驾的僧人中有善无畏、菩提流志、道氤、良秀、法修等高僧，他们都得到玄宗的赏识。玄宗接受过道教符箓，但他也把高僧不空请入宫中，设立道场，受“灌顶法”，成为佛教“菩萨戒弟子”；他不仅亲注《道德经》，同时还御注了当时极为盛行的《金刚经》，且颁行全国。玄宗对待两教的基本态度是“道教释教，自来一体，都忘彼我，不自贵高……宜增修戒行，无违僧律，兴行至道，俾在于此”（《僧尼拜父母敕》）。[③] 其《答张九龄贺御注金刚经批》云：“朕位在国王，远有传法，竟依群请，以道元元。与夫《孝经》、《道经》，三教无阙，岂兹秘藏能有探详。”[④]

综上，玄宗虽然实行儒、释、道三教共存的宗教管理政策，却更尊崇道教。

---

① （清）董诰等编纂：《全唐文》卷 30。

② 张国刚著：《佛学与隋唐社会》，河北人民出版社 2002 年版，第 149 页。

③ （北宋）宋敏求编：《唐大诏令集》，洪丕谟、张伯元等点校，学林出版社 1992 年版，第 540 页。

④ （清）董诰等编纂：《全唐文》卷 37。

## 第四节　裴耀卿的管理思想

由于唐都长安地处西北，玄宗开元前期这里时常面临粮食短缺的困境。长安作为全国的政治、军事和文化中枢，汇集了大量非农业人口，加之关中一带自然灾害频发，关中地区已不能保证给京城长安稳定供应粮食了。但是，长安周边的交通很不便利，要从关东、江淮等全国主要产粮区快速调运大批的储备粮进入长安，遇到了不少困难。因此，每当关中发生较大的自然灾害，玄宗就要率领文武百官到东都洛阳“就食”。开元二十一年（公元 733 年），时任京兆尹的裴耀卿成功解决了这一难题，为长安建立起连接全国主要粮产区顺畅的粮食物流通道，并实现了对粮食储备和运输的有效管理，不仅化解了长安的缺粮危机，也为长安提供了稳定的粮食储备。

开元前期的粮食物流具有如下特点：首先，长安粮食需求量较开元以前增多，粮食物流规模随之加大。其主要原因：一是军队用粮增加。募兵制取代府兵制，军粮由府兵营田提供改为朝廷供应，加之玄宗颇好边功，不断扩军，军队用粮随之增加。二是武则天、中宗和睿宗时期官僚机构扩容，官吏员额增多，官禄用粮随之增加。“初，太宗省内外官，定制为七百三十员……然是时已有员外置，其后又有特置，同正员。至于检校、兼、守、判、知之类，皆非本制。又有置使之名，或因事而置，事已则罢，或遂置而不废。其名类繁多，莫能遍举”（《新唐书·百官志》）。[①] 武后为笼络人心，置爵赐官颇为随意。到韦后、太平公主时，敕授斜封官，官员队伍更加繁滥。玄宗前期，虽然改革吏治，奖优汰劣，罢黜了一批不合格官吏，并重新确定官制，内外文武官员达 18805 人，如果包括流外官在内，全国共有官吏 368868 人（《通典·职官典》）。[②] 加之随着社会经济的发展进步，官员俸禄在不断提高，官禄用粮也随之增加。开元二十四年（公元 736 年），“令百官防阁、庶仆俸食杂用以月给之，总称月俸：一品钱三万一千，二品二万四千，三品万七千，四品万一千五

---

① （北宋）欧阳修、宋祁撰：《新唐书》，中华书局 1975 年版，第 1181 页。

② （唐）杜佑撰：《通典》卷 19、卷 40；参考韩国磐著：《隋唐五代史纲》，人民出版社 1979 年版，第 292 页。

百六十七，五品九千二百，六品五千三百，七品四千一百，八品二千四百七十五，九品千九百一十七。禄米则岁再给之：一品七百斛，从一品六百斛，二品五百斛，从二品四百六十斛，三品四百斛，从三品三百六十斛，四品三百斛，从四品二百五十斛，五品二百斛，从五品百六十斛，六品百斛，自此十斛为率，至从七品七十斛，八品六十七斛，自此五斛为率，至从九品五十二斛。外官降一等”（《新唐书·食货志》）。[①] 自开元伊始，设置众多使职，每一使职除正常俸禄之外还各给杂钱。“自开元后，置使甚众，每使各给杂钱。宰相杨国忠身兼数官，堂封外月给钱百万。幽州平卢节度使安禄山、陇右节度使哥舒翰兼使所给，亦不下百万。”（《新唐书·食货志》）因此，国家支配给整个官僚队伍的数量巨大薪俸用粮。三是宫廷人数增加，消费奢靡，粮食浪费严重。“唐之盛时，凡乐人、音声人、太常杂户子弟隶太常及鼓吹署，皆番上，总号‘音声人’，至数万人。”（《新唐书·礼乐志》）[②]《新唐书·礼乐志》还记载唐朝皇帝日常饮食供膳 2400 人。宦官、宫女之盛，兆自武后，极于玄宗，“开元、天宝中，宫嫔大率至四万，宦官黄衣以上三千员，衣朱紫千余人”（《新唐书·宦者传》）。[③] 四是随着社会经济的发展繁荣，京城长安居民人口快速增加，达百万人之多，需要消费大量粮食，从而导致供粮紧张。

其次，粮食供应地区南移，运粮路程加长。初唐时期，供粮区主要是关中地区、黄河中下游的河北和河南地区，而淮南道和江南道作为辅助的供粮区供粮较少。河北、河南的储备粮先储存在洛阳的含嘉仓，然后由含嘉仓向京城太仓每年调运约 20 万石，即可满足长安的粮食需求。由于运量少，依托东西两京之间的陆运通道就基本能够实现稳定供应，但也有不少困难。据《新唐书·食货志》记载：“初，江淮漕租米至东都输含嘉仓，以车或驮陆运至陕。而水行来远，多风波覆溺之患，其失常十七八，故其率一斛得八斗为成劳。而陆运至陕，才三百里，率两斛计佣钱千。民送租者，皆有水陆之直，而河有三门底柱之险。”[④] 有时关中地区发生较严重的自然灾害，皇帝还要率领文武百官到洛阳“就食”。《新唐书·食货志》还云：“唐都长安，而关中号称沃野，然其土地狭，所出不足以给京师、备水旱，故常转漕东南之粟。高祖、太宗之时，

---

① （北宋）欧阳修、宋祁撰：《新唐书》，中华书局 1975 年版，第 1399 页。
② （北宋）欧阳修、宋祁撰：《新唐书》，中华书局 1975 年版，第 477 页。
③ （北宋）欧阳修、宋祁撰：《新唐书》，中华书局 1975 年版，第 5856 页。
④ （北宋）欧阳修、宋祁撰：《新唐书》，中华书局 1975 年版，第 1365 页。

用物有节而易赡，水陆漕运，岁不过二十万石，故漕事简。自高宗已后，岁益增多，而功利繁兴，民亦罹其弊矣。”（《新唐书·食货志》）到玄宗时期，随着长安需要供粮数量的快速增加，每年需从全国各地调运一百万石储备粮。因此，淮南道和江南道在之前基本作为辅助供粮区，现在成了主要粮源地区，粮食流动也主要从黄河流域扩展到长江、淮河流域。主要供粮区南移，粮食供应基地增加，运粮路程加长，运送数量增多，加之交通不便，运粮难度和成本都成倍增加。

最后，采用单一的水路直运法运输粮食，行程也不通畅。开元十八年（公元730年），作为宣州刺史的裴耀卿朝集长安，回答玄宗关于漕运事宜时云：“江南户口稍广，仓库所资，惟出租庸，更无征防。缘水陆遥远，转运艰辛，功力虽劳，仓储不益。窃见每州所送租及庸调等，本州正二月上道，至扬州入斗门，即逢水浅，已有阻碍，须留一月已上。至四月已后，始渡淮入汴，多属汴河干浅，又般运停留，至六七月始至河口。即逢黄河水涨，不得入河。又须停一两月，待河水小，始得上河。入洛即漕路干浅，船艘隘闹，般载停滞，备极艰辛。计从江南至东都，停滞日多，得行日少，粮食既皆不足，欠折因此而生。又江南百姓不习河水，皆转雇河师水手，更为损费。”（《旧唐书·食货志》）[①] 造成这种耽搁的原因，就是采用单一的水路直运法，没有考虑水陆结合，也不考虑因季节变化而引起河道河水涨落深浅的变化对航行的影响。

但是，当时发展粮食物流也具有非常有利的方面。主要表现为：一是大运河渠道基本通畅。隋炀帝时期修建的大运河的五大主干并未荒废，唐代一直保持通畅。二是大运河相关渠道附近的仓储设施还基本保留，隋代大运河沿线的旧仓如含嘉仓、兴洛仓、回洛仓、河阳仓、虎牢仓、黎阳仓等，一部分唐初仍在使用，一部分经修复就可以投入使用，剩下的可以在原址重建。三是高宗时期已经对三门峡砥柱做过治理努力，取得了一些鉴戒的经验。据《新唐书·食货志》记载，高宗显庆元年（公元656年），“苑西监褚朗议凿三门山为梁，可通陆运。乃发卒六千凿之，功不成。其后，将作大匠杨务廉又凿为栈，以挽漕舟”。[②] 四是当时农业生产发展，各州县粮食丰盈；其他行业也欣欣向荣，人民安居乐业，整个社会一派安定繁荣的景象，“时累岁丰稔，东都米斗十钱，

---

① （后晋）刘昫撰：《旧唐书》，中华书局1975年版，第2114页。

② （北宋）欧阳修、宋祁撰：《新唐书》，中华书局1975年版，第1365页。

青、齐米斗五钱”(《旧唐书·玄宗本纪》)。[①] 完好的物流基础设施，安定的社会环境，为裴耀卿解决粮食物流问题提供了良好的条件。

因此，开元十八年（公元 730 年），时任宣州刺史的裴耀卿例行朝集京师时，就向玄宗提出了比较成熟的粮食物流通道建设和管理思想：“伏见国家旧法，往代成规，择制便宜，以垂长久。河口元置武牢仓，江南船不入黄河，即于仓内便贮。巩县置洛口仓，从黄河不入漕洛，即于仓内安置。爰及河阳仓、柏崖仓、太原仓、永丰仓、渭南仓，节级取便，例皆如此。水通则随近运转，不通即且纳在仓，不滞远船，不忧久耗，比于旷年长运，利便一倍有余。今若且置武牢、洛口等仓，江南船至河口，即却还本州，更得其船充运。并取所减脚钱，更运江淮变造义仓，每年剩得一二百万石。即望数年之外，仓廪转加”(《旧唐书·食货志》)。[②] 但是，裴耀卿的提议未被玄宗采纳。开元二十年（公元 732 年）冬，裴耀卿升任京兆尹。第二年秋，长安雨水连绵，粮价飞涨，出现饥荒，玄宗打算率领百官到东都洛阳去“就食”，独召见裴耀卿询问如何调运地方储备粮入长安以缓解饥荒之事。裴耀卿进一步陈述了他的构想，玄宗深表认同。不久就拜其为黄门侍郎、同中书门下平章事，充转运使(《旧唐书·裴耀卿传》),[③] 开始实施其粮食物流通道的建设和管理实践。其主要内容如下：

## 一、设立和修复转运仓，建立不同水运路段的转运和水陆结合的转运机制

开元二十年（公元 732 年）冬，已升任京兆尹的裴耀卿向玄宗进一步陈述他的粮食物流通道的建设和管理思想：“从东都更广漕运，以实关辅。待稍充实，车驾西还，即事无不济。臣以国家帝业，本在京师，万国朝宗，百代不易之所。但为秦中地狭，收粟不多，倘遇水旱，便即匮乏。往者贞观、永徽之际，禄禀数少，每年转运不过一二十万石，所用便足，以此车驾久得安居。今国用渐广，漕运数倍于前，支犹不给。陛下数幸东都，以就贮积，为国大计，不惮劬劳，只为忧人而行，岂是故欲不往。若能更广陕运，支粟入京，仓廪常

① （后晋）刘昫撰：《旧唐书》，中华书局 1975 年版，第 189 页。

② （后晋）刘昫撰：《旧唐书》，中华书局 1975 年版，第 2114～2115 页。

③ （后晋）刘昫撰：《旧唐书》，中华书局 1975 年版，第 3081 页。

有三二年粮，即无忧水旱。今天下输丁约有四百万人，每丁支出钱百文，五十文充营窖等用，贮纳司农及河南府、陕州以充其费。租米则各随远近，任自出脚送纳东都。从都至陕，河路艰险，既用陆脚，无由广致。若能开通河漕，变陆为水，则所支有余，动盈万计。且河南租船候水始进，吴人不便河漕，由是所在停留，日月既淹，遂生隐盗。臣望沿流相次置仓。"（《旧唐书·裴耀卿传》）[①] 玄宗采纳了裴耀卿的建议，并命他负责督办粮食物流通道的建设和管理事宜。至开元二十二年（公元734年）八月，在裴耀卿的指挥下，在汴河与黄河交汇的汴河口附近设置河阴县及河阴仓，转运江淮租米；在三门峡以东10华里的黄河北岸设置集津仓，在三门峡以西五华里的黄河北岸设置盐仓，陆上转运河北、河南和江淮来的租粮；同时恢复位于黄河北岸河清县咸亨三年（公元672年）设置，开元十年（公元722年）废用的柏崖仓；启用洛口仓，临时储存河北和江南漕运来的粮食。利用上述转运仓，再加上原有的含嘉仓、太原仓和永丰仓，就可以实现层级转运。转运途径是："自江淮而溯鸿沟，悉纳河阴仓。自河阴送纳含嘉仓，又送纳太原仓，谓之北运。自太原仓浮于渭，以实关中。"（《旧唐书·食货志》）[②] 即从江淮运来的粮食卸到河阴仓，然后与河北、河南来的粮食一道经黄河水运到洛口仓、含嘉仓、柏崖仓和集津仓分别储存，最后由集津仓陆运到盐仓，再水运到太原仓、永丰仓和太仓。这些水路转运仓不仅是水陆转运过程中的粮食中转站，还通过收储储备粮来保证粮食流动连续性和经常性，充分利用了粮食物流的基础设施。

裴耀卿关于粮食物流通道的建设和管理，一方面实现多种运输方式和运输工具的组合，提高粮食物流综合效率。从扬州到汴河口使用江南的船只，从汴河口到洛口仓或集津仓使用黄河的船只，从集津仓到盐仓使用马车、牛车、马驮，从盐仓到永丰仓使用黄河的船只，从永丰仓到渭南仓或太仓用渭河的船只。不同路段使用相应的运输工具，发挥了不同运输工具的优势和特点。另一方面，裴耀卿改变了原有的运输结构和系统，减省了许多工程建设，充分发挥了仓储设施的储备功能。他未进行过大规模的物流基础设施建设，以较少的投入，就建立起了由全国不同粮产区通往长安的高效、顺畅的粮食物流通道。裴耀卿新开工程有开凿三门峡18里山路和新建河阴仓、集津仓和盐仓，其余转

① （后晋）刘昫撰：《旧唐书》，中华书局1975年版，第3081页。
② （后晋）刘昫撰：《旧唐书》，中华书局1975年版，第2115页。

运仓在原有设施的基础上稍做修缮和整治即可利用。其中，河阴仓的利用效率最高，唐代后期甚至成为全国最大的粮仓。

## 二、缩短陆运距离，以水运取代长距离陆运，节约了运输成本

裴耀卿改变了原来粮食先储存在洛阳含嘉仓，然后由含嘉仓经过 300 里陆运到陕州太原仓的运送方式。其具体办法是：在三门峡东西两头分别设置集津仓和盐仓，由河阴仓和河北、河南地区运送过来的粮食，部分送到洛阳含嘉仓，余者经黄河水运送到集津仓，然后漕运船返回；集津仓的粮食经过陆运 10 多里，送到西面的盐仓；再用黄河的漕运船送到陕州的太原仓和华州的永丰仓，华州永丰仓的粮食再漕运到长安的太仓。如此，原先 300 里的陆运距离就缩短为 10 多里，其余路程全部采用水运，降低大量的运输成本。据《旧唐书·食货志》记载，裴耀卿指挥和组织运粮 3 年，“运七百万石，省陆运之佣四十万贯。旧制，东都含嘉仓积江淮之米，载以大舆而西，至于陕三百里，率两斛计佣钱千。此耀卿所省之数也。”[①] 由于显庆元年（公元 656 年）集津仓和盐仓之间的 10 多里山路已经由苑西监褚朗发卒 6000 开凿过，当时虽未获成功，但却打下了一定的工程基础，到裴耀卿开凿时工程量不是很大。

## 三、理顺粮食物流环节，改变流程，提高了效益

裴耀卿之前，各粮产区的储备粮经过永济渠和通济渠，沿途不做停留直接运到洛阳的含嘉仓，再由含嘉仓运到陕州太原仓，之后由太原仓运到华州的永丰仓和长安的太仓。在这个运输过程中，有时冒险通过三门峡，不仅造成巨大的人员伤亡和财产损失，导致用“斗钱运斗米”。[②] 裴耀卿负责管理之后，运粮环节变成利用永济渠把河北、河南地区的粮食先运至洛口仓、柏崖仓和集津仓，洛口仓的粮食再运往含嘉仓储备，柏崖仓作为临时储备仓为集津仓转运作储备；江南、淮南地区的粮食先送到河阴仓，再送到洛口仓、柏崖仓和集津仓；之后，再分别运往含嘉仓、盐仓、太原仓、永丰仓和太仓。从总体上看，裴耀卿增加了粮食流通过程中的仓储节点，装卸、搬运和储存环节也增加了，所以原先的流程改变了，各节点面临有效衔接的问题。但是，裴耀卿根据河渠

---

① （后晋）刘昫撰：《旧唐书》，中华书局 1975 年版，第 2116 页。

② （北宋）司马光编著：《资治通鉴》卷 234。

水位季节性变化的特点，合理安排运输时间，适应自然条件对粮食运输的要求。他改变原来每年二月从扬州的斗门出发，四月渡淮人汴，六七月到汴河河口，八九月上河入洛的做法，而是在河水较深且平稳的月日开船起运，水浅或暴涨的月日停运，减少了运输过程中在路途上等待的时间；他利用转运仓储存节点，能储备的时节尽量储备，能运输的时节尽量运输，使粮食的储备和运输有效衔接起来。这样，粮食流通各个节点的衔接非常紧凑，储备粮常年处于适应节令变化流动之中，沿途各个转运仓都做好充分储备，江南漕运船乘汴河渠水较深时将粮食运到河阴仓大量储备，汴河渠水较浅时停运；然后，在黄河水势平稳时将河阴仓的储备粮运到洛口仓、含嘉仓、柏崖仓、集津仓及太原仓、永丰仓进行大量储备。如此，利用转运仓的储备功能，实现运粮的合理性和连续性，不仅保证了粮食流通的安全性，而且实现粮食在各个转运仓中的合理储存和它们之间的动态流动，从而有效保障了长安的粮食供应。

裴耀卿之前，地方储备的粮食运送到京城的太仓，因为流通环节较为简单，需要费时一年才能运到，粮食在路途上遭受风吹日晒，品质被损坏，京城虽粮供紧张，大量粮食却耽搁在运输途中，长安粮食没有得到稳定供应。裴耀卿没有进行耗费巨大的工程建设，而是适当调整运输方式，合理改变粮食流通的流程和节点，就实现了全国粮食的有效储备和合理流动。裴耀卿的粮食物流通道的建设和管理思想被后世不断继承、创新。

裴耀卿之后，一些官吏对其粮食物流通道进一步完善。开元二十九年（公元741年），陕郡太守李济物“凿三门山以通运，辟三门巅，逾岩险之地，俾负索引舰，升于安流，自齐物始也”（《旧唐书·食货志》）。[①] 玄宗天宝元年（公元742年），韦坚任陕郡太守、水陆转运使，他奏请循汉、隋旧渠，与渭河并行重新开凿了一条漕渠，历时两年完成，改善了渭河段的运输条件。代宗广德二年（公元764年），因为“自丧乱（‘安史之乱’）以来，汴水堙废，漕运者自江、汉抵梁、洋，迂险劳费”，河南、江、淮以来转运使刘晏“乃疏浚汴水，遗元载书，具陈漕运利病，令中外相应”。[②] 刘晏疏浚山阳渎和汴河，提高了汴河通航能力，“自是每岁运米数十万石以给关中，唐世称漕运之能者，推晏为首，后来者皆遵其法度云”（《旧唐书·食货志》）。刘晏还在扬州设立转

① （后晋）刘昫撰：《旧唐书》，中华书局1975年版，第2116页。

② （北宋）司马光编著：《资治通鉴》卷223。

运仓，江南船只不进入山阳渎和汴河，到扬州的扬子仓即卸粮返航。他还建造了专于黄河运输的船只，使之能够直接通过三门峡。德宗贞元二年（公元 786 年）二月，陕虢观察使李泌奏请："自集津至三门，凿山开车道十八里，以避底柱之险。"[①] 将 18 里山路凿为直道，并且开凿了上下两条路，上路专回空车，下路专行重车。该工程当月完成，进一步提高了运粮效率。韦坚、刘晏等人继承和发展了裴耀卿的思想，更有效地保障了长安粮供。

① （北宋）司马光编著：《资治通鉴》卷 232。

# 第四章　中唐管理思想

中国管理思想史上的中唐，是指从“安史之乱”期间肃宗李亨即位，直至宣宗李忱统治的时期，历十帝共约100余年。从开元末年起，玄宗李隆基在长期升平殷富的盛世中逐渐发生变化，深居禁中，懈怠政事。自开元二十二年（公元734年）起，奸臣李林甫专权达19年之久，宦官高力士亦日见重用；还对吐蕃、南诏、契丹不断发动战争，不仅恶化了民族关系，也使国家财政日显不足；加之大量扩充边军，导致了军事布局上的外重内轻，中央集权受到削弱。与此同时，土地兼并盛行，农民逃亡日多，社会危机四伏。天宝二年（公元743年）后，玄宗宠幸杨贵妃，专以声色为娱。李林甫死后，杨贵妃从祖兄杨国忠专权。玄宗一再受李林甫、杨国忠、安禄山等人的蒙蔽，天宝十四年（公元755年）终于爆发了“安史之乱”。

唐王朝历经长达8年“安史之乱”的浩劫，从此由盛而衰，一蹶不振，中央集权严重的削弱，阶级矛盾更为深重。北方的生产力遭受严重的破坏，大批北人南渡，经济重心南移。在对外关系上，唐王朝也逐渐丧失了对少数民族地区的有效控制和管理，吐蕃不时入侵掠夺，对沿边人民的生产生活带来极大威胁。

## 第一节　中唐管理思想概述

“安史之乱”开始后的第二年，即公元756年，李亨即位，是为肃宗。肃宗在位6年，信用宦官鱼朝恩、李辅国等，致使宦官势力日益膨胀，开始操纵国家军政大权。而随着“安史之乱”的平定，到了代宗李豫时期，东部诸多藩镇割据，北方回纥不断勒索，西面有吐蕃侵扰，吐蕃甚至在广德元年（公元763年）一度占领长安，国家政治、经济、军事等方面的危机进一步加深。公元780年，德宗李适即位，一方面，他为了改善财政，采纳了宰相杨炎的建议，废除庸调制，颁行“两税法”；另一方面，德宗试图削弱藩镇实力，加强中央集权，但由于措施失当，反而引起诸镇节度使的反抗。先后发生了朱泚、李怀光等藩镇反叛，中央权力进一步削弱。其后，公元805年即位的顺宗李诵在王伾、王叔文、韩泰、韩晔等人的支持下，改革弊政，贬斥贪官，废除宫市，停止盐铁进钱和地方进奉，并试图收回宦官兵权，史称“永贞革新”。但在宦官、藩镇和部分官僚势力的联合反抗下以失败告终。公元806年宪宗李纯即位后，为了加强中央集权，先后削夺了西川、夏绥、节度、镇海、魏博、成德等反叛的藩镇，被称为“元和中兴”。之后穆宗李恒在位4年，荒于朝政，奢侈放纵，加之治国理政措施不当，导致河北三镇再度背叛，宦官权势更盛，朋党相争剧烈，宪宗中兴的局面完全丧失。其后的敬宗、文宗、武宗、宣宗诸朝，朝政腐败，官吏贪污，宦官专权，藩镇割据，朋党相争，四夷不朝。虽然武宗于会昌五年（公元845年）下令拆毁佛寺，没收大量寺院土地，国家财政收入有所改善；宣宗勤俭治国，体贴百姓，减少赋税，注重选拔人才，还乘吐蕃、回纥衰微，派兵收复了河湟之地，平定了吐蕃，呈现出“中兴”的小康局面。但是，他们都无法从根本上改变唐王朝国势整体衰颓下行的态势。

## 一、中唐管理思想的发展

“安史之乱”使唐王朝元气大伤，之后，藩镇割据形成，帝国由盛转衰。这一时期，土地兼并日趋严重，均田制已经逐步瓦解，租庸调制也无法实行。代宗任用刘晏改革盐法，改善了国家的财政状况。德宗任用杨炎为宰相，于建中元年（公元780年）开始实行两税法，一年分夏、秋两季依土地征税；德宗还致力削藩，引起朱滔、李希烈、朱泚、李怀光等藩镇叛乱。虽然最终朱泚、李希烈等败死，但是唐中央却与其余藩镇妥协，条件是这些藩镇取消王号，中央承认他们在当地的统治权。此举导致藩镇割据进一步深化。此后，唐中央内有宦官掌权，禁军兵权甚至皇帝的拥立都由宦官决定，外有吐蕃、回纥、南诏等外患，而节度使对地方又拥有独立于中央的管理权，唐王朝对全国的统治处在逐渐被瓦解的过程中。

宪宗即位后，认真总结历史经验，注重发挥群臣的作用，敢于任用能臣为宰相，政治上也有所改革。他在位的15年间，勤勉政事，君臣同心同德，取得了元和削藩的巨大成功，重振了中央权威，唐王朝出现了中兴气象，开创了

“元和中兴”，也为他赢得了与太宗、玄宗相提并论的历史声誉。宪宗末年，由于牛僧孺和李德裕两党之争亦愈演愈烈，宦官集团乘机渔翁得势，进一步专制朝政。文宗为宦官王守澄等拥立，自然受制于宦官。太和九年（公元 835 年），文宗与李训和郑注等发动甘露之变，密谋诛杀宦官失败，文宗更受宦官钳制。

文宗去世后，武宗在宦官仇士良的拥立下，经过派系斗争继位。但是，武宗重用李德裕，中书省的职能作用得到较好发挥，逐渐削夺了宦官仇士良的权力。武宗在位时期，改革弊政，藩镇降服，打击佛教，还击溃回鹘乌介可汗及其部众，取得了一系列振兴朝政的成绩。武宗去世后，宣宗同样是在宦官的协助之下继位。宣宗一即位，立即将武宗朝重臣李德裕贬出朝廷，重用牛党的白敏中为相，延续几十年的牛李党争最后以李党的彻底失败告终。对外关系上，宣宗还乘吐蕃、回纥衰微之机，派兵收复了河湟之地，平定了吐蕃，重新打通了丝绸之路。宣宗在位期间励精图治，勤于理政，整顿吏治，限制皇亲和宦官的权力，并将死于甘露之变中的除郑、李之外的百官全部昭雪。他注意体察民情，减少赋税，注重人才选拔，缓和阶级矛盾，百姓生活日渐改善，使得本已非常腐败的唐王朝呈现出“中兴”气象，史称大中之治。

## 二、中唐管理思想的代表人物

中唐管理思想的代表人物主要有刘晏、杨炎、陆贽、韩愈、李忱等人。

### （一）刘晏

刘晏（公元 718～780 年），字士安，曹州南华（今山东东明）人。开元时以神童授秘书省正字，天宝年间办理税务，因政绩显著，官至侍御史。唐肃宗时，先任度支郎中兼侍御史，领江淮租庸事。后任户部侍郎兼御史中丞，充度支、铸钱、租庸等使。唐代宗时，为京兆尹、户部侍郎，兼御史大夫，领度支、盐铁、转运、铸钱、租庸等使。不久，提任吏部尚书，同中书门下平章事，身居宰相地位，仍领使职。广德二年（公元 764 年）贬为太子宾客，不久进为御史大夫，领东都、河南、江淮、山南等道转运、租庸、盐铁使。大历年间，先与户部侍郎第五琦分管全国财赋，后与户部侍郎韩晃分领关内、河东、山东、剑南道租庸、青苗使。升为尚书左仆射，重登宰相之位。唐德宗即位后，刘晏总领全国财赋。建中元年（公元 780 年），因杨炎所陷被害。

“安史之乱”后，刘晏为挽国家之倾危，解人民于倒悬，身体力行，呕心沥血，孜孜不倦。由于其理财的政策措施适应唐王朝当时经济的残破局面和社会需要，使社会经济得到了一定程度的恢复并有所发展，国家财政收入显著增加，人民生活也得以改善，全国户口也迅速增加。《资治通鉴》评刘晏“理财常以养民为先”，“（刘）晏始为转运使，时天下见户不过二百万，其季年乃三百余万；在晏所统则增，非晏所统则不增也。其初财赋岁入不过四百万缗，季年乃千余万缗。”[①] 刘晏一生历仕玄宗、肃宗、代宗、德宗四朝，长期担任财务要职，管理财政达几十年，效率高，成绩大，被王夫之誉为“广军国之用，未尝有搜求苛敛于民”[②] 的著名理财家。

### （二）杨炎

杨炎（公元 727～781 年），字公南，号小杨山人，天兴（今陕西凤翔）人。其人须眉俊美，风骨峻峙，善为颂赞，文藻雄丽，家有孝名。河西节度使吕崇辟掌书记。德宗时官拜门下侍郎，同中书门下平章事。因租庸调制积弊甚久，故其上任不久即推行两税法，当时便之。初，杨炎矫饬志节，颇得佳声。后因党于元载，坐载贬官道州司马。及得拜相，睚眦必仇，果于用私。自以刘晏劾载及己，贬晏忠州，诬而杀之。建中二年（公元 781 年），卢杞入朝为相，杨炎与卢杞不合。同年十月，遭卢杞诬陷贬为崖州司马，途中赐死。后诏复官，谥平厉。有文集 10 卷、制集 10 卷行于世。

杨炎是中唐著名政治家、理财家。他将国家赋税从归皇帝私有、由宦官掌握的大盈库收归国库大藏库，恢复了“安史之乱”前国家公赋与皇帝私藏分管的制度，维护了国家公赋收支独立的原则。建中元年（公元 780 年），德宗即位，任用杨炎为相。杨炎即主持在全国施行两税法，提出与西周以后的“量出为入”原则相对立的“量入为出”的财政观念；并主张“人无丁（丁男）、中（中男），以贫富为差”，作为两税法的课税基础，抛弃了唐代原来以人丁为征课标准的租庸调制，以土地、业产等财富的多寡，按每户的贫富差别进行课征。这种税法简化了税制，便利了租税征收，也免去了税吏许多催索苛扰，不仅使国家的财政收入增加，而且减轻了人民负担，削弱了宗法地主阶级统治下的人身依附关系，适应了当时社会经济发展的需要。这种计资而税的两税法代替西晋以来计丁而税的赋税制度，是一项具有划时代意义的改革，在中国财政思想史和赋役制度史上是一个大的变革，为后代所沿用。

---

① （北宋）司马光编著：《资治通鉴》卷 226。

② （清）王夫之撰：《读通鉴论》，中华书局 1975 年版，第 1895 页。

### （三）陆贽

陆贽（公元754～805年），字敬舆，苏州嘉兴（今属浙江）人。中唐政治家、文学家。大历六年（771年）进士，又登博学鸿词科，授华州郑县尉，迁渭南县主簿。德宗即位，由监察御史召为翰林学士。当时，藩镇跋扈，朝政紊乱；朱泚叛军攻陷长安，并僭称帝，陆贽随德宗避乱奉天，转为考功郎中。李怀光叛乱，又扈从德宗逃往梁州，转任谏议大夫。收复长安后，还东都洛阳任中书舍人。陆贽自任翰林学士后，即参赞机要，负责起草文诏，"时天下叛乱，机务填委，征发指踪，千端万绪，一日之内，诏书数百。贽挥翰起草，思如泉注，初若不经思虑，既成之后，莫不曲尽事情，中于机会；胥吏简札不暇，同舍皆伏其能"（《旧唐书·陆贽传》），[①] 甚得朝廷倚重，号称"内相"。贞元七年（公元791年）拜兵部侍郎，知贡举。次年任中书侍郎同平章事，为宰相。执政期间，公忠体国，励精图治，颇具远见卓识。当时社会矛盾深化，唐王朝面临崩溃的边缘，陆贽面对危局筹划大计，他指陈时弊，为朝廷多谋善策。他对德宗忠言极谏，建议皇帝应当了解下情，广开言路，纳言改过，轻徭薄赋，任贤黜恶，储粮备边，消弭战争。这些建议多为德宗采纳，化为实际政策。特别是在藩镇叛乱、举国动摇的情势下，他规劝德宗下诏罪己，为其起草诚挚动人的诏书并颁行天下，前线将士为之感动，有的听到后甚至痛哭流涕，叛乱者也上表谢罪。由于他善于预见，措施得宜，力挽危局，使得国家危局转安。

陆贽秉性贞刚，严于律己，自许"吾上不负天子，下不负吾所学，不恤其他"（《旧唐书·陆贽传》），[②] 以天下为己任，敢于矫正君王过失，揭露奸佞误国。他认为立国要以民为本，体恤民众的悲惨生活，力劝德宗爱人节用，轻徭薄赋，反对横征暴敛，主张富国安民。陆贽为相期间，户部侍郎、判度支裴延龄"奸宄用事，天下嫉之如仇。以得幸于天子，无敢言者"，"（陆）贽独以身当之，屡于延面陈其不可，累上疏极言其弊"，遭到裴延龄"日加谮毁"（《旧唐书·陆贽传》）。[③]后来德宗信用奸臣，不听忠言，于贞元十年（公元794年）罢陆贽知政事，为太子宾客，次年春复贬忠州别驾。陆贽谪居僻地，仍心念黎民，因当地气候恶劣，疾疫流行，遂编录《陆氏集验方》50卷，供人们治病使用。顺宗李诵即位，下诏召还陆贽，但诏未至而贽已逝。谥曰宣。有《陆宣

① （后晋）刘昫撰：《旧唐书》，中华书局1975年版，第3791～3792页。

②③ （后晋）刘昫撰：《旧唐书》，中华书局1975年版，第3817页。

公翰苑集》24 卷行世。

**（四）韩愈**

韩愈（公元 768～824 年），字退之，河阳（今河南省焦作孟州市）人。唐代哲学家、思想家、文学家。因祖籍河北昌黎，世称韩昌黎。晚年任吏部侍郎，又称韩吏部。谥号“文”，又称韩文公。韩愈 3 岁而孤，受兄嫂抚育。早年流离困顿，刻苦好学，有经世之志。20 岁赴长安考进士，三试不第。25 岁后，他先中进士，三试博学鸿词科不入选，赴汴州董晋、徐州张建封两节度使幕府任职。后回京任四门博士。36 岁后，任监察御史，因上书论天旱人饥状，请减免赋税，贬阳山令。宪宗时北归，为国子博士，累官至太子右庶子，但不得志。50 岁后，曾随同裴度平定淮西藩镇吴元济之乱，后迁刑部侍郎。在刑部侍郎任上，他上疏谏迎佛骨，触怒了宪宗，被贬为潮州刺史，后移袁州（今江西宜春）。任职袁州期间，韩愈政绩卓越，并且培养了当时江西省的第一个状元卢肇。宜春城中最高山头建有状元楼，宜春市区有昌黎路，都是为了纪念韩愈的特别功绩。穆宗时被召回朝，历国子祭酒、兵部侍郎、吏部侍郎、京兆尹等职，57 岁终。

韩愈在政治上较有作为，主张恢复中央集权，反对藩镇割据。在思想上是中国“道统”观念的确立者，是尊儒反佛里程碑式的人物。他与柳宗元同为唐代古文运动的倡导者，主张学习先秦两汉的散文语言，破骈为散，扩大文言文的表达功能。宋代苏轼称他“文起八代之衰”，明人推他为唐宋八大家之首，与柳宗元并称“韩柳”，有“文章巨公”和“百代文宗”之称。又与柳宗元、苏轼、苏辙、苏洵、曾巩、欧阳修、王安石合称为唐宋八大家。韩愈还是一个语言巨匠。他善于使用前人词语，又注重当代口语的提炼，创造出许多新的语句，其中有不少已成为成语流传至今，如“落井下石”、“动辄得咎”、“杂乱无章”等。其诗力求险怪新奇，雄浑而重气势。著有《韩昌黎集》40 卷，《外集》10 卷，《师说》等。清末民初著名学者马其昶校注其作品，有《韩昌黎文集校注》。

## 三、中唐管理思想的特点

中唐时期的管理思想具有如下特点：

首先，恢复中央集权。代宗时期，刘晏领度支、盐铁、转运、铸钱、租庸等使职，他建议调整赋税结构，削减权贵们的特权。大历四年正月十八日，代宗接受了刘晏的建议，废除了官僚贵族的赋税优免权，从而恢复了中央对国家财权的控制。

德宗建中年间，杨炎请求把原属左藏库的国家公赋收入归左藏库保管，皇宫中每年的费用将按照需求全部奉给，将国家赋税与皇室经费重新分开。德宗同意了杨炎的请求，《旧唐书·杨炎传》称赞云："（杨）炎以片言移人主意，议者以为难，中外称之。"① 这就重新恢复之前关于国家财政的管理办法，使国家财政与宫廷经费二者之间相互独立，剥夺了宦官掌管国家财赋的权力，在一定程度上打击了宦官势力。杨炎推行的两税法，规定之前享有免税特权之人及不定居的商人一律纳税，从而扩大了纳税面，在一定程度上打击了地主、豪族等权贵势力和地方割据势力，加强了中央集权。

陆贽主张恢复中央权威，削弱藩镇势力。泾原兵变后，连京都长安也被藩镇控制。节度使之位已经世袭，藩镇节度使在选官、赋税、招募军队、生杀等方面都拥有自己的决定权。《旧唐书·李怀仙传》记载："既而（仆固）怀恩叛逆，西蕃入寇，朝廷多故，怀仙等四将各招合遗孽，治兵缮邑；部下各数万劲兵，文武将吏，擅自署置；贡赋不入于朝廷，虽称籓臣，实非王臣也。朝廷初集，姑务怀安，以是不能制。"② 陆贽认为要改变这种局面，最紧迫的事情是恢复中央权威，削弱藩镇势力。其《论关中事宜状》认为国君必须"明德威"、"审轻重"以立权威，中央政权如主干，地方州郡如肢指，主干必须强大才能够驾驭肢指，因此必须恢复中央权威，才能够维护社会稳定，所谓"居重以驭轻"，"本大而末小，所以能固"；如果"失居重驭轻之权，忘深根固柢之虑"，就会导致"内寇则崤函失险，外侵则汧渭为戎，于斯之时，朝市离析，事变可虑，须臾万端，虽有四方之师，宁救一朝之患？"③ 居于上述考虑，陆贽建议德宗"追鉴往事，惟新令图，循偏废之柄以靖人，复倒持之权以固国"，才能实现国家长治久安。

韩愈对藩镇割据的弊端具有清楚的认识，他亦力主消夺藩镇权力，恢复唐王朝中央集权。其《张中丞传后叙》热情赞颂了顽强抵御安史叛军，以死报国的张巡、许远、南霁云等人及其英勇事迹。淮西吴元济叛乱后，要求宪宗下定

---

① （后晋）刘昫撰：《旧唐书》，中华书局 1975 年版，第 3420 页。

② （后晋）刘昫撰：《旧唐书》，中华书局 1975 年版，第 3895～3896 页。

③ （清）董诰等编纂：《全唐文》卷 467。

决心，迅速平叛；如果旷日持久，则会给国家和人民带来众多的损失、灾难。后来，韩愈亲随宰相裴度参加了平定淮西之乱，亲自实行了自己的主张。

其次，恢复社会经济。代宗时期，刘晏曾任宰相，他主张“理财以养民为先”，促进经济发展，提高社会生产力，改善民生。据《资治通鉴》记载：“(刘）晏又以为户口滋多，则赋税自广，故其理财常以养民为先……由是民得安其居业，户口蕃息。(刘）晏始为转运使，时天下见户不过二百万，其季年乃三百余万；在晏所统则增，非晏所统则不增也。”[①] 在刘晏制定的相关政策的指导下，“安史之乱”后的社会经济逐渐恢复并有一定发展，国家的财政经济状况也有所好转。对于盐、粮等重要物资的流通和税收，刘晏采用专卖、常平、和籴等措施，将国家垄断和民营结合起来，充分发挥市场的重要作用，这也促进了社会经济的恢复和发展。

德宗建中元年（公元 780 年），杨炎推行两税法，改计丁征税为计资征税，标志着宗法地主阶级专制社会中人身依附关系进一步弱化，适应了社会生产力发展的需求，也顺应了当时生产关系某些方面变革的需要。但是，两税法在后来的施行过程中也产生一些弊端。德宗贞元八年（公元 782 年），陆贽为相。陆贽认识到正确处理政府与农民之间关系的重要性，提出了一系列以民为本、恢复社会经济的管理思想。他认为均田制在保障农民的土地权益方面具有充分的合理性。其《均节赋税恤百姓六条》提出保障农民的土地权益，抑制土地兼并，裁减租价的主张。由于两税法施行不彻底，两税之外各色各样的附加税不断增加，陆贽认为有必要对两税法进行重新认识和评价。所以应当切实减轻农民负担，厘清并革除两税法的一些弊端。他在《均节赋税恤百姓六条》中提出了革除这些弊端的办法：改两税法“量出以制入”为“量入为出”的征税原则；废除用钱定税额的制度；罢不急之用；停止加征和罢免特贡；等等，都旨在恢复和发展社会经济。

韩愈亦主张恢复和发展社会经济，并能在一定程度上突破传统思想的束缚，提出一些颇具创造性的思想主张。韩愈重视商业，他从社会分工的必要性出发充分论证了商业在社会经济中的不可或缺性，认为社会上的每个人都不可能生产自己所需要的一切东西，而必须依靠分工协作，向他人提供自己的产品或服务，并从他人那里取得其所需的东西。基于对工商业重要作用的深刻认

① （北宋）司马光编著：《资治通鉴》卷 226。

识，韩愈还提出了一些促进工商业发展的思想。他反对政府对工商业的垄断，主张给民营工商业相应的生存空间，这在其《论变盐法事宜状》中有详细的论述。韩愈反对政府垄断专卖制度，认为民营商人在商品流通及满足百姓生活需要的过程中起到了重要作用，体现了他对商业的重视和对传统重农抑商思想的突破。

## 第二节　刘晏的管理思想

刘晏的管理思想主要体现在为国理财方面。他在代宗之世掌管国家财政20余年，制定和实施了许多具有开创性的经济政策和管理措施，在转运、盐铁、常平、租庸、贩灾等诸多经济领域，把国家与市场、官与商的对立关系有效地统一起来，使管理税收与经营商业合二为一，理财以养民为先，做到国用充足而民不加赋，化解了“安史之乱”后唐帝国的财政经济危机。

刘晏执掌天下财赋之前，正值唐王朝连遭“安史之乱”和吐蕃之祸，唐王朝处在由盛而衰的转折时期，“安、史之乱，数年间，天下户口什亡八九，州县多为籓镇所据，贡赋不入，朝廷府库耗竭，中国多故，戎狄每岁犯边，所在宿重兵，仰给县官，所费不赀。”(《资治通鉴》)[①] 《旧唐书·刘晏传》亦云：“时新承兵戈之后，中外艰食，京师米价斗至一千，官厨无兼时之积，禁军乏食，畿县百姓乃挼穗以供之。”[②] 就在朝廷陷入内忧外患、财政枯竭之际，宝应元年（公元762年），代宗即位，立即任刘晏为京兆尹、户部侍郎，领度支、盐铁、转运、铸钱、租庸使。不久，又为吏部尚书、同中书门下平章事，使如故。担负起为国理财的重任，开始全面推行其财政经济管理的政策措施。

### 一、理财以养民为先

要提高国家财政收入，发展社会经济是基本前提。基于此，刘晏提出“理财以养民为先”的财政管理思想。理财以养民为先，促进社会经济发展，提高社会生产力，改善民生，是增加政府财赋收入的前提。因此，刘晏特别关心社

---

① （北宋）司马光编著：《资治通鉴》卷226。

② （后晋）刘昫撰：《旧唐书》，中华书局1975年版，第3511～3512页。

会生产，赈灾救弊，《新唐书·刘晏传》言其“察州县灾害，蠲除振救，不使流离死亡”。[①] 刘晏很重视受灾地区的生产自救，组织政府相关机构向灾区供应粮食，来换取当地的土特产以供官用，或转运到缺乏这种产品的地区出售。生产自救的办法不仅利于社会经济的发展，而当经济发展了，又可以增加国家的赋税收入。刘晏认为，“王者爱人，不在赐与，当使之耕耘织纴，常岁平敛之，荒年蠲救之，大率岁增十之一”，“善治病者，不使至危惫；善救灾者，勿使至赈给。故赈给少则不足活人，活人多则阙国用，国用阙则复重敛矣；又赈给近侥幸，吏下为奸，强得之多，弱得之少，虽刀锯在前不可禁，以为二害。灾沴之乡，所乏粮耳，它产尚在，贱以出之，易其杂货，因人之力，转于丰处，或官自用，则国计不乏；多出菽粟，恣之粜运，散入村闾，下户力农，不能诣市，转相沾逮，自免阻饥，不待令驱。以为二胜”（《新唐书·刘晏传》）。[②] 他认为单纯的赈济会产生很多的弊端，一是“赈给少则不足活人，活人多则阙国用，国用阙则重赋敛矣”，单靠赈济会造成国家财政亏空，反过来又要加重农民的赋税，不利于发展生产；二是“赈给近侥幸，吏下为奸，强得之多，弱得之少”，用于救济的钱物大多为奸吏、强者所得，普通百姓、弱者少得。因此，采取生产自救不仅可以消除上述弊端，而且还具有两大长处：一是“灾沴之乡，所乏粮耳，它产尚在”，国家用粮食“贱以出之，易其杂货”，“因人之力，转于丰处，或官自用，则国计不乏”，这样不仅解决了民众的生活问题，而且通过生产自救，达到了增加财富，“国计不乏”的目的；二是“多出菽粟，恣之粜运，散入村闾，下户力农，不能诣市，转相沾逮，自免阻饥，不待令驱”，政府派专人将粮食低价粜给农民，除去商人从中盘剥的中间环节，使农民得到更多的利益，使他们免于饥饿，安心生产，有利于恢复生产和发展经济。

刘晏还十分重视发展工商业。盐作为当时最为重要的商品之一，盐业生产和流通引起刘晏的高度关注。《新唐书·食货志》记载：“自兵起，流庸未复，税赋不足供费，盐铁使刘晏以为因民所急而税之，则国足用……江、岭去盐远者，有常平盐，每商人不至，则减价以粜民，官收厚利而人不知贵。晏又以盐生霖潦则卤薄，暵旱则土溜坟，乃随时为令，遣吏晓导，倍于劝农。吴、越、

① （北宋）欧阳修、宋祁撰：《新唐书》，中华书局1975年版，第4797页。

② （北宋）欧阳修、宋祁撰：《新唐书》，中华书局1975年版，第4798页。

扬、楚盐廪至数千，积盐二万余石。有涟水、湖州、越州、杭州四场，嘉兴、海陵、盐城、新亭、临平、兰亭、永嘉、大昌、侯官、富都十监，岁得钱百余万缗，以当百余州之赋。”① 在引导盐户做好盐业生产的同时，做好盐的储存，调剂余缺，既增加了盐税收入，又不加重对盐户的剥削，使他们能够扩大再生产。《新唐书·食货志》还云：“诸道加榷盐钱，商人舟所过有税。（刘）晏奏罢州县率税，禁堰埭邀以利者。”（《新唐书·食货志》）与西汉桑弘羊抑制和打击民营商业相反，刘晏扶持、发展民营商业，减少对商人的税收，给他们营造了一种宽松的政策环境。因为民营商业发展了，国家的财政收入也增加了。

刘晏“理财以养民为先”的管理指导思想取得了重大成就。“安史之乱”前全国有900余万户，到乾元三年（公元761年）减少到190余万户。户口减少不仅使社会生产的凋敝，也意味着国家财赋收入的减少。据《资治通鉴》记载：“（刘）晏又以为户口滋多，则赋税自广，故其理财常以养民为先……由是民得安其居业，户口蕃息。（刘）晏始为转运使，时天下见户不过二百万，其季年乃三百余万；在晏所统则增，非晏所统则不增也。”② 在刘晏主导制定的相关政策的引导下，“安史之乱”后的社会经济逐渐恢复并有一定程度的发展，国家的财政经济状况也有所好转。

## 二、国家垄断与民营结合，充分发挥市场的重要作用

对于盐、粮等重要物资的流通和税收，刘晏采用专卖、常平、和籴等措施，将国家垄断和民营结合起来，充分发挥市场的重要作用。唐代前期，对盐、铁、茶、酒等重要物资既不实行专卖，也不课税。但是，到玄宗开元十年（公元722年），随着国家财政支出与日益增，开始对盐征税。“安史之乱”后，肃宗乾元元年（公元758年）第五琦为盐铁使，实行盐铁专卖。第五琦采用国家全部垄断生产和销售的做法：官制、官收、官运、官销，即依靠国家的行政权力，从亭户（专门从事盐业生产的人家）那里低价收购，再运往全国各地高价销售。食盐专卖后，虽然国家财政有所增加，但部分地方价格过高，或将剩余的部分强行卖出，这样在一些地方引起了民怨。刘晏认为“因民所急而税之，则国用足”，要增加国家财政收入，首要任务是满足百姓需要，管理好商

---

① （北宋）欧阳修、宋祁撰：《新唐书》，中华书局1975年版，第1378页。

② （北宋）司马光编著：《资治通鉴》卷226。

品流通，在此基础上增加国家的赋税收入。因此，他深入改革了食盐专卖制度：实行民制、官收、商运、商销的专卖政策。《新唐书・食货志》云：“（刘晏）于是上盐法轻重之宜，以盐吏多则州县扰，出盐乡因旧监置吏，亭户粜商人，纵其所之。”① 即盐由亭户个体生产，政府派专人加以管理，防止亭户私自出售；政府再把亭户的盐收购起来批发给商人，由商人运输、销售。这就把经销盐的利益分给商人，既使国家获利，也提高了商人的积极性。《新唐书・食货志》还云：“然诸道加榷盐钱，商人舟所过有税。晏奏罢州县率税，禁堰埭邀以利者。”②刘晏为了进一步减轻盐商的负担和加速盐的流通，上奏免除了盐商过往的通行税。此后，商人从政府手中批发的盐，在运销途中不再缴纳其他税负。这种做法就是中央政府直接垄断盐的批发，商人在盐场批发盐的价格中就包含了流通税。虽然批发价稍高，但免除了商人运销途中各地官府征收的层层税负，实际上减轻了商人的负担。这就将国家垄断与民营相结合，通过经营途经与商人分利，调动了商人的积极性。

刘晏在全国各交通要冲设立规模很大的具有堆栈性质的盐场，负责盐的收纳、储存、中转和分销，一方面保障盐的供给；另一方面也方便了盐商购盐。据《新唐书・食货志》记载：“吴、越、扬、楚盐廪至数千，积盐二万余石。有涟水、湖州、越州、杭州四场。”他还在全国要冲地带设置盐监和巡院，加强对盐专卖的管理，防止亭户私自售盐和不法盐商作弊，杜绝私盐流通。《新唐书・食货志》还云：“嘉兴、海陵、盐城、新亭、临平、兰亭、永嘉、大昌、侯官、富都十监，岁得钱百余万缗，以当百余州之赋。自淮北置巡院十三，曰扬州、陈许、汴州、庐寿、白沙、淮西、甬桥、浙西、宋州、泗州、岭南、兖郓、郑滑，捕私盐者，奸盗为之衰息。”③通过食盐专卖，国家财政收入明显增加。《资治通鉴》云：“至德初，第五琦始榷盐以佐军用，及刘晏代之，法益精密，初岁入钱六十万缗，末年所入逾十倍，而人不厌苦。大历末，计一岁征赋所入总一千二百万缗，而盐利居其太半。”④《新唐书・食货志》亦云：“晏之始至也，盐利岁才四十万缗，至大历末，六百余万缗。天下之赋，盐利居半，宫闱服御、军粮、百官禄俸皆仰给焉。”⑤在刘晏管理下，盐、铁专卖成为中央政府的重要财源。

---

①②③⑤ （北宋）欧阳修、宋祁撰：《新唐书》，中华书局 1975 年版，第 1378 页。

④ （北宋）司马光撰：《资治通鉴》卷 225。

为了保障粮食供给，调节粮食供求关系，稳定粮价，刘晏采用了常平法和和籴法。常平法是政府出资建立常平仓，百姓根据其户等的高下缴纳不同数量的粮食，储存在常平仓，灾年用来赈济。由于百姓交纳的是租税以外的粮食，所以常平仓也称义仓。据《新唐书·刘晏传》记载："（刘）晏又以常平法，丰则贵取，饥则贱与，率诸州米尝储三百万斛。"[①] 由政府出资在丰年高价（高于当时市场价格）收购粮食，在歉年以低价（低于当时市场价格）出售粮食，达到保障供给，调节供求关系，稳定物价的目的。另据《资治通鉴》记载："（刘）晏以为官多则民扰，故但于出盐之乡置盐官，收盐户所煮之盐转鬻于商人，任其所之，自余州县不复置官。其江岭间去盐乡远者，转官盐于彼贮之。或商绝盐贵，则减价鬻之，谓之常平盐，官获其利而民不乏盐。"[②] 刘晏掌管国家财赋之后，把常平仓推向了市场，由中央政府出钱收购粮食储存，灾年以低于市场价格出售，并扩大常平法的范围，设置常平盐。《新唐书·食货志》云："江、岭去盐远者，有常平盐，每商人不至，则减价以粜民。"[③] 刘晏设置常平盐，从而有效防止边远地区由于盐商不至而造成盐价暴涨。因为盐商不愿意往交通不便的地方运销盐，边远地区的盐就会因此而价格上升，导致一些不法商人投机。刘晏设置常平盐，将这些地区因盐价格涨落的获利收入变为国有，"减价以粜民"，"减价"就是低于投机商的"高价"，达到"官收厚利而人不知贵"的目的，政府获利而百姓欢迎。

在和籴中，刘晏在全国各地设置的巡院负责调查、汇报当地物资余缺、物价涨落和市场丰歉等情况，"诸道巡院，皆募驶足，置驿相望，四方货殖低昂及它利害，虽甚远，不数日即知，是能权万货重轻，使天下无甚贵贱而物常平，自言如见钱流地上"（《新唐书·刘晏传》）。[④] 刘晏在和籴中还改进粮食收购的方法。过去在收购之前，先由各地上报粮价，再按所报价格确定收购数量、价格等，要等到各州县报齐之后再确定各地的收购数量。由于交通不便，公文数经上下周转，等批示下来后，各地粮价已经改变。这使得地方政府不能较好地完成计划，一些商人也乘机牟利。据《资治通鉴》记载："晏又以为户口滋多，则赋税自广，故其理财常以养民为先。诸道各置知院官，每旬月，具

① （北宋）欧阳修、宋祁撰：《新唐书》，中华书局 1975 年版，第 4798 页。
② （北宋）司马光编著：《资治通鉴》卷 226。
③ （北宋）欧阳修、宋祁撰：《新唐书》，中华书局 1975 年版，第 1378 页。
④ （北宋）欧阳修、宋祁撰：《新唐书》，中华书局 1975 年版，第 4796 页。

州县雨雪丰歉之状白使司，丰则贵籴，歉则贱粜，或以谷易杂货供官用，及于丰处卖之。知院官始见不稔之端，先申，至某月须如干蠲免，某月须如干救助。及期，晏不俟州县申请，即奏行之，应民之急，未尝失时，不待其困弊、流亡、饿殍，然后赈之也。由是民得安其居业，户口蕃息。”① 刘晏改革和籴之法，令交通较方便的产粮区将近年来的粮价和收购数量分为五等，价格最高的地区按最少的数量收购，依此类推，价格最低的地区按最多的数量收购；各产粮区根据当地的粮价，就可以及时确定收购的基本数额，不必上报请示等待批复，以免耽误时机。此举使政府执行的购粮数量和价格基本做到科学合理。刘晏还扩大了和籴范围，除了粮食之外，其他一些事关民生的重要物资也通过市场来确定和购办。如他将政府的部分赋税收入折现，“或以谷易杂货”，从价格较低的地区收购一些土特产，转运到价格高的地区出售，既增加了政府收入，又调剂了供求关系，稳定了物价。

## 三、调整赋税结构，削减权贵特权

在中国古代宗法地主阶级专制社会里，权贵们享有许多政治、经济等方面的特权，其中包括免税权，唐代也不例外。大唐建国之初，就规定贵族、官僚、孝子等不缴纳租税，称为不课户，享受免税权。一些无官职身份的地主、豪族为了躲避租税，运用种种手段篡改户籍成为不课户，政府租税全靠普通下层民众。从高宗后期武后当政开始，一些地方由于赋税加重，农民流亡严重，“天下户口，亡逃过半”（《旧唐书·韦嗣立传》）。② 为了解决流民问题，政府规定流亡他乡的民众为客户，居住本地的为主户；主户要缴纳租税，客户不缴纳租税。此举导致国家赋税收入进一步减少。“安史之乱”后，租庸调制遭到破坏，按垦田面积征收的地税和按贫富等级征收的户税越来越成为主要的税种。政府虽然规定每户必须缴纳这两种税，但实际上王公贵族并不缴纳，至于流亡他乡的客户和地主豪强的荫户、佃户等也不负担，赋税不均的现象日趋严重。由于税收覆盖民众范围的不断缩小，致使政府赋税收入大量减少，国家财政吃紧，“国用不足”（《旧唐书·刘晏传》），③ “府库耗竭”（《资治通鉴》）。④

①④ （北宋）司马光编著：《资治通鉴》卷 226。

② （后晋）刘昫撰：《旧唐书》，中华书局 1975 年版，第 2867 页。

③ （后晋）刘昫撰：《旧唐书》，中华书局 1975 年版，第 3514 页。

代宗时期，刘晏领度支、盐铁、转运、铸钱、租庸等使职，对地税和户税进行了整顿和改革。他建议调整赋税结构，削减权贵们的一些经济特权，推行适应时政需要的政策措施。大历四年（公元769年）正月十八日，代宗接受了刘晏的建议，敕令："定天下百姓及王公已下每年税钱，分为九等：上上户四千文，上中户三千五百文，上下户三千文。中上户二千五百文，中中户二千文，中下户一千五百文。下上户一千文，下中户七百文，下下户五百文。其现官，一品准上上户，九品准下下户，余品并准依此户等税。若一户数处任官，亦每处依品纳税。其内外官，仍据正员及占额内阙者税。其试及同正员文武官，不在税限。其百姓有邸店行铺及炉冶，应准式合加本户二等税者，依此税数勘责征纳。其寄庄户，准旧例从八等户税，寄住户从九等户税，比类百姓，事恐不均，宜各递加一等税。其诸色浮客及权时寄住户等，无问有官无官，各所在为两等收税。稍殷有者准八等户，余准九等户。如数处有庄田，亦每处税。诸道将士庄田，既缘防御勤劳，不可同百姓例，并一切从九等输税。"（《旧唐书·食货志》）[①] 这道敕令包含了以下内容：一是废除了官僚贵族的优免权，规定"其现官，一品准上上户，九品准下下户，余品并准依此户等税……其内外官，仍居正员及占额内阙者税。其试及同正员文武官，不在税限"，即除"试及同正员文武官"以外，所有的官户都必须纳税，即使正一品也不例外。二是规定"若一户数处任官，亦每处依品纳税"，即一户有数人在外任官者过去按一户纳税，现在按官品高低纳税，而且每处都必须缴纳。三是规定"其寄庄户，准旧例从八等户税，寄住户从九等户税，比类百姓，事恐不均，宜各递加一等税"，即官僚在外地的寄住户和寄庄户纳税要与一般百姓均等，不得减少。四是规定"其诸色浮客及权时寄住户等，无问有官无官，各所在为两等收税。稍殷有者准八等户，余准九等户"，即客户、浮口和地主豪强的隐户等，凡主户以外的其他户都要纳税，不得减免。五是规定"如数处有庄田，亦每处税。诸道将士庄田，既缘防御勤劳，不可同百姓例，并一切从九等输税"，即所有的庄园都要纳税。盛唐后期，庄园经济得到较快发展，官僚、地主、富商、豪族等往往有数处田庄，但仅有一处交税。敕令中规定有数处田庄的，每处都得交税。六是规定"其百姓有邸店行铺及炉冶，应准式合加本户二等税者，依此税数勘责征纳"，即商贾们原先缴纳户税应加本户二等征收，

① （后晋）刘昫撰：《旧唐书》，中华书局1975年版，第2091～2092页。

敕令规定按现在的等级缴纳，即上上户 4000 文，逐级递减 500 文，至下下户 500 文；不再加本户二等纳税，与其他同等的人户缴纳一样的税。这样就降低了商人的纳税等级，减轻了商贾的负担，促进了商品经济，巩固了财源。这些政策措施不仅调整税收结构，削减了权贵们的许多经济特权，也扩大了税收面，减轻了民众的负担。

上述政策措施的施行取得了重要实绩，国家财政收入显著增加。据《资治通鉴》记载："至德初，第五琦始榷盐以佐军用，及刘晏代之，法益精密，初岁入钱六十万缗，末年所入逾十倍，而人不厌苦。大历末，计一岁征赋所入总一千二百万缗，而盐利居其太半。以盐为漕佣，自江、淮至渭桥，率万斛佣七千缗，自淮以北，列置巡院，择能吏主之，不烦州县而集事。"[①] "率诸州米尝储三百万斛"（《新唐书·刘晏传》），[②] 国家财政状况显著改善。代宗以后，刘晏的后继者继续推行其政策措施，国家财政收入持续增加，到德宗建中初年，"每岁天下共敛三千余万贯，其二千五十余万贯以供外费，九百五十余万贯供京师；税米麦共千六百余万石，其二百余万石供京师，千四百万石给充外费"。[③]《新唐书·刘晏传》评之曰："生人之本，食与货而已。知所以取，人不怨；知所以予，人不乏。道御之而王，权用之而霸，古今一也。刘晏因平准法，斡山海，排商贾，制万物低昂，常操天下赢赀，以佐军兴。虽拿兵数十年，敛不及民而用度足。唐中偾而振，晏有劳焉，可谓知取予矣。其经晏辟署者，皆用材显，循其法，亦能富国云。"[④]

## 四、降低漕运成本，提高管理效率

刘晏管理国家财政，还重视降低漕运成本，提高管理效率，并以此作为振兴经济的一个重要内容。

一方面，从初唐开始，全国的经济重心开始南移，到"安史之乱"后，长江流域已经成为全国最重要的经济区；另一方面，长安作为全国的政治、军事、文化中心，拥有多达百万的人口，每年需要大量的粮食供给，而北方的长安及周边地区消费的粮食需要从南方经过长距离运输方能到达。玄宗时期，裴

① （北宋）司马光编著：《资治通鉴》卷 225。
② （北宋）欧阳修、宋祁撰：《新唐书》，中华书局 1975 年版，第 4798 页。
③ （唐）杜佑撰：《通典》卷 6。
④ （北宋）欧阳修、宋祁撰：《新唐书》，中华书局 1975 年版，第 4806 页。

耀卿对全国漕运进行了卓有成效的改革和管理，如设立和修复转运仓，建立不同水运路段的转运和水陆结合的转运机制；缩短陆运距离，以水运取代长距离陆运；理顺粮食流通环节，改变流程等措施。但是，“安史之乱”后，各地藩镇拥兵自重，中央集权严重削弱，“户版不籍于天府，税赋不入于朝廷”（《旧唐书·田承嗣传》），[①] 因此，漕运依旧是中央政府维持政权正常运转必须妥善解决的重要课题。可裴耀卿之后，漕运废弛严重。据《新唐书·食货志》记载：“及耀卿罢相，北运颇艰，米岁至京师才百万石。（开元）二十五年，遂罢北运……初，耀卿兴漕路，请罢陆运，而不果废。自景云中，陆运北路分八递，雇民车牛以载。开元初，河南尹李杰为水陆运使，运米岁二百五十万石，而八递用车千八百乘。耀卿罢久之，河南尹裴迥以八递伤牛，乃为交场两递，滨水处为宿场，分官总之，自龙门东山抵天津桥为石堰以遏水。其后大盗起，而天下匮矣……肃宗末年，史朝义兵分出宋州，淮运于是阻绝，租庸盐铁溯汉江而上。”[②]

代宗时期，刘晏主管漕运事宜。据《新唐书·食货志》云：“及代宗出陕州，关中空窘，于是盛转输以给用。广德二年，废句当度支使，以刘晏颛领东都、河南、淮西、江南东西转运、租庸、铸钱、盐铁，转输至上都，度支所领诸道租庸观察使，凡漕事亦皆决于晏。”[③] 刘晏为了降低漕运成本，对漕运进行了卓有成效的恢复和改革：“（刘）晏即盐利顾佣分吏督之，随江、汴、河、渭所宜。故时转运船由润州陆运至扬子，斗米费钱十九，晏命囊米而载以舟，减钱十五；由扬州距河阴，斗米费钱百二十，晏为歇艎支江船二千艘，每船受千斛，十船为纲，每纲三百人，篙工五十，自扬州遣将部送至河阴，上三门，号‘上门填阙船’，米斗减钱九十。调巴、蜀、襄、汉麻枲竹筱为绹挽舟，以朽索腐材代薪，物无弃者。未十年，人人习河险。江船不入汴，汴船不入河，河船不入渭；江南之运积扬州，汴河之运积河阴，河船之运积渭口，渭船之运入太仓。岁转粟百一十万石，无升斗溺者。轻货自扬子至汴州，每驮费钱二千二百，减九百，岁省十余万缗。又分官吏主丹杨湖，禁引溉，自是河漕不涸。”（《新唐书·食货志》）[④] 这种恢复和改革包括以下内容：一是政府统一管理，全

---

① （后晋）刘昫撰：《旧唐书》，中华书局1975年版，第3838页。

② （北宋）欧阳修、宋祁撰：《新唐书》，中华书局1975年版，第1367～1368页。

③④ （北宋）欧阳修、宋祁撰：《新唐书》，中华书局1975年版，第1368页。

部由官方督办，国家培养“习河险”的船工。二是采用纲运之法，将米袋装，十船为纲，“每纲三百人，篙工五十”，减省了漕粮费用。三是变派役为雇佣，政府发给船工薪酬，不再向百姓征派劳役。四是政府建立造船厂，建造了适合黄河航道的“上门填阙船”和江南河流航道的“歇艎支江船”，不再征用民间船只。这些措施，提高了船工的积极性和责任心，减少了因船只质量问题造成的运粮损失，大大降低了转运江南租粮的成本，提高了漕运的质量和效率。

同时，刘晏还提高了政府财政管理的效率。中唐时期，政府官员冗滥，官吏懈于职事，贪污成风，财政管理混乱，民怨甚大。刘晏掌管国家财政之后，善选贤能，重视人才管理，注意信息沟通，为提高管理效率进行了卓有成效的工作，取得了重要的成功。《旧唐书·刘晏传》云：“（刘晏）凡所任使，多收后进有干能者。其所总领，务乎急促，趋利者化之，遂以成风。当时权势，或以亲戚为托，晏亦应之，俸给之多少，命官之迟速，必如其志，然未尝得亲职事。其所领要务，必一时之选，故晏没后二十余年，韩洄、元琇、裴腆、包佶、卢征、李衡继掌财赋，皆晏故吏。其部吏居数千里之外，奉教令如在目前，虽寝兴宴语，而无欺绐，四方动静，莫不先知，事有可贺者，必先上章奏。江淮茶、橘，晏与本道观察使各岁贡之，皆欲其先至。有土之官，或封山断道，禁前发者，晏厚以财力致之，常先他司，由是甚不为籓镇所便。”① 据《资治通鉴》亦云：“（刘）晏有精力，多机智，变通有无，曲尽其妙。常以厚直募善走者，置递相望，觇报四方物价，虽远方，不数日皆达使司，食货轻重之权，悉制在掌握，国家获利，而天下无甚贵甚贱之忧。常以为：‘办集众务，在于得人，故必择通敏、精悍、廉勤之士而用之；至于句检簿书、出纳钱谷，事虽至细，必委之士类；吏惟书符牒，不得轻出一言。’常言：‘士陷赃贿，则沦弃于时，名重于利，故士多清修；吏虽洁廉，终无显荣，利重于名，故吏多贪污。’然惟晏能行之，它人效者终莫能逮……其场院要剧之官，必尽一时之选。故晏没之后，掌财赋有声者，多晏之故吏也。”② 《新唐书·刘晏传》还补充云：“初，晏分置诸道租庸使，慎简台阁士专之。时经费不充，停天下摄官，独租庸得补署，积数百人，皆新进锐敏，尽当时之选，趣督倚办，故能成功。”③

① （后晋）刘昫撰：《旧唐书》，中华书局 1975 年版，第 3515 页。

② （北宋）司马光编著：《资治通鉴》卷 226。

③ （北宋）欧阳修、宋祁撰：《新唐书》，中华书局 1975 年版，第 4795 页。

## 第三节　杨炎的管理思想

从唐初就开始实行的租庸调制，随着时代的发展和一些人为的因素，其弊端逐渐增加。据《旧唐书·杨炎传》记载："初定令式，国家有租赋庸调之法。开元中，玄宗修道德，以宽仁为理本，故不为版籍之书，人户浸溢，堤防不禁。丁口转死，非旧名矣；田亩移换，非旧额矣；贫富升降，非旧第矣。户部徒以空文总其故书，盖得非当时之实。旧制，人丁戍边者，蠲其租庸，六岁免归。玄宗方事夷狄，戍者多死不返，边将怙宠而讳，不以死申，故其贯籍之名不除。至天宝中，王鉷为户口使，方务聚敛，以丁籍且存，则丁身焉往，是隐课而不出耳。遂案旧籍，计除六年之外，积征其家三十年租庸。天下之人苦而无告，则租庸之法弊久矣。"[①] "安史之乱"后，藩镇拥兵割据，官僚机构膨胀，朝政日趋腐败，军队数量增多，朋党斗争不断，吐蕃屡屡入侵，国家财政日蹙，百姓负担日重。据《旧唐书·杨炎传》记载："迨至德之后，天下兵起，始以兵役，因之饥疠，征求运输，百役并作，人户凋耗，版图空虚。军国之用，仰给于度支、转运二使；四方征镇，又自给于节度、都团练使。赋敛之司数四，而莫相统摄，于是纲目大坏，朝廷不能覆诸使，诸使不能覆诸州，四方贡献，悉入内库。权臣猾吏，因缘为奸，或公托进献，私为赃盗者动万万计。河南、山东、荆襄、剑南有重兵处，皆厚自奉养，王赋所入无几。吏职之名，随人署置；俸给厚薄，由其增损。故科敛之名凡数百，废者不削，重者不去，新旧仍积，不知其涯。百姓受命而供之，沥膏血，鬻亲爱，旬输月送无休息。吏因其苛，蚕食千人。凡富人多丁者，率为官为僧，以色役免；贫人无所入则丁存。故课免于上，而赋增于下。是以天下残瘁，荡为浮人，乡居地著者百不四五，如是者殆三十年。"[②]《新唐书·食货志》亦云："租庸调之法，以人丁为本。自开元以后，天下户籍久不更造，丁口转死，田亩卖易，贫富升降不实。其后国家侈费无节，而大盗起，兵兴，财用益屈，而租庸调法弊坏。"[③]

① （后晋）刘昫撰：《旧唐书》，中华书局 1975 年版，第 3420～3421 页。

② （后晋）刘昫撰：《旧唐书》，中华书局 1975 年版，第 3421 页。

③ （北宋）欧阳修、宋祁撰：《新唐书》，中华书局 1975 年版，第 1351 页。

代宗时期，宰相刘晏比较客观地认识到当时社会政治、经济的状况，实行了一系列具有针对性的整顿和改革财政的措施，很大程度上改善了国家的财政窘境，并一定程度上恢复和发展了社会经济。但是，刘晏并未废除租庸调制，也没有从根本上消除赋税征收混乱的土壤。这不仅为杨炎改革财政提供了机会，也为这一改革奠定了必要的基础前提。德宗建中元年（公元780年），杨炎拜相，主持在全国推行两税法，还恢复了“安史之乱”前皇室财政与国家公赋分管的制度。

## 一、创行两税法，理顺赋税征收秩序

德宗即位，任用杨炎为相。杨炎恳奏各种时弊，请求推行两税法，得到德宗的支持。杨炎提出的两税法，其具体内容如下：“凡百役之费，一钱之敛，先度其数而赋于人，量出以制入。户无主客，以见居为簿；人无丁中，以贫富为差。不居处而行商者，在所郡县税三十之一，度所与居者均，使无侥利。居人之税，秋夏两征之，俗有不便者正之。其租庸杂徭悉省，而丁额不废。申报出入如旧式，其田亩之税，率以大历十四年垦田之数为准而均征之。夏税无过六月，秋税无过十一月。逾岁之后，有户增而税减轻，及人散而失均者，进退长吏，而以尚书度支总统焉。”（《旧唐书·杨炎传》）[①] 据《唐会要》卷83记载，杨炎上呈德宗的这一奏疏的时间是在大历十四年（公元779年）八月。《唐会要》还详细记述了德宗建中元年（公元780年）正月五日颁布赦文，下令在全国推行两税法：“宜委黜陟使与观察使及刺史转运所由，计百姓及客户，约丁产，定等第，均率作，年支两税。如当处土风不便，更立一限。其比来征科色自，一切停罢，至二月十一日起请条请。令黜陟观察使及州县长官，据旧征税数，及人户主客定等第钱数多少，为夏秋两税。其鳏寡茕独不支济者，准制放免。其丁租庸调，并入两税。州县常存丁额，准式申报。其应科斛斗，请据大历十四年见佃青苗地额均税。夏税六月内纳毕，秋税十一月内纳毕。其黜陟使每道定税讫，具当州府应税都数及征纳期限，并支留合送等钱物斛斗，分析闻奏，并报度支、金部、仓部、比部。其月，大赦天下，遣黜陟使观风俗，仍与观察使刺史计人产等级为两税法。此外敛者，以枉法论。”[②] 其后，中央

① （后晋）刘昫撰：《旧唐书》，中华书局1975年版，第3421～3422页。

② （北宋）王溥撰：《唐会要》卷83。

政府便立刻派遣官吏分赴全国各州县推行两税法。

析而论之，两税法包括：一是简化税种，“其租庸杂徭悉省，而丁额不废”，即取消租庸调及各项杂税的征收，只保留户税和地税。二是两税法确立“量出为入”的财政原则，“凡百役之费，一钱之敛，先度其数而赋于人，量出以制入”，即先预算国家一年所需的经费，据此确定相应的课征收入。这一原则与传统“量入为出”的原则相对立，开创了中国财政管理思想史上关于国家财政预算思想之先河。并规定“申报出入如旧式，田亩之税，率以大历十四年垦田之数为准而均征之”，即以大历十四年（公元779年）各项税收所得钱谷数作为户税、地税的总额分摊各州，各州则以大历年间收入钱谷最多的一年作为两税总额分摊到各地。因此，全国各州县户税、地税没有统一的定额。三是确定课税主体和课税标准：“户无主客，以见居为簿；人无丁中，以贫富为差。不居处而行商者，在所郡县税三十之一，度所与居者均，使无侥利。”两税乃以住居人为纳税人；不专居一地行商的人，在所居州县，税三十之一，其所负之税与定居者均等。这就改变了过去只向农民征税，从而增加了大批税户。农商并课也使农民不轻易离乡，国家税收也不致减少。课税标准是“人无丁中，以贫富为差”，即户税按户等高低征钱，户等高的出钱多，户等低的出钱少，划分户等的依据是财产的多寡。陆贽《均节赋税恤百姓六条》对此作了进一步说明：“两税以资产为宗，不以丁身为本，资产少者税轻，多者税重。”（《新唐书·食货志》）[①] 实际上户税在征收时大部分钱要折算成绢帛，征钱只是其中很少的一部分。这种以贫富级差作为课税等级的标准，更合乎公平原则。此项内容确定了课税主体和课税标准，先确定现居之户，然后确定现居之户的所有之产，扩大了纳税范围，确保了国家税权。四是地税按亩征收谷物，应纳税的土地以大历十四年的垦田数为准。五是统一缴税时间。两税法实行以前，各种税目征收时间和征收次数不同，大致每年六月至十月都有，官府不时催收，百姓不胜其烦。两税法限定为夏、秋两期，“夏税无过六月，秋税无过十一月”，对民众更为便利。六是简化租庸调制的实物赋税为货币、谷物赋税。租庸调制是征收实物，“国朝著令，租出谷，庸出绢，调出缯、纩、布、麻”（《新唐书·食货志》）；[②] 两税法“今两税效算缗之末法，估资产为差，以钱谷定税，

---

① （北宋）欧阳修、宋祁撰：《新唐书》，中华书局1975年版，第1354页。

② （北宋）欧阳修、宋祁撰：《新唐书》，中华书局1975年版，第1355页。

折供杂物，岁目颇殊”（《新唐书·食货志》）。[①] 即以货币、谷物作为赋税的计算单位，但在征税时是交纳货币，或兼征粟米，或折征绫绢，要视具体情况而定。这实际上是从实物赋税向货币赋税过渡的一种特殊现象。

两税法在中国古代赋税思想史上具有重要意义：其一，两税法改计丁征税为计资征税，标志着宗法地主阶级专制社会中人身依附关系进一步弱化，统治阶层开始逐步放松对丁、口的控制及超经济剥削，适应了生产力的发展，也顺应了生产关系某些方面变革的需要。其二，两税法简化了征税项目和纳税手续，统一了国家税收，方便政府征收管理。其三，两税法规定之前享有免税特权之人及不定居的商人一律纳税，扩大了纳税面，不仅增加了国家财政收入，也在一定程度上打击了地主、豪族等权贵势力和地方割据势力，有利于缓和社会矛盾，加强中央集权。其四，两税法按照户口贫富等级确定征税数额，依据财产占有的实际情况，富者多征，贫者少征，适应了纳税户的能力，也赋予了他们应尽的社会责任，具有一定的均平赋税和减少贫富差距的作用。《旧唐书·杨炎传》史臣评之曰：“德宗善而行之，诏谕中外。而掌赋者沮其非利，言租庸之令四百余年，旧制不可轻改。上行之不疑，天下便之。人不土断而地著，赋不加敛而增入，版籍不造而得其虚实，贪吏不诫而奸无所取。自是轻重之权，始归于朝廷。”[②]

## 二、削夺宦官财权，恢复皇室财政与国家公赋分管的制度

西汉以来就建立了国家公赋与皇室私赋分开的制度。唐朝前期亦如此，全国财赋归入专管国家赋税的左藏库保管，掌管国库的太府寺每季上报账目，由刑部下设的比部司进行核对。“安史之乱”中，第五琦担任度支、盐铁使时，京师很多豪门将帅没有节制地向国家索取。第五琦上奏朝廷，请将左藏库的全部贮藏收归专管皇室私赋的大盈内库，由宦官掌管，皇帝也认为如此取用方便。据《旧唐书·杨炎传》记载：“初，国家旧制，天下财赋皆纳于左藏库，而太府四时以数闻，尚书比部覆其出入，上下相辖，无失遗。及第五琦为度支、盐铁使，京师多豪将，求取无节，琦不能禁，乃悉以租赋进入大盈内库，以中人主之意，天子以取给为便，故不复出。是以天下公赋，为人君私藏，有

① （北宋）欧阳修、宋祁撰：《新唐书》，中华书局 1975 年版，第 1355 页。

② （后晋）刘昫撰：《旧唐书》，中华书局 1975 年版，第 3422 页。

司不得窥其多少，国用不能计其赢缩，殆二十年矣。中官以冗名持簿书，领其事者三百人，皆奉给其间，连结根固不可动。”[①] 掌管内库的宦官有 300 多人，他们互相攀结，牢牢地把持着内库。杨炎拜相后，向德宗顿首恳请：“夫财赋，邦国之大本，生人之喉命，天下理乱轻重皆由焉。是以前代历选重臣主之，犹惧不集，往往覆败，大计一失，则天下动摇。先朝权制，中人领其职，以五尺宦竖操邦之本，丰俭盈虚，虽大臣不得知，则无以计天下利害。臣愚待罪宰辅，陛下至德，惟人是恤，参校蠹弊，无斯之甚。请出之以归有司，度宫中经费一岁几何，量数奉入，不敢亏用。如此，然后可以议政。惟陛下察焉。”[②]他认为赋税财收是国家的根本大事，就像人的咽喉对于人一样重要，以前各朝都挑选重臣掌管，即使这样还往往失败。但是，先朝却让宦官执掌国家财赋，其中的丰俭盈虚大臣无从得知，就没有办法规划有关天下利害的大事。于是，杨炎请求德宗把原属左藏库的国家公赋收入仍归左藏库保管，皇宫中每年的费用按照需求全部奉给，一点不少。这样就将国家公赋与皇室私赋重新分开。德宗同意了杨炎的请求。《旧唐书·杨炎传》称赞云：“（杨）炎以片言移人主意，议者以为难，中外称之。”[③]此举重新恢复之前关于国家财政的管理办法，使国家财政与宫廷经费二者之间相互独立，剥夺了宦官掌管国家财赋的权力，在一定程度上打击了宦官势力，对后来诸朝的财政管理制度也产生了积极影响。

## 第四节　陆贽的管理思想

陆贽出生的第二年便发生了“安史之乱”，从此唐王朝进入了中唐时期。“安史之乱”后，国势转衰，藩镇林立，兵连祸结，田园荒芜，民不聊生。德宗即位后，政局更加混乱，先是魏博、成德、淄青三镇联兵反叛，随后不久朱滔、田悦、王武俊、李纳、李希烈等节度使亦称王称帝，战祸由河北蔓延到河南。为了讨伐淮西（今河南汝南）节度使李希烈，唐调泾原兵东下支援。泾原兵路经长安时又发生了泾原兵变，德宗逃到奉天，朱泚在长安称帝。这时，唐中央政权面临着比安禄山入长安时更为严重的危机。面对危局，德宗认为：“然自古国家兴衰，皆有天命，今遇此厄运，虽则是朕失德，亦应事不由人。”

①②③　（后晋）刘昫撰：《旧唐书》，中华书局 1975 年版，第 3420 页。

(《论叙迁幸之由状》)[①] 将祸难归咎于天命。陆贽不赞成德宗这种消极态度，他引古论今，认为国家的治乱兴衰都是由于“人事”决定的，“天命由人，其义明矣。然则圣哲之意，《六经》会通，皆谓祸福由人，不言盛衰有命。盖人事理而天命降乱者，未之有也；人事乱而天命降康者，亦未之有也”。[②] 他针对中唐危局，先后提出了一系列颇为系统的管理思想。

## 一、政治管理

首先，陆贽认为人事重于天命，立国之本在乎得众。陆贽的管理思想有着坚实的哲学基础，他认为人事重于天命就是其中之一。“安史之乱”严重冲击了唐王朝统治的政治经济基础。德宗时，“行者被杀伤之苦，居者重赍送之劳，四海骚然，靡有宁处。京辇之下，杼轴亦空，环列之中，遣戍殆尽”（陆贽《收复京师遣使宣慰将吏百姓诏》），[③] 家国不宁，社会动荡，民生艰危。但是，德宗却将此归因于天命，陆贽对这种消极思想明确给予反驳，认为国家的兴衰根本原因在于人，“人事理而天降乱者，未之有也；人事乱而天命降康者，亦未之有也”，进一步说明了“治”“乱”皆在人为，表达他对国家管理的重视，并期望通过有效管理来实现天下太平。其一，陆贽认为，治与乱相互依存，在一定的情况下相互转化，由乱向治转化的推动力量在于国家最高管理阶层的努力。因此，面对动荡的局面，他依旧充满信心。他认为，“理或生乱，乱或资理，有以无难而失守，有因多难而兴邦。理或生乱者，恃理而不修也；乱或资理者，遭乱而能惧也。无难失守者，忽万机之重而忘忧畏也；多难兴邦者，涉庶事之艰而知敕慎也。今生乱失守之事，则既往不可复追矣，其资理兴邦之业，在陛下勉励而谨修之”，只要“勤励不息”，就能“足致升平”（陆贽《论叙迁幸之由状》）。[④]这种重人事的历史观，是陆贽管理思想的哲学基础。其二，陆贽重人事的思想以重民、仁政为基本特征。陆贽的管理思想处处渗透着民本、仁政的精神，主要体现在以下两个方面：一方面，陆贽认为人心为治乱之本，必须实行仁政，以得民心，以固“治”之本。陆贽继承和发展儒家“民为邦本，本固邦宁”的思想，认为“立国之本，在乎得众，得众之要，在乎见

①④ （清）董诰等编纂：《全唐文》卷467。
② （北宋）司马光编著：《资治通鉴》卷228。
③ （清）董诰等编纂：《全唐文》卷463。

情”（陆贽《奉天论前所答奏未施行状》），[①]“得众则得国，失众则失国”（陆贽《论叙迁幸之由状》），“夫欲理天下，而不务于得人心，则天下固不可理矣。务得人心，而不勤于接下，则人心固不可得矣”（陆贽《奉天请数对群臣兼许令论事状》）。[②]陆贽认为，国家如果能够得到最大多数民众的支持，就能够实现强盛，“总天下之智以助聪明，顺天下之心以施教令，则君臣同志，何有不从，远迩归心，孰与为乱?”（陆贽《奉天论奏当今所切务状》）。[③]另一方面，陆贽认为满足民众的需要是得民心的重要途径。其《奉天论奏当今所切务状》云：“当今急务，在于审察群情。若群情之所甚欲者，陛下先行之；群情之所甚恶者，陛下先去之。欲恶与天下同，而天下不归者，自古及今，未之有也。夫理乱之本，系于人心，况乎当变故动摇之时，在危疑向背之际。人之所归则植，人之所去则倾，陛下安可不审察群情，同其欲恶，使亿兆归趣，以靖邦家乎？此诚当今之所急也。”[④]《奉天论前所答奏未施行状》又云：“舟即君道，水即人情。舟顺水之道乃浮，违则没；君得人之情乃固，失则危。是以古先圣王之居人上也，必以其心从天下之心，而不敢以天下之人从其欲。”认为国君必须要了解并满足民众的需要，而不是为满足自己的私欲而强迫人民。

其次，恢复中央权威，削弱藩镇势力。“安史之乱”后，直到德宗时期，藩镇割据愈演愈烈：“今重围虽解，逋寇尚存，裂土假王者四凶，滔天僭帝者二竖，又有顾瞻怀贰，叛援党奸，其流实繁，不可悉数。”（陆贽《奏天论赦书事条状》）[⑤] 泾原兵变后，连京都长安也被藩镇控制。藩镇拥重兵，节度使之位已经世袭，节度使在选官、赋税、招募军队、生杀等方面都拥有自己的决定权。《旧唐书·李怀仙传》记载：“既而（仆固）怀恩叛逆，西蕃入寇，朝廷多故，怀仙等四将各招合遗孽，治兵缮邑；部下各数万劲兵，文武将吏，擅自署置；贡赋不入于朝廷，虽称藩臣，实非王臣也。朝廷初集，姑务怀安，以是不能制。”[⑥] 陆贽清楚地认识到当时的社会现状，认为要改变这种局面，最紧迫的事情是恢复中央权威，削弱藩镇势力。其《论关中事宜状》云：“君人有大柄，立国有大权，得之必强，失之必弱，是则历代不易，百王所同。夫君人之柄，在明其德威；立国之权，在审其轻重。德与威不可偏废也，轻与重不可倒

---

①②③④　（清）董诰等编纂：《全唐文》卷 468。

⑤　（清）董诰等编纂：《全唐文》卷 469。

⑥　（后晋）刘昫撰：《旧唐书》，中华书局 1975 年版，第 3895～3896 页。

持也。蓄威以昭德，偏废则危；居重以驭轻，倒持则悖……臣闻国家之立也，本大而末小，是以能固。又闻理天下者，若身之使臂，臂之使指，则大小适称而不悖焉。身所以能使臂者，身大于臂故也；臂所以能使指者，臂大于指故也。王畿者，四方之本也，京邑者，又王畿之本也，其势当令京邑如身，王畿如臂，四方如指，故用则不悖，处则不危，斯乃居重驭轻，天子之大权也。非独为御诸夏而已，抑又有镇抚戎狄之术焉。"[①] 认为国君必须"明德威"、"审轻重"以立权威，中央政权如主干，地方州郡如肢指，主干必须强大才能够驾驭肢指，因此必须恢复中央权威，削弱藩镇势力，才能够维护社会稳定，保持国家长治久安，所谓"居重以驭轻"，"本大而末小，所以能固"。如果"失居重驭轻之权，忘深根固柢之虑"，就会导致"内寇则崤函失险，外侵则汧渭为戎，于斯之时，朝市离析，事变可虑，须臾万端，虽有四方之师，宁救一朝之患?"（《论关中事宜状》）居于上述考虑，陆贽建议德宗"追鉴往事，惟新令图，循偏废之柄以靖人，复倒持之权以固国"，就可以使"已输者弭怨，见处者获宁，人心不摇，邦本自固，祸乱无从而作"（《论关中事宜状》），实现国家长治久安。

最后，应当坚持先德后刑，赏罚必信。陆贽认为国君管理国家的根本在于紧握权柄，而紧握权柄的关键是"明其德威"和"审其轻重"。其《论关中事宜状》云："夫君人之柄，在明其德威；立国之权，在审其轻重。德与威不可偏废也，轻与重不可倒持也。蓄威以昭德，偏废则危；居重以驭轻，倒持则悖。恃威则德丧于身，取败之道也；失重则轻移诸已，启祸之门也。"认为德刑二柄都是管理国家所必须的，国君如果不紧握权柄，大权旁落，地方势大，则国家不治。因此，国君必须紧握权柄，合理运用刑赏二柄。一方面，陆贽认为德刑二者不可偏废，但必须有主次、先后之分，不可齐头并进。他说："致理之体，先德后刑。礼义兴行，故人知耻格；教令明当，则俗致和平。然后奸慝不萌，暴乱不作。古先哲后，莫不由斯。国家受命百七十载，八圣储庆，敷佑下人，迈种宽大之德，累蠲苛酷之令，盖仁之所积者厚，故泽之所流者深。"（陆贽《平朱泚后车驾还京大赦制》）[②] 认为国家管理应该德先而刑后，以教化礼义为先。之后，陆贽以初盛唐时期在国家管理方面取得重要成功的 8 位君王

① （清）董诰等编纂：《全唐文》卷 469。

② （清）董诰等编纂：《全唐文》卷 460。

为例，来说明这个道理。

另一方面，陆贽认为国家管理还应该赏罚必信。德宗时期，国家权力的运行存在十分严重的问题，国法军令难以贯彻实施。其《论缘边守备事宜状》云："自顷权移于下，柄失于朝，将之号令，既鲜克行之于军；国之典常，又不能施之于将。务相遵养，苟度岁时。欲赏一有功，翻瞄无功者反侧；欲罚一有罪，复虑同恶者忧虞。罪以隐忍而不彰，功以嫌疑而不赏，姑息之道，乃至于斯！故使亡身效节者获诮于等夷，率众先登者取怨于士卒，偾军蹙国者不怀于愧畏，缓救失期者自以为智能。"[①] 刑赏不信，造成了"功不得赏，罪不受罚"，因此他认为必须要重视爵赏刑罚的重要作用。其《论缘边守备事宜状》又云："夫赏以存劝，罚以示惩，劝以懋有庸，惩以威不恪。故赏罚之于驭众也，犹绳墨之于曲直，权衡之于重轻，輗軏之所以行车，衔勒之所以服马也。驭众而不用赏罚，则善恶相混而能否莫殊；用之而不当功过，则奸佞宠荣而忠实摈抑。夫如是，若聪明可炫，律度无章，则用与不用，其弊一也。"其《驾幸梁州论进献瓜果人拟官状》亦云："爵赏刑罚，国之大纲。一纲或棼，万目皆弛，虽有善理，未如之何？"[②]

国家管理不仅应该赏罚必信，而且应当做到赏罚必当，"用之而不当功过，则奸佞宠荣而忠实摈抑"。要做到赏罚必当，就要顺应民意民情，使天下归心。其《奉天论奏当今所切务状》云："当今急务，在于审察群情。若群情之所甚欲者，陛下先行之；群情之所甚恶者，陛下先去之。欲恶与天下同，而天下不归者，自古及今，未之有也。"[③] 因此，"古先圣王之居人上也，必以其心从天下之心，而不敢以天下之人从其欲。"(《奉天论前所答奏未施行状》) 君主应当顺应民心，而不能让天下人来满足一己私欲。要做到赏罚必当，还要依据人性的需要以名利驱民。其《论缘边守备事宜状》云："夫人情者，利焉则劝，习焉则安，保亲戚则乐生，顾家业则忘死。故可以理术驭，不可以法制驱。"人的本性喜欢趋利避害，避苦趋乐，保亲戚顾家业。管理者应当以利驱之，利用人们的好利之心，实行奖赏；而对于违犯国家法令者，则刑罚严惩。其《驾幸梁州论进献瓜果人拟官状》云："臣愚以为信赏必罚，霸王之资；轻爵亵刑，

---

① (清)董诰等编纂:《全唐文》卷474。
② (清)董诰等编纂:《全唐文》卷469。
③ (清)董诰等编纂:《全唐文》卷468。

衰乱之渐。信赏在功无不报，必罚在罪无不惩。非功而获爵则爵轻，非罪而肆刑则刑亵……天宝季年，嬖幸倾国，爵以情授，赏以宠加，天下荡然，纪纲始紊。逆羯乘衅，遂乱中原，防戍岁增，策勋日广。财赋不足以供赐，而职官之赏兴焉；职员不足以容功，而散试之号行焉。青朱杂沓于胥徒，金紫普施于舆早，薰莸无辨，泾渭不分，二纪于兹，莫之能整……夫立国之道，惟义與权，诱人之方，惟名与利。名近虚而于教为重，利近实而于德为轻。凡所以裁是非立法制者，则存乎其义。至于参虚实，揣轻重，并行而不伤，迭用而不悖，因众之欲，度时之宜，消息盈虚，使人不倦者，则存乎其权。专实利而不济之以虚名，则耗匮而物力不给；专虚名而不副之以实利，则诞谩而人情不趋。故国家之制赏典，锡货财，赋秩廪所以彰实也；差品列，异服章，所以饰虚也。居上者必明其义达其变，相须以为表里，使人日用而不知，则为国之权得矣。”辩证论述赏罚必当的管理效果。

## 二、经济管理

“安史之乱”后，土地兼并日趋严重，户籍散乱，百姓流亡，均田制、租庸调制遭到严重破坏，两税法在施行中也产生诸多弊端。陆贽认识到正确处理政府与农民之间关系的重要性，提出了一系列以民为本的经济管理思想。

首先，保障农民的土地权益，抑制土地兼并，裁减租价。初唐以来，实行均田制，以制度来维护农民的土地权益和发展农业。实践证明，这一制度适应了当时社会生产力发展的要求。但是，一方面，到了中唐，随着生产力的进一步发展和手工业、商品、货币关系的初步发展，农村内部日趋分化，土地兼并渐趋严重，均田农民大量逃亡；另一方面，“安史之乱”严重冲击了唐王朝的统治基础，原有检括户口的方式不能再推行下去，均田制也就逐渐瓦解了。对此，陆贽认为均田制在保障农民的土地权益方面具有充分的合理性。其《均节赋税恤百姓六条》云：“古先哲王，疆理天下，百亩之地，号曰一夫，盖以一夫授田，不得过于百亩也。欲使人无废业，田无旷耕，人力田畴，二者适足。是以贫弱不至竭涸，富厚不至奢淫，法立事均，斯谓制度。”[①] 但是，“安史之乱”后，唐王朝的中央集权严重削弱，不能对土地制度进行有效管理，土地兼并日趋严重。《均节赋税恤百姓六条》接着详细描述了当时农村土地和租税情

---

① （清）董诰等编纂：《全唐文》卷 465。

况："今制度弛紊，疆理隳坏，恣人相吞，无复畔限。富者兼地数万亩，贫者无容足之居，依托强豪，以为私属，贷其种食，赁其田庐，终年服劳，无日休息，罄输所假，常患不充。有田之家，坐食租税，贫富悬绝，乃至于斯，厚敛促征，皆甚公赋。今京畿之内，每田一亩，官税五升，而私家收租殆有亩至一石者，是二十倍于官税也。降及中等，租犹半之，是十倍于官税也。夫以土地王者之所有，耕稼农夫之所为，而兼并之徒，居然受利。官取其一，私取其十，穑人安得足食，分廪安得广储，风俗安得不贪，财货安得不壅。"初盛唐推行均田制，农民作为编户只向国家缴纳租税。但是，当他们的土地被兼并后，就必须向地主租耕土地和借贷生产工具，相应地就要向地主缴纳超过国家税额10倍以上的赋税，成了地主的依附者。因此，农民贫困主要不是国家税重造成的，而是土地兼并所致。《均节赋税恤百姓六条》又云："租贩兼并，下锢齐人之业；奉养丰丽，上侔王者之酋。户蓄群黎，隶役同辈，既济嗜欲，不虞宪章，肆其贪惏，曷有纪极。天下之物有限，富室之积无涯。养一人而费百人之资，则百人之食不得不乏；富一家而倾千家之产，则千家之业不得不空。举类推之，则海内空乏之流，亦已多矣。"他认为政府必须改变因为土地兼并而造成农民生活贫困的局面，不能让这种状况继续下去。陆贽也认识到中唐时期已经不可能恢复一夫授田百亩的均田制了，所以应当顺应历史的发展，"革弊化人，事当有渐"，在允许土地兼并存在的同时，解决由此产生的社会矛盾。《均节赋税恤百姓六条》提出了他的解决办法："望令百官集议，参酌古今之宜，凡所占田，约为条限，裁减租价，务利贫人。法贵必行，不在深刻。裕其制以便俗，严其令以惩违；微损者余，稍优不足，损不失富，优可赈穷，此故乃古者安富恤穷之善经，不可舍也。"降租之法非陆贽首创，但在中唐土地兼并严重、赋税繁重的情况下，仍不失为一个可行的方法。

其次，切实减轻农民负担，厘清并革除两税法之弊病。德宗建中元年（公元780年），杨炎推行两税法，取代了原来的租庸调制。到贞元八年（公元792年）陆贽为相，两税法已实行了12年。两税法在施行过程中逐渐产生了许多弊病。贞元三年（公元787年），"最为丰稔，米斗直钱百五十，粟八十"；十二月，德宗微服私访，入百姓赵光奇家，发现农民并不快乐。赵光奇如实反映了当时的弊政："诏令不信。前云两税之外悉无它徭，今非税而诛求者殆过于税。后又云和籴，而实强取之，曾不识一钱。始云所籴粟麦纳于道次，今则遣致京西行营，动数百里，车摧牛毙，破产不能支。愁苦如此，何乐之有！每有诏书优恤，徒空文耳！恐圣主深居九重，皆未知之也。”[①] 由于两税法施行不彻底，两税之外各色各样的附加税不仅没有停征，反而不断增加，百姓在丰年亦破产、愁苦。陆贽为相，他认为有必要对两税法进行重新认识和评价。“安史之乱”后，“海内波摇，兆庶云扰，版图隳于避地，赋法壤于奉军”，因此建中元年杨炎为了革除当时赋税的诸多弊端而制订了两税法，但杨炎“知弊之宜革，而所作兼失其源；知简之可从，而所操不得其要。旧患虽减，新诊复滋，救跛成痿，展转增剧”（陆贽《均节赋税恤百姓六条》）。接着，陆贽《均节赋税恤百姓六条》列举了两税法在施行中产生的一些主要弊端：“搜摘郡邑，劾验簿书，每州各取大历中一年科率钱谷数最多者，便为两税定额。此乃采非法之权令，以为经制；总无名之暴赋，以立恒规。是务取财，岂云恤隐？作法而不以裕人拯病为本，得非立意且爽者乎……（两税之立）唯以资产为宗，不以丁身为本。资产少者则其税少，资产多者则其税多。曾不悟资产之中，事情不一：有藏于襟怀囊箧，物虽贵而人莫能窥；有积于场圃囷仓，直虽轻而众以为富；有流通蕃息之货，数虽寡而计日收赢；有庐舍器用之资，价虽高而终岁无利。如此之比，其流实繁，一概计估算缗，宜其失平长伪。由是务轻资而乐转徙者，恒脱于徭税，敦本业而树居产者，每困于征求……复以创制之首，不务齐平。但令本道本州，各依旧额征税。军兴已久，事例不常，供应有烦简之殊，牧守有能否之异，所在徭赋，轻重相悬。既成新规，须惩积弊；化之所在，足使无偏；减重分轻，是将均济。而乃急于聚敛，惧或蠲除，不量物力所堪，唯以旧额为准。旧重之处，流亡益多；旧轻之乡，归附益众。有流亡，则已重者摊征转重；有归附，则已轻者散出转轻。高下相倾，势何能止？又以谋始之际，不立科条，分遣使臣，凡十余辈，专行其意，各制一隅。遂使人殊见，道异法，低昂不类，缓急不伦。逮至复命于朝，竟无类会裁处……及总杂征虚数，友为两税恒规，悉登地官，咸系经费，计奏一定，有加无除，此则人益困穷，其事一也。本惩赋敛繁重，所以变旧从新，新法既行，已重于旧。旋属征讨，国用不充，复以供军为名，每贯加征二百，当道或增戎旅，又许量事取资，诏敕皆谓权宜，悉令事毕停罢。息兵已久，加税如初。此则人益困穷，其事二也。定税之数，皆计缗钱，纳税之时，多配绫绢。往者纳绢一匹，当钱三千二三百文；今者纳绢一匹，当钱一千五六百文，往输其一者，今过于二

---

① （北宋）司马光编著：《资治通鉴》卷 233。

矣。虽官非增赋，而私已倍输，此则人益困穷，其事三也。诸州税务，送至上都，度支颁给群司，例皆增长本价，而又缪称折估抑使剥征，奸吏因缘，得行侵夺，所获殊寡，所据殊多。此则人益困穷，其事四也。税法之重若是，既于已极之中，而复有奉进宣索之繁，尚在其外。方岳颇拘于成例，莫敢阙供；朝典又束以彝章，不许别税。绮丽之饰，纨素之饶，非从地生，非自天降，若不出编户之筋力膏髓，将安所取哉？于是有巧避微文，曲承睿旨，变征役以召雇之目，换科配以和市之名，广其课而狭偿其庸，精其入而粗计其直。以召雇为目而捕之，不得不来；以和市为名而迫之，不得不出。其为妨抑，特甚常徭。此则人益困穷，其事五也。大历中，非法赋敛，急备供军，折估宣索进奉之类者，既并收入两税矣。今于两税之外，非法之事，复又并存。此则人益困穷，其事六也。建中定税之始，诸道已不均齐，其后或吏理失宜，或兵赋偏重，或疠疾钟害，或水旱荐灾，田里荒芜，户口减耗。牧守苟避于殿责，罕尽申闻；所司姑务于取求，莫肯矜恤。遂于逃死阙乏税额，累加见在疲甿。一室已空，四邻继尽；渐行增广，何由自存。此则人益困穷，其事七也。"[①] 简要言之，两税法之弊有厚敛，赋税不均，总杂征，加征，计钱定税额造成赋税加重，以召雇、和市为名的征役、科配，折估、宣索等非法之事，等等。

针对两税法的上述弊端，陆贽在《均节赋税恤百姓六条》中提出了革除这些弊端的办法：一是针对杨炎制订两税时"量出以制入"的原则，提出了"量入为出"的征税原则："夫地力之生物有大数，人力之成物有大限，取之有度，用之有节，则常足；取之无度，用之无节，则常不足。生物之丰败由天，用物之多少由人，是以圣王立程，量入为出，虽遇灾难，下无困穷。理化既衰，则乃反是，量出为入，不恤所无。"认为量入为出可以减少厚敛暴征，而量出为入仅考虑到政府的财政支出而不顾百姓生活。二是废除用钱定税额的制度。陆贽认为赋税应"量人之力，任土之宜，非力之所出则不征，非土之所有则不贡"，并在《均节赋税恤百姓六条》中设计了具体的改革步骤："宜令所司，勘会诸州府初纳两税年绢布，定估比类当今时价，加贱减贵，酌取其中，总计合税之钱，折为布帛之数，仍依庸调旧制，各随乡土所宜。某州某年定出税布若干端，某州某年定出税绢若干匹，其有絁、绵、杂货，亦随所出定名，勿更计钱，以为税数。如此，则土有常制，人有常输，众皆知上令之不迁，于是一其

① （清）董诰等编纂：《全唐文》卷465。

心而专其业。应出布麻者，则务于纺绩；供绵绢者，则事于蚕桑。日作月营，自然便习，各修家技，绵足供官。”三是罢不急之用：“令所司与宰臣参量，据每年支用色目中，有不急者、无益者罢废之；有过制者、广费者减节之。遂以罢减之资，回给要切之用。”厉行节约，紧缩开支。四是停止加征和罢免特贡：“其百姓税钱，因军兴每贯加征二百者，下诏停之，用复其言。俾人知信，下之化上，不令而行。诸道权宜加征，亦当自请蠲放，如是，则困穷之中，十缓其二三矣。供御之物，各有典司，任土之宜，各有常贡。过此以往，复何所须？假欲崇饰燕居，储备赐与，天子之贵，宁忧乏财？但敕有司，何求不给？岂必旁延进献，别徇营求。减德市私，伤风败法，因依纵扰，为害最深。”如此则“淳风再兴，贿道中寝”。五是合理估价税物：“望令所司，应诸州府送税物到京，但与色样相符，不得虚称折估。如滥恶尤甚，给用不充，惟罪元纳官司，亦勿更征百姓。”六是均平纳税：“每道各令知两税判官一人赴京，与度支类会参定，通计户数，以配税钱，轻重之间，大约可准。而双量土地之沃瘠计物产之少多，伦比诸州，定为两等。州等下者，其每户配钱之数少；州等高者，其每户配钱之数多。多少已差，悉令折衷。仍委观察使更于当管所配钱数之内，均融处置，务尽事宜。就于一管之中，轻重不得偏并，虽或未尽齐一，决当不甚低昂。既免扰人，且不变法。粗均劳逸，足救凋残。”七是建立适应现实需要的科学合理的官吏考核办法。由于唐代规定地方长官的考课以户口增加、田野垦辟、税钱长数、征办先期为标准，一些官吏就“诡情以诱其奸浮，苛法以析其亲族，苟益户数，务登赏条”，导致“所诱者将议薄征，已遽惊散；所析者不胜重税，又渐流亡。州县破伤，多起于此”。陆贽认为必须改变这种弊端丛生的官吏考核办法，建立适应现实的科学合理的官吏考核办法：“宜申命有司，详定考绩，往贵于加者，今务于减焉。假如一州之中，所税旧有定额，凡管几许百姓，复作几等差科，每等有若干户人，每户出若干税物，各令条举，都数年别一申使司，使司详覆有凭，然后录报户部。若当管之内，人益阜殷，所定税额有余，任其据户均减，率计减数多少，以为考课等差。其当管税物通比较，每户十分减三分者为上课，十分减二分者次焉，十分减一分者又次焉。如或人多流亡，加税见户，比校殿罚，法亦如之。其百姓所出田租则各以去年应输之数，便为定额，每岁据征，更不勘责检巡。增辟者勿益其租，废耕者不降其数。足以诱导垦植，且免妨夺农功。事简体宏，人必悦劝。每至定户之际，但据杂产较量，田既自有恒租，不宜更入两税。如此则吏无苟且，俗变浇浮，不督课而人自乐耕，不防闲而众皆安土。”（《均节赋税恤百姓六条》）应该说，上述革除两税弊端的方法确实有一些可以付诸施行，部分难以执行的，如特贡、加征等，实为宗法地主皇朝统治的通病，是不可能根治的。但是，陆蛰认为赋税应当以民为本，“收敛有方，不宜科配致扰”（《论度支令京兆府折税市草事状》）。①

最后，政府应当做好灾荒预防工作，赈恤灾民，养人资国。古代农业社会，生产力比较落后，自然灾害严重冲击着农业生产的发展，加之小农经济抗灾能力较弱，因此必须依靠政府组织协调，动员全社会力量，才能比较有效地抵抗自然灾害的侵袭。陆蛰充分认识到预防灾害的重要性。其《均节赋税恤百姓六条》云：“仁君在上，则海内无馁殍之人，岂必耕而饷之，爨而食之哉？盖以虑得其宜，制得其道，致人于歉乏之外，设备于灾沴之前，是以年虽大杀，众不恇惧。”认为防灾措施做好了，才能保持稳定，因此防灾是政府工作的重点之一。《均节赋税恤百姓六条》接着云：“贞观初，戴胄建积谷备灾之议，太宗悦焉，因命有司，详立条制，所在贮粟，号为义仓。丰则敛藏，俭则散给，历高宗之代，五六十载，人赖其资。国步中艰，斯制亦弛。开元之际，渐复修崇。是知储积备灾，圣王之急务也……故立国而不先养人，国固不立矣；养人而不先足食，人固不养矣；足食而不先备灾，食固不足矣。为官而备者，人必不赡；为人而备者，官必不穷。”圣王尧、汤时期也遭受过自然灾害，但他们领导民众安全地度过了灾害，所以人们推崇他们。其后，自汉魏至初唐，都曾设立常平之仓、平籴之法、社仓、义仓等，都取得明显防灾效果。所以，“储积备灾，圣王之急务也”。但是，“安史之乱”后，“寇戎为梗，师旅亟兴，惠恤之方，多所未暇。每遇阴阳愆候，年不顺成，官司所储祇给军食。支计苟有所阙，犹须更取于人，人之凶荒，岂遑赈救。人小乏则求取息利，人大乏则卖鬻田庐……倘遇荐饥，遂至颠沛，室家相弃，骨肉分离，乞为奴仆，犹莫之售，或行丐鄽里，或缢死道途。天灾流行，四方代有，率计被其害者，每岁常不下一二十州。”（陆贽《均节赋税恤百姓六条》）因此，陆贽认为必须依靠政府的力量，才能有效防灾救灾。他向德宗建议：“以陛下为人父母之心，若垂省忧，固足伤恻，幸有可救之道，焉可舍而不念哉？”（陆贽《均节赋税恤百姓六条》）希望德宗树立抗灾的决心。

---

① （清）董诰等编纂：《全唐文》卷475。

陆贽《均节赋税恤百姓六条》中，向德宗建议用税茶钱为专项经费，设置义仓来预防自然灾害："近者有司奏请税茶，岁约得五十万贯，元敕令贮户部，用救百姓凶饥，今以蓄粮适副前旨。望令转运使总计诸道户口多少，每年所得税茶钱，使均融分配各令当道巡院主掌。每至谷麦熟时，即与观察使计会，散就管内州县和籴，便于当处置仓收纳，每州令录事参军专知。仍定观察判官一人与和籴巡院官同勾当，亦以义仓为名，除赈给百姓已外，一切不得贷便支用。如时当大稔，事至伤农，则优与价钱，广其籴数；谷若稍贵，籴亦便停，所籴少多，与年上下，准平谷价，恒使得中。每遇灾荒，即以赈给，小歉则随事借贷，大饥则录奏分颁，许从便宜，务使周济，循环敛散，遂以为常。如此，则蓄财息债者不能耗吾人，聚谷幸灾者无以牟大利。富不至侈，贫不至饥，农不至伤，籴不至贵，一举事而众美具，可不务乎?"即国家以每年税茶钱 50 万贯，设立专项救灾基金；各道统计出户口数，将每年的税茶钱平均分摊到各州县，每年收获季节，转运使与观察使用这笔钱在州县和籴，并设置义仓收纳粮食，储存在义仓的粮食除赈给百姓之外，地方不得支用；一旦遇到灾荒，就赈贷给百姓。

陆贽还主张自然灾害发生后要即时援救。如贞元八年（公元 792 年），"霖雨为灾，弥月不止……淹没田苗，损坏庐舍……今水潦为败，绵数十州，奔告于朝，日月相继"，他建议德宗"须速降德音，深示忧悯，分道命使，明敕吊灾，宽息征徭，省察冤滥。应家有溺死，及漂没居产多尽，父子不存济者，各量赐粟帛，便委使臣与州府以当处官物给付。其损坏庐舍田苗者，亦委使臣与州府据所损作分数等第闻奏，量与蠲减租税"。并认为落实好各项救灾措施，就能够慰抚灾民，稳定社会："殁者蒙瘗酹之惠，存者霑煦妪之恩，霈泽下施，孰不欣戴！所费者财用，所收者人心，若不失人，何忧乏用?"（《请遣使臣宣抚诸道遭水州县状》）[①] 陆贽还主张政府在救灾过程中应该措施灵活，不应死守不符合当前灾情的故有政策，应以解决灾民实际问题为重。另外，中唐开始，藩镇割据严重，往往因为政治分裂的因素而影响救灾，陆贽认为灾害本已给民众造成极大的痛苦，更不应该让政治因素进一步给灾民增加痛苦，影响救灾工作。

① （清）董诰等编纂：《全唐文》卷 473。

## 三、军事管理

陆贽《论缘边守备事宜状》云："备边御戎，国家之重事；理兵足食，备御之大经。兵不理则无可用之师，食不足则无可固之地。理兵在制置得所，足食在敛导有方。"[①] 认为备边御戎是国家的重要事情，必须强化军事管理来实现国家利益。

首先，陆贽认为管理军队应善择将帅，并信而用之，使其有专断之权。玄宗开元、天宝之际，西北边防仅设有朔方、河西、陇右三节度，还担心权分力散。但到德宗时，"逆泚诱泾原之众，怀光污朔方之军，割裂诛锄，所余无几。而又分朔方之地，建牙拥节者凡三使焉。其余镇军，数且四十，皆承特诏委寄，各降中贵监临，人得抗衡，莫相禀属"。这些藩镇都由皇帝任命，并派宦官监军，彼此之间各自独立。陆贽认为，"是犹一国三公，十羊九牧，欲令齐肃，其可得乎？""夫节制多门，则人心不一；人心不一，则号令不行；号令不行，则进退难必；进退难必，则疾徐失宜；疾徐失宜，则机会不及；机会不及，则气势自衰"，"夫兵以气势为用者也，聚则盛，散则消；势合则威，析则弱。今之边备，势弱气消，建军若斯，可谓力分于将多矣"。因此，他建议善择将帅，选择具备文武全才的能臣："凡欲选任将帅，必先考察行能，然后指以所授之方，语以所委之事，令其自揣可否，自陈规模。须某色甲兵，藉某人参佐，要若干士马，用若干资粮，其处置营，某时成绩，始科要领，悉俾经纶，于是观其计谋，校其声实。若谓材无足取，言不可行，则当退之于初，不宜贻虑于其后也；若谓志气足任，方略可施，则当要之于终，不宜掣肘于其间也。"如前所言的西北边防节度使的选任，"宜择文武能臣一人为陇右元帅，应泾陇凤翔长武城山南西道等节度管内兵马，悉以属焉；又择一人为朔方元帅，应鄜坊、邠宁、灵夏等节度管内兵马，悉以属焉；又择一人为河东元帅，河东振武等节度管内兵马，悉以属焉"（陆贽《论缘边守备事宜状》）；三帅各到临边要害之州作为治所，不重要的节度随所便进行合并；只有元帅可置统军，其余全部罢免。如此则将帅专一，人心不分，号令一致，进退齐整，指挥如意，机不会失，气势自壮。

"安史之乱"后，唐中央为了控制地方，选择将帅"先求易制，多其部以

① （清）董诰等编纂：《全唐文》卷474。

分其力，轻其任以弱其心。”（陆贽《论缘边守备事宜状》）于是，“遂令分阃责成之义废，死绥任咎之志衰，一则听命，二亦听命，爽于军情变听命，乖于事宜亦听命。”（陆贽《论缘边守备事宜状》）陆贽对这种择将用人的指导思想提出批评，认为这样的将帅“若有意乎平凶靖难，则不可也”。因为两军交锋，军情、军机随时处在运动变化之中，“夫两强相接，两军相持，事机之来，间不容息，蓄谋而俟，犹恐失之，临时始谋，固已疏矣。况乎千里之远，九重之深，陈述之难明，听览之不一，欲其事无遗策，虽圣者亦有所不能焉。设使谋虑能周，其如权变无及，戎虏驰突，迅如风飙，驿书上闻，旬月方报。守土者以兵寡不敢抗敌，分镇者以无诏不肯出师，逗留之间，寇已奔逼。托于救援未至，各且闭垒自全，牧马屯牛，鞠为椎剽；啬夫樵妇，罄作俘囚。虽诏诸镇发兵，唯以虚声应援，互相瞻顾，莫敢遮邀。贼既纵掠退归，此乃陈功告捷，其败丧则减百而为一，其捃获则张百而成千。将帅既幸于总制在朝，不忧罪累；陛下又以为大权由已，不究事情。用师若斯，可谓机失于遥制矣。”（陆贽《论缘边守备事宜状》）因此，一旦选定将帅，就要信而用之，使其有专断之权，“夫如是，则疑者不使，使者不疑；劳神于选才，端拱于委任。既委其事，既足其求，然后可以核其否臧、行其赏罚。受其赏者不以为滥，当其罚者无得而辞；付授之柄既专，苟且之心自息……故军容不入国，国容不入军。将在军，君命有所不受。诚谓机宜不可以远决，号令不可以两从，未有委任不专，而望其克敌成功者也”（陆贽《论缘边守备事宜状》）。其《兴元奏请许浑瑊李晟等诸军兵马自取机便状》亦云：“将贵专谋，兵以奇胜，军机遥制则失变，戎帅禀命则不威。是以古之贤君，选将而任，分之于阃，誓莫干也；授之以钺，俾专断也。”[①] 认为应当给予将帅自主权，让其便宜从事，才能抓住战机，奋其志能，果敢决策，取得胜利。

其次，陆贽认为练兵选兵和军队使用，都应当从其所宜。陆贽认为，练兵是军队的优先事项，攻讨和镇守之兵的训练机宜是不同的。其《论缘边守备事宜状》云：“工欲善其事，必先利其器；武欲胜其敌，必先练其兵。练兵之中，所用复异，用之于救急，则权以纾难；用之于暂敌，则缓以应机。故事有便宜，而不拘常制；谋有奇诡，而不徇众情；进退死生，唯将所命，此所谓攻讨之兵也。用之于屯戍，则事资可久，势异从权，非物理所惬不宁，非人情所欲

① （清）董诰等编纂：《全唐文》卷471。

不固。夫人情者，利焉则劝，习焉则安，保亲戚则乐生，顾家业则忘死，故可以理术驭，不可以法制驱，此所谓镇守之兵也。”从选兵方面看，德宗时期，大都征调关东比较富庶地区的士兵到边防轮戍，这些士兵不能适应边疆的艰苦环境；而一些负责边防的将帅不亲临边关，导致边防军缺乏战斗力。陆贽认为，征选兵卒应当做到：“必量其性习，辨其土宜，察其技能，知其欲恶，用其力而不违其性，齐其俗而不易其宜，引其善而不责其所不能，禁其非而不处其所不欲，而又类其部伍，安其室家，然后能使之乐其居，定其志，奋其气势，结其恩情。”这样的军队才能“出则足兵，居则足食”，才能“守则固，战则强”，发挥强劲的战斗力。军队使用亦当从其所宜。他建议取消各道将士轮番防秋的制度，按原来军队人数分成三部分：一部分“委本道节度使募少壮愿住边城者以徙焉”；一部分“本道但供衣粮，委关内、河东诸军州募蕃汉子弟愿傅边军者以给焉”；一部分“本道但出衣粮，加给应募之人，以资新徙之业”。同时，实行兵农合一、从其所宜的政策措施：“令度支散于诸道和市耕牛，雇召工人，就诸军城缮造器具，募人至者，每家给耕牛一头，又给田农水火之器，皆令充备。初到之岁，与家口二人粮，并赐种子，劝之播植，待经一稔，俾自给家，若有余粮，官为收籴，各酬倍价，务奖营田。既息践更征发之烦，且无幸灾苟免之弊，寇至则人自为战，时至则家自力农。”（《论缘边守备事宜状》）这样就可以兵强食足，与那些“倏来忽往”的吐蕃、突厥士兵具有同样的战斗力。

再次，陆贽认为对将士要奖优惩劣，赏罚严明，足资劝戒。陆贽《论缘边守备事宜状》云：“赏以存劝，罚以示惩，劝以懋有庸，惩以威不恪。故赏罚之于驭众也，犹绳墨之于曲直，权衡之于重轻，輗軏之所以行车，衔勒之所以服马也。驭众而不用赏罚，则善恶相混，而能否莫殊；用之而不当功过，则奸佞宠荣，而忠实摈抑。夫如是，若聪明可炫，律度无章，则用与不用，其弊一也。”如果没有严格的奖惩制度，功不能赏，罪不能罚，那么就会出现“奸佞宠荣”而“忠实摈抑”的不公平现象，导致违反法纪事件的发生。尤其是“安史之乱”后，这一弊端更加严重：“自顷权移于下，柄失于朝，将之号令，既鲜克行之于军；国之典常，又不能施之于将，务相遵养，苟度岁时。欲赏一有功，翻瞄无功者反侧；欲罚一有罪，复虑同恶者忧虞。罪以隐忍而不彰，功以嫌疑而不赏，姑息之道，乃至于斯！故使亡身效节者获诮于等夷，率众先登者取怨于士卒，偾军蹙国者不怀于愧畏，缓救失期者自以为智能……况又公忠者直已而不求于人，反罗困厄；败挠者行私而苟媚于众，例获优崇。此义士所以痛心，勇夫所以解体也。又有遇敌而所守不固，陈谋而其效靡成，将帅则以资粮不足为词，有司复以供给无阙为解。既相执证，理合辨明，朝廷每为含糊，未尝穷究曲直。措理者含声而靡诉，诬善者罔上而不惭，驭将若斯，可谓课责亏度矣。”（陆贽《论缘边守备事宜状》）奖罚失准产生非常严重的后果，致使“将不得竭其才，卒不得尽其力，屯集虽众，战阵莫前。虏每越境横行，若涉无人之地”。加之中央对边防军队给养分配严重不公，一些边将诡媚邀功，更增加了受歧视军队的怨气：“今者穷边之地，长镇之兵，皆百战伤夷之余，终年勤苦之剧。角其所能则练习，度其所处则孤危，考其服役则劳，察其临敌则勇。然衣粮所给，唯止当身，例为妻子所分，常有冻馁之色。而关东戍卒，岁月践更，不安危城，不习戎备，怯于应敌，懈于服劳。然衣粮所颁，厚逾数等，继以茶药之馈，益以蔬酱之资。丰约相形，县绝斯甚。又有素非禁旅，本是边军，将校诡为媚词，因请遥隶神策。不离旧所，唯改虚名，其于廪赐之饶，遂有三倍之益。此则俦类所以忿恨，忠良所以忧嗟，疲人所以流亡，经费所以褊匮。夫事业未异而给养有殊，人情不能甘也。况乎矫佞行而廪赐厚，绩艺劣而衣食优，苟未忘怀，孰能无愠？不为戒首，则已可嘉，而欲使其协力同心，以攘寇难，虽有韩、白、孙、吴之将，臣知其必不能焉。养士若斯，可谓怨生于不均矣。”（陆贽《论缘边守备事宜状》）这样就进一步削弱了军队的战斗力。因此，陆贽认为管理军队必须要奖惩分明，奖优惩劣，“受其赏者不以为滥，当其罚者无得而辞”，“赏以存劝，罚以示惩”，如此才能鼓励有功将士，严惩邪恶不法之徒。同时，还要根据士卒所处安危的情况，制定衣粮供给的等级，合理分配给养，“理戎之要，最在均齐。故军法无贵贱之差，军实无多少之异，是将所以同其志而尽其力也。如或诱其意志，勉其艺能，则当阅其材，程其勇，校其劳逸，度其安危，明申练覆优劣之科，以为衣食等级之制。使能者企及，否者息心，虽有薄厚之殊，而无觖望之衅”（陆贽《论缘边守备事宜状》）。这样就可以避免“怨生于不均”，保证军队内部团结，提高战斗力。

最后，陆贽认为必须保障军队供给，并为此提出了具有建设性的措施。供给是保证军队战斗力的必不可少的前提条件，所谓“屯兵守土，以备寇戎，至而无粮，守必不固矣。”（陆贽《请减京东水运收脚价于缘边州镇储蓄军粮事宜状》)[①] 但是，德宗时期由于军粮运输距离多有千里之遥，加之路途艰险，所以军粮运送代价高昂，供应也十分紧张。陆贽《请减京东水运收脚价于缘边州镇储蓄军粮事宜状》云："今陛下广征甲兵，分守城镇，除所在营田税亩自供之外，仰给于度支者尚八九万人。千里馈粮，涉履艰险，运米一斛，达于边军，远或费钱五六千，近者犹过其半。犯雪霜皲瘃之苦，冒豺狼剽掠之虞，四时之间，无日休息。倾财用而竭物力，犹苦日给之不充；其于储蓄，以备非常，固亦绝意而不暇思也。"丰年的军粮供应尚且不足，灾荒之年就更加紧张，"近岁蕃戎小息，年谷屡登，所支军粮犹有匮乏，边书告阙，相继于朝。傥遇水旱为灾，粟籴翔贵，凶丑匪茹，寇扰淹时，或负挽力殚，或馈饷路绝，则戍兵虽众不足恃，城垒虽固不克居。是使积年完聚之劳，适资一夕溃败之辱，此乃理有必至，而事无幸济者也。"(陆贽《请减京东水运收脚价于缘边州镇储蓄军粮事宜状》)而当时吐蕃屡屡侵扰边地，朔方、五原相继失守，重要原因之一就是军粮供应缺乏保障。陆贽认为这种状况是由于筹划不当、蓄敛乖宜所致，因此，他建议采用"就军和籴之法以小运，制与人加倍之价以劝农"，即在驻军地附近向百姓以"加倍之价"购买粮食，不仅可以满足军需，还可以鼓励百姓生产。对于这些缺乏生产资料的百姓，国家给予资助，"其或有力而无资，愿居而靡措，贷其种食，假以犁牛，自然戍卒忘归，贫人乐徙"，这样既可以保障军粮供给，又可以充实边防；"无屯田课责之劳，而储蓄自广；无征役践更之扰，而守德益严"(陆贽《请减京东水运收脚价于缘边州镇储蓄军粮事宜状》)。他认为这才是能够付诸实施的长久之计。但是，一些贪敛之吏利用征购军粮之机，巧取豪夺，"既而有司隘吝，不克将顺，忘国家制备之谋，行市道苟且之意。当稔而顾籴者，则务裁其价，不时敛藏；遇灾而艰食者，则莫揆乏粮，抑使收籴。遂使豪家贪吏，反操利权，贱取于人，以俟公私之乏困，乘时所急，十倍其赢。又有势要近亲，羁游之士，或托附边将，或依倚职司，委贱籴于军城，取高价于京邑，坐致厚利，实繁有徒……复以制事无法，示人不诚，每至和籴之时，多支絺紵充直。穷边寒沍，不任衣裘；绝野萧条，无所货鬻。且又虚张估价，不务准平，高下随喜怒之心，精粗在胥吏之手。既无信义率下，下亦以伪应之。度支物估转高，军郡谷价转贵。递行欺罔，不顾宪章；互相制持，莫可禁止。度支以苟售滞货为功利，而不察边食之盈虚；军

---

① （清）董诰等编纂：《全唐文》卷473。

司以所得加价为羡余，而不恤农人之勤苦”，导致“欲劝农而农不获饶，欲省费而费又愈甚”（陆贽《请减京东水运收脚价于缘边州镇储蓄军粮事宜状》）。鉴于此，陆贽建议：一是中央直接委派专使，负责边镇军粮购买和劝导粮食生产；二是在丰年时增加边镇军粮储存；三是改革漕运，在边镇连年丰收的情况下减少军粮漕运，减省的开支用于边镇在当地购买军粮并储备，“此则一年和籴之数，足当转运二年；一斗转运之资，足以和籴五斗”（陆贽《请减京东水运收脚价于缘边州镇储蓄军粮事宜状》）。如此，“不劳人，不变法；不加赋税，不费官钱；不废耳目之娱，不节浮冗之用；唯于漕运一事，稍权轻重所宜，请为陛下致边军十万人一年之粮，以为艰急之备”（陆贽《请减京东水运收脚价于缘边州镇储蓄军粮事宜状》）。此举不仅能够保障边地军粮供给，还可以劝课农桑，赈穷济困。

## 四、人才管理

中国古代有远见的管理者都深知人才对于管理的重要性。陆贽在德宗时期政局不稳的情况下更明确强调国之治乱，在于得人，“人者邦之本也”（《论两河及淮西利害状》），[①] “立国之本，在乎得众”（《奉天论前所答奏未施行状》），[②]“圣人之于爱才，不唯仄席求思而已，乃复引进以崇其术业，历试以发其器能，旌善以重其言，优禄以全其操。岁月积久，声实并丰，列之于朝，则王室尊；分之于土，则藩镇重”（《论朝官阙员及刺史等改转伦序状》）。[③] 从建中二年（公元 781 年）到建中四年（公元 783 年），德宗为了削藩，采用利用藩镇打藩镇的办法，导致两河、淮西藩镇联合对抗朝廷，战乱不息，赋役日滋，兵穷民困。鉴于此，陆贽向德宗上《论两河及淮西利害状》，提出克敌制胜的方略，并强调人才的重要性：“伏以克敌之要，在乎将得其人；驭将之方，在乎操得其柄。将非其人者，兵虽众不足恃；操失其柄者，将虽材不为用”。其《论关中事宜状》又云：“立国之安危在势，任事之济否在人。”[④]但是，德宗既乏知人之明，又不能求贤任能，“累叹乏才，惘然忧见于色”（陆贽《奉天论解萧复状》），[⑤] 还对臣下求全责备。针对德宗的用人弊端，陆贽提出了具有

---

①④ （清）董诰等编纂：《全唐文》卷 467。
② （清）董诰等编纂：《全唐文》卷 468。
③ （清）董诰等编纂：《全唐文》卷 465。
⑤ （清）董诰等编纂：《全唐文》卷 469。

建设性的意见。

首先，广于求才，精于考课；升优汰劣，赏罚分明。陆贽《论朝官阙员及刺史等改转伦序状》认为人才之多寡、特点与管理者的好尚关系极大："汉高禀大度，故其时多魁杰不羁之材；汉武好英风，故其时富瑰诡立名之士；汉宣精吏能，故其时萃循良核实之能。迨乎哀、平、桓、灵，昵比小人，疏远君子，故其时近习操国柄，嬖戚擅朝权。是知人之才性，与时升降，好之则至，奖之则崇，抑之则衰，斥之则绝，此人才消长之所由也。"[①] 并指出朝廷缺乏人才的原因："不澄源而防末流，一也；不考实而务博访，二也；求精太过，三也；嫉恶太甚，四也；程试乖方，五也；取舍违理，六也；循故事而不择可否，七也。"（陆贽《论朝官阙员及刺史等改转伦序状》）鉴于此，陆贽认为要发现人才，科学合理地使用人才，应当坚持"求才贵广，考课贵精"（陆贽《请许台省长官举荐属吏状》）[②] 的原则。所谓"求才贵广"，就是最广泛地选拔人才，"求广在于各举所知，长吏之荐择是也。求不广则下位罕进，下位罕进则用常乏人，用常乏人则惧旷庶职，惧旷庶职则苟取备员"（陆贽《请许台省长官举荐属吏状》）。不仅宰相可以推选官吏，台省长官也可以荐举人才，"唯广求才之路，使贤者各以汇征，启至公之门，令职司皆得自达"（陆贽《请许台省长官举荐属吏状》），通过多种渠道选拔人才。对于人才，陆贽反对求全责备："人之才行，自昔罕全，苟有所长，必有所短。若录长补短，则天下无不用之人；责短舍长，则天下无不弃之士。加以情有憎爱，趣有异同，假使圣如伊、周，贤如杨、墨，求诸物议，孰免讥嫌？"（陆贽《请许台省长官举荐属吏状》）"凡今将吏，岂得尽无疵瑕"（陆贽《兴元奏请许浑瑊李晟等诸军兵马自取机便状》）。[③] 如果"以一言忤犯，一事过差，遂从弃捐，没代不复"，那么"人才不能不乏，风俗不能不偷。此所谓嫉恶太甚之患也"（陆贽《论朝官阙员及刺史等改转伦序状》）。[④] 所谓"考课贵精"，陆贽认为就是依据相应的标准对选用官吏进行严格、准确的考核，升优汰劣。其《请许台省长官举荐属吏状》云："委任责成之道，听言考实之方，闲邪存诚，犹恐有阙……所谓听言考实，虚受广纳，宏接下之规；明目达聪，广济人之道。欲知事之得失，不

① （清）董诰等编纂：《全唐文》卷465。

② （清）董诰等编纂：《全唐文》卷472。

③ （清）董诰等编纂：《全唐文》卷471。

④ （清）董诰等编纂：《全唐文》卷475。

可不听之于言；欲辩言之真虚，不可不考之于实。言事之得者，勿即谓是，必原其所得之由；言事之失者，勿即谓非，必穷其所失之理。称人之善者，必详征行善之迹；论人之恶者，必明辨为恶之端。凡听其言，皆考其实；既得其实，又察以情；既尽其情，复稽于众；众议情实，必参相得。然后信其说，奖其诚；如或矫诬，亦置明罚。夫如是，则言者不壅，听之不劳，无浮妄乱教之谈，无阴邪伤善之说，无轻信见欺之失，无潜陷不辩之冤。此古之圣王，听言考实，不出户而知天下之方也。"[①] 他还为此提出了考课的具体内容，即"八计听吏治"："视户口丰耗以稽抚字，视垦田羸缩以稽本末，视赋役薄厚以稽廉冒，视案籍烦简以稽听断，视囚系盈虚以稽决滞，视奸盗有无以稽禁御，视选举众寡以稽风化，视学校兴废以稽教导。"（《新唐书·陆贽传》）[②] 从户口丰耗、垦田羸缩、赋役薄厚、案籍烦简、囚系盈虚、奸盗有无、选举众寡、学校兴废等8个方面对官吏进行考核，这8个方面包括了官吏执政能力的主要内容。这种实事求是的考核办法能够有效防止一些官吏徇私舞弊、弄虚作假等不良行为。同时，根据考课结果升优汰劣，使任得其所，才尽其用。因为"材如负焉，唯在所授；授逾其力则踣，授当其力则行……焉有委非所任，置非所安，而望其不颠不危，固亦难矣！"（陆贽《请不与李万荣汴州节度使状》）[③] 必须根据考课结果，使才能与所任之职相当。如果委非所任，就会对所用之人，甚至对社会产生危害。"日者制度废隳，考课乖舛，淹速靡准，升降无名，欲令庶寮，何所惩劝。自今已后，刺史县令，未经三考，不得改移。其余非在职绩效殊尤，亦不得越次迁转。刺史停替，须待鱼书。内外五品已上，及常参官在任年考已深者，即量才效用与改，中外迭处，以观其能"（陆贽《冬至大礼大赦制》）。[④] 因此，陆贽认为考课必须求精，否则会产生诸多弊端，"考不精则能否无别，能否无别则砥砺渐衰，砥砺衰则职业不举，职业不举则品格浸微。是以贤能之功，不克彰也"（陆贽《请许台省长官举荐属吏状》）。[⑤] 因此，"考课百官，奉扬聪明，信赏必罚，庶乎人无滞用，朝不乏才，以此为酬恩之资，以此为致理之具"（陆贽《请许台省长官举荐属吏状》）。不仅要依据考课升优汰劣，还要根据考课奖惩分明。在考课的基础上，陆贽还提出了核才取吏

①⑤ （清）董诰等编纂：《全唐文》卷472。

② （北宋）欧阳修、宋祁撰：《新唐书》，中华书局1975年版，第4911页。

③ （清）董诰等编纂：《全唐文》卷475。

④ （清）董诰等编纂：《全唐文》卷461。

的“三术”：“一曰拔擢以旌其异能，二曰黜罢以纠其失职，三曰序进以谨其守常”，这样才能“高课者骤升，无庸者亟退，其余绩非出类，守不败官，则循以常资，约以定限”，也才能“殊才不滞，庶品有伦，参酌古今，此为中道”（陆贽《论朝官阙员及刺史等改转伦序状》），[①] 才能重用有才干的官吏，罢斥庸碌无能、尸位素餐的人，从而澄清吏治，提高管理效率。陆贽还这样劝诫德宗：“当在衰季之时，咸谓无人足任，及其雄才御寓，淑德应期，贤能相从，森若林会。然则兴王之良佐，皆是季代之弃才。在季而愚，当兴而智，乃知季代非独遗贤而不用，其于养育奖劝之道，亦有所不至焉。”（陆贽《论朝官阙员及刺史等改转伦序状》）

其次，诚信待人，取其所长。建中年间藩镇多乱，德宗多疑猜忌，他不深入分析当时形势，不检查其失策，还说：“朕本性甚好推诚，亦能纳谏。将谓君臣一体，全不提防，缘推诚信不疑，多被奸人卖弄。今所致患害，朕思亦无它，其失反在推诚。又，谏官论事，少能缜密，例自矜衒，归过于朕以自取名。朕从即位以来，见奏对论事者甚多，大抵皆是雷同，道听途说，试加质问，遽即辞穷。若有奇才异能，在朕岂惜拔擢？朕见从前以来，事只如此，所以近来不多取次对人，亦非倦于接纳。”[②] 德宗自诩诚信待下，反而表达了他猜防多疑之心。因此，陆贽建议德宗不要因噎废食，诚则得人，疑则失众。他说：“昔人有因噎而废食者，又有惧溺而自沉者，其为矫枉防患之虑，岂不过哉？愿陛下取鉴于兹，勿以小虞而妨大道也。臣闻人之所助在乎信，信之所立由乎诚。守诚于中，然后俾众无惑；存信于已，可以教人不欺。唯信与诚，有补无失。一不诚则心莫之保，一不信则言莫之行。故圣人重焉，以为食可去而信不可失也……匹夫不诚，无复有事，况王者赖人之诚以自固，而可不诚于人乎？陛下所谓失于诚信以致患害者，臣窃以斯言为过矣。孔子曰：‘可与言而不与之言，失人；不可与言而与之言，失言。智者不失人，亦不失言。’由此论之，陛下可审其所言，而不可不慎；信其所兴，而不可不诚……故驭之以智则人诈，示之以疑则人偷，接不以礼则徇义之意轻，抚不以恩则效忠之情薄。上行之则下从之，上施之则下报之，若响应声，若影从表；表枉则影曲，声淫则响邪。怀鄙诈而求颜色之不形，颜色形而求观者之不辨，观者辨而求众庶之

① （清）董诰等编纂：《全唐文》卷475。

② （北宋）司马光编著：《资治通鉴》卷229。

不惑，众庶惑而求叛乱之不生，自古及今，未之得也。故‘唯天下至诚，为能尽其性；能尽其性，则能尽人之性。’若不尽于已而望尽于人，众必给而不从矣；不诚于前而曰诚于后，众必疑而不信矣。今方岳有不诚于国者，陛下则兴师以伐之；臣庶有亏信于上者，陛下则出令以诛之。有司顺命诛伐而不敢纵舍者，盖以陛下之所有，责彼之所无故也。向若陛下不识于物，不信于人，人将有辞，何以致讨？是知诚信之道，不可斯须去身，愿陛下慎守而行之有加，恐非所以为悔者也。”（陆贽《奉天请数对群臣兼许令论事状》）[①] 认为君主诚信待下，则臣下咸愿尽忠。但是，君臣之间常有龃龉，出现上下声情不通，以致上下猜疑的情况，陆贽认为这是因为上有“六弊”而下有“三弊”所致。君上之六弊，即“好胜人，耻闻过，骋辩给，眩聪明，厉威严，恣强愎”（陆贽《奉天请数对群臣兼许令论事状》）；臣下之三弊，即“谄谀，顾望，畏懦”（陆贽《奉天请数对群臣兼许令论事状》）。陆贽认为，君上之六弊是源，臣下之三弊是流：“上好胜，必甘于佞辞；上耻过，必忌于直谏。如是则下之谄谀者顺旨，而忠实之语不闻矣。上骋辩，必剿说而折人以言；上眩明，必臆度而虞人以诈。如是则下之顾望者自便，而切磨之辞不尽矣。上厉威，必不能降情以接物；上恣愎，必不能引咎以受规。如是则下之畏懦者避辜，而情理之说不申矣。”（陆贽《奉天请数对群臣兼许令论事状》）陆贽还认为如果君主多疑，上下声情相隔，就会导致国家衰败：“上情不通于下则人惑，下情不通于上则君疑；疑则不纳其诚，惑则不从其令；诚而不见纳，则应之以悖；令而不见从，则加之以刑。下悖上刑，不败何待？是使乱多理少，从古以然。考其初心，不必淫暴，亦在乎两情相阻，驯致其失，以至于艰难者焉。”（陆贽《奉天请数对群臣兼许令论事状》）

陆贽还在《兴元论续从贼中赴行在官等状》中直接指出德宗不能诚信待下，而导致国家管理中出现一些过失：“伏惟陛下睿哲文思，光被四表……然犹化未大同，俗未至理者，良以智出庶物，有轻待人臣之心；思周万几，有独驭区寓之意；谋吞众略，有过慎之防；明照群情，有先事之察；严束百辟，有任刑致理之规；威制四方，有以力胜残之志。由是才能者怨于不任，忠荩者忧于见疑，著勋业者惧于不容，怀反侧者迫于攻讨。驯臻离叛，构成祸灾，兵连

① （清）董诰等编纂：《全唐文》卷468。

于外，变起于内，岁律未半，乘舆再迁，国家艰屯，古未尝有。”[①] 正因为德宗猜疑防范臣下，对边防将帅多不授实权；或数将并置而不设统帅，别委中使（宦官）监临，使将帅不能专制，导致师丧国蹙：“其或疑于委任，以制断由己为大权；昧于责成，以指麾顺旨为良将。锋镝交于原野，而决策于九重之中；机会变于斯须，而定计于千里之外。违令则失顺，从令则失宜，失顺则挫君之严，失宜则败君之众。用舍相碍，否臧皆凶，上有掣肘之讥，下无死绥之志，其于分画之道，岂不两伤哉！其于经纶之术，岂不都谬哉！自昔帝王之所以长乱繁刑，丧师蹙国者，由此道也。”（陆贽《兴元奏请许浑瑊李晟等诸军兵马自取机便状》）[②] 陆贽还借用历史事实来说明“蓄疑”与“推诚”的不同后果：“项籍纳秦降卒二十万，虑其怀诈复叛，一举而尽坑之，其于防虞，亦已甚矣；汉高豁达大度，天下之士至者，纳用不疑，其于备虑，可谓疏矣。然而项氏以灭，刘氏以昌，蓄疑之与推诚，其效固不同也。秦皇严卫雄猜，而荆轲奋其阴计；光武宽容博厚，而马援输其款诚。岂不以虚怀待人，人亦思附；任数御物，物终不亲。情思附则感而悦之，虽寇雠化为心膂有矣；意不亲则惧而阻之，可是骨肉结为仇慝有矣。臣故曰：兹道得失，所关兴亡。”（陆贽《兴元论续从贼中赴行在官等状》）[③] 因此，陆贽建议德宗信任臣下，要给将帅以实权，使其便宜行事，发挥将帅的能动性，以建立功勋，而不必科于细微之事。其《兴元奏请许浑瑊李晟等诸军兵马自取机便状》云：“陛下宜俯徇斯意，因而委之。遂其所安，护其所病。敦以付授之义，固以亲信之恩，假以便宜之权，待以殊常之赏。其余细故，悉勿关言。所赐诏书，务从简要，慎其言以取重，深其托以示诚……夫君上之权，特与臣下者，唯不自用，乃能用人。其要在顺于物情，其契在通于时变。”[④] 只有择得其人，谋始慎终，用人不疑，明于赏罚，君主才能实现无为而治。陆贽《请许台省长官举荐属吏状》还云：“所谓委任责成者，将立其事，先择其人；既得其人，慎谋其始；既谋其始，详虑其终。终始之间，事必前定，有疑则勿果于用，既用则不复有疑。待终其谋，乃考其事。事愆于素者，革其弊而黜其人；事协于初者，赏其人而成其美。使受赏者无所与让，见黜者莫得为辞。夫如是，则苟无其才，孰敢当任？苟当其任，必

①③　（清）董诰等编纂：《全唐文》卷470。
②④　（清）董诰等编纂：《全唐文》卷471。

得竭才。此古之圣王，委任责成，无为而理之道也。”[①]

陆贽还认为每一位人才都有其独特性，管理者应当用其所长。其《论朝官阙员及刺史等改转伦序状》云：“盖以人皆含灵，唯所诱致。如玉之在璞，抵掷则瓦石，追琢则圭璋；如水之发源，壅阏则淤泥，疏浚则川沼”；“天之生物，为用罕兼，性有所长，必有所短，材有所合，亦有所睽。曲成则品物不遗，求备则触类皆弃。是以巧梓顺轮桷之用，故枉直无废材；良御适险易之宜，故驽骥无失性。物既若此，人亦宜然，其于行能，固不兼具。”[②] 至于全德大贤的圣人，千年才会出现一次；而全贤的通才，也 500 年才会出现一次。若不责全求备，则并不缺乏人才。陆贽《论朝官阙员及刺史等改转伦序状》还云：“若夫一至之能，偏禀之性，则中人以上，迭有所长。苟区别得宜，付授当器，各适其性，各宣其能，及乎合以成功，亦与全材无异。但在明鉴大度，御之有道而已。”用人就应当取短舍长：“人之才行，自昔罕全，苟有所长，必有所短。若录长补短，则天下无不用之人；责短舍长，则天下无不弃之士。”（《请许台省长官举荐属吏状》）[③]

“安史之乱”后，唐王朝危机四伏，藩镇割据加剧，社会矛盾日益突出。陆贽针对这一现实提出了比较全面的管理思想，内容涉及政治、经济、军事、人才等方面，具有很强的现实性和可操作性，对后世也产生了积极影响。

## 第五节　韩愈的管理思想

由于韩愈卓著的文学成就，论者常忽视了他的管理思想。韩愈作为中唐杰出的哲学家、思想家、文学家，其管理思想颇为丰富，与唐代其他著名思想家相比，也有一些新的特点。韩愈继承和发展了儒家道统思想，一生极力反道辟佛，在中国思想史上具有重要影响。

### 一、恢复中央集权

据《新唐书・兵志》云：“及范阳节度使安禄山反，犯京师，天子之兵弱，

---

①③ （清）董诰等编纂：《全唐文》卷 472。

② （清）董诰等编纂：《全唐文》卷 475。

不能抗，遂陷两京。肃宗起灵武，而诸镇之兵共起诛贼。其后禄山子庆绪及史思明父子继起，中国大乱，肃宗命李光弼等讨之，号‘九节度之师’。久之，大盗既灭，而武夫战卒以功起行阵，列为侯王者，皆除节度使。由是方镇相望于内地，大者连州十余，小者犹兼三四。故兵骄则逐帅，帅强则叛上。或父死子握其兵而不肯代；或取舍由于士卒，往往自择将吏，号为‘留后’，以邀命于朝。天子顾力不能制，则忍耻含垢，因而抚之，谓之姑息之政。盖姑息起于兵骄，兵骄由于方镇，姑息愈甚，而兵将愈俱骄。由是号令自出，以相侵击，虏其将帅，并其土地，天子熟视不知所为，反为和解之，莫肯听命。”[①]“安史之乱”后，藩镇割据成为唐王朝中央集权的一大祸害。他们拥兵自重，专横跋扈，自行刑赏，拒向中央缴纳赋贡，给社会带来了深重的灾难。

韩愈对藩镇割据的弊端及其带来的灾难具有清楚的认识，他力主削夺藩镇权力，恢复唐王朝的中央集权。其《张中丞传后叙》热情赞颂了顽强抵御安史叛军，以死报国的张巡、许远、南霁云等人及其英勇事迹，揭露了那些“弃城图存者”，“擅强兵坐而观者”的阴暗心理。他说张巡、许远、南霁云等“守一城，捍天下。以千百就尽之卒，战百万日滋之师，蔽遮江淮，沮遏其势。天下之不亡，其谁之功也!”[②] 其《潮州刺史谢上表》中云：“天宝之后，政治少懈，文致未优，武剋不刚，孽臣奸隶，蠹居棊处，摇毒自防，外顺内悖，父死子代，以祖以孙；如古诸侯自擅其地，不贡不朝六七十年。”[③] 对藩镇割据愤怒谴责，猛烈抨击。淮西吴元济叛乱后，朝中大臣分成主战、主抚两派。韩愈坚决站在主战一边，向宪宗上《论淮西事宜状》，其中云：“以三小州残弊困剧之余，而当天下之全力？其破败可立而待也；然所未可知者，在陛下断与不断耳。夫兵不多，不足以必胜；必胜之师，必在速战。兵多而战不速，则所费必广。两界之间，疆场之上，日相攻劫，必有杀伤。近贼州县，征役百端，农夫织妇，不得安业。或时小遇水旱，百姓愁苦。当此之时，则人人异议以惑陛下之听。陛下持之不坚，半涂而罢，伤威损费，为弊必深。所以要先决于心，详度本末，事至不惑，然可图功。”[④] 要求宪宗下定决心，迅速平叛；如果旷日

---

① （北宋）欧阳修、宋祁撰：《新唐书》，中华书局 1975 年版，第 1329～1330 页。

② （唐）韩愈撰：《韩昌黎文集校注》，马其昶校注、马茂元整理，上海古籍出版社 1986 年版，第 75 页。以下同。

③ （唐）韩愈撰：《韩昌黎文集校注》，第 619 页。

④ （唐）韩愈撰：《韩昌黎文集校注》，第 641～642 页。

持久，则会给国家和人民带来很多灾难和损失。后来，韩愈任行军司马，亲随宰相裴度参加了平定淮西之乱，建立了功勋，被擢升为刑部侍郎。

韩愈不仅积极参与平叛战争，他甚至冒着生命危险，单骑驰入叛军王廷凑军中诏抚。据《新唐书·韩愈传》记载，韩愈任兵部侍郎时，成德军将杀自魏博移镇成德的节度使田弘正，推王廷凑为节度使，“诏愈宣抚。既行，众皆危之。元稹言：‘韩愈可惜。’穆宗亦悔，诏愈度事从宜，无必入。”[①] 韩愈到成德后，义正词严地指责成德军将有负国家，使哗变军将不敢轻举妄动；神策军将领牛元翼乘韩愈宣抚之机，突破叛军的包围逃出。这件事让宪宗很高兴，擢升韩愈为吏部侍郎。韩愈在藩镇割据尾大不掉的情况下，积极主张削弱藩镇势力，并在削藩的斗争中表现出大无畏的精神，在当时起了积极的作用。

## 二、仁义为本，民生为先

“安史之乱”后，唐王朝的中央政权严重削弱，藩镇拥兵自重，在政治、经济、军事等方面形成了割据局面。如何维护唐王朝中央政权？成为包括韩愈在内的一些思想家、政治家关注和思考的问题。韩愈以儒家道统继承者自居，以兴复儒学为己任，弘扬仁道，针砭时弊，关注民生，主张削弱藩镇，恢复中央集权，坚持捍卫儒家的正统地位和在管理思想领域的主导地位。

韩愈主张儒家致力倡导的仁义为本、民生为先的治国理念，并作了进一步发挥。韩愈认为国君管理天下应当以仁义为本，因此他极力推崇“尧舜之道”、“圣人之道”、“二帝三王之道”，“凡吾谓道德云者，合仁与义言之也，天下之公言也”（《原道》）。[②] 他所说的“道”就是孔孟的仁义之道，即儒家的“道”，而不是道家、佛教的“道”。他认为管理者应该“法天应道”，把“应天道”、“尚自然”的法天原则与“尽人道”、“行仁义”的济世行为有机地结合起来，唯有“先王之道”、“圣人之道”才是管理国家、治国化民的根本。《原道》还云：“夫所谓先王之教者，何也？博爱之谓仁，行而宜之之谓义；由是而之焉之谓道，足乎己，无待于外之谓德。其文《诗》、《书》、《易》、《春秋》，其法礼、乐、刑、政，其民士、农、工、贾，其位君臣、父子、师友、宾主、昆弟、夫妇，其服麻丝，其居宫室，其食：粟、米、果、蔬、鱼、肉：其为道易

① （北宋）欧阳修、宋祁撰：《新唐书》，中华书局 1975 年版，第 5264 页。

② （唐）韩愈撰：《韩昌黎文集校注》，第 12 页。

明，而其为教易行也。是故以之为己，则顺而祥；以之为人，则爱而公；以之为心，则和而平；以之为天下国家，无所处而不当。”[①] 认为先王之道从尧开端，“尧以是传之舜，舜以是传之禹，禹以是传之汤，汤以是传之文武、周公，文武、周公传之孔子，孔子传之孟轲，轲之死，不得其传焉。荀与扬也，择焉而不精，语焉而不详。由周公而上，上而为君，故其事行；由周公而下，下而为臣，故其说长。”（《原道》）先王之道代代相传，但是到孟子之后，道统就中断了，于是纪纲紊乱，世风日下。韩愈对此深表遗憾，他认为管理者要想国泰民安，社会进步，就必需懂得了“道”的真正涵义，把“先王之道”发扬光大，要按照“仁义”的要求治国理政，对百姓要“教之以相生养之道”。具体言之，就是要做到：“为之君，为之师，驱其虫蛇禽兽而处之中土。寒，然后为之衣，饥，然后为之食；木处而颠，土处而病也，然后为之宫室。为之工，以赡其器用；为之贾，以通其有无；为之医药，以济其夭死；为之葬埋祭祀，以长其恩爱；为之礼，以次其先后；为之乐，以宣其壹郁；为之政，以率其怠倦；为之刑，以锄其强梗。相欺也，为之符玺、斗斛、权衡以信之；相夺也，为之城郭、甲兵以守之。害至而为之备，患生而为之防。”（《原道》）[②] 管理者不仅要为百姓之君、之师，而且还要“为之工”、“为之贾”、“为之礼”、“为之医药”，等等，包含了民生的许多方面。管理者应该在这些方面保障好百姓基本的生活需求，利民惠民，视民如子。其《进士策问十三首》云：“人之仰而生者谷帛，谷帛丰，无饥寒之患，然后可以行之于仁义之途，措之于安平之地，此愚智所同识也。”[③] “食粟、衣帛、服仁行义以俟死者，二帝三王之所守，圣人未之有改焉者也……圣人之于人，犹父母之于子。”（《进士策问十三首》）[④] 其《争臣论》亦云：“自古圣人贤士皆非有求于闻用也，闵其时之不平，人之不乂，得其道，不敢独善其身，而必以兼济天下也，孜孜矻矻，死而后已。故禹过家门不入，孔席不暇暖，而墨突不得黔：彼二圣一贤者，岂不知自安佚之为乐哉？诚畏天命而悲人穷也。夫天授人以贤圣才能，岂使自有余而已？诚欲以补其不足者也。”[⑤]一言以蔽之，就是管理者要千方百计使百姓安居

① （唐）韩愈撰：《韩昌黎文集校注》，第 18 页。
② （唐）韩愈撰：《韩昌黎文集校注》，第 15～16 页。
③ （唐）韩愈撰：《韩昌黎文集校注》，第 106 页。
④ （唐）韩愈撰：《韩昌黎文集校注》，第 108 页。
⑤ （唐）韩愈撰：《韩昌黎文集校注》，第 112 页。

乐业。

韩愈《原道》还云："君者，出令者也；臣者，行君之令而致之民者也；民者，出粟米麻丝，作器皿、通货财，以事其上者也。君不出令，则失其所以为君；臣不行君之令而致之民，则失其所以为臣；民不出粟米麻丝，作器皿、通货财，以事其上，则诛。今其法曰：必弃而君臣，去而父子，禁而相生养之道，以求其所谓清静寂灭者；呜呼！其亦幸而出于三代之后，不见黜于禹、汤、文武、周公、孔子也；其亦不幸而不出于三代之前，不见正于禹、汤、文武、周公、孔子也。"[①] 认为君是"出令者"，臣是"行君令"者，民是"事其上"者，君、臣、民三者缺一不可，是一种"相生养"的关系。其《圬者王承福传》云："粟，稼而生者也；若布与帛，必蚕织而后成者也；其他所以养生之具，皆待人力而后完也：吾皆赖之。然人不可遍为，宜乎各致其能以相生也。故君者，理我所以生者也；而百官者，承君之化者也。任有小大，惟其所能，若器皿焉。食焉而怠其事，必有天殃。"[②] 认为君、臣、民三者之间是相互依存、相互生养，应各守其职，各尽其能；如果民，或臣，或君，没尽其本职，就会造成社会问题。韩愈《送许郢州序》云："凡天下之事成于自同而败于自异。为刺史者恒私于其民，不以实应乎府；为观察使者恒急于其赋，不以情信乎州？由是刺史不安其官，观察使不得其政，财已竭而敛不休，人已穷而赋愈急，其不去为盗也亦幸矣。诚使刺史不私于其民，观察使不急于其赋，刺史曰：吾州之民天下之民也，惠不可以独厚；观察使亦曰：某州之民天下之民也，敛不可以独急：如是而政不均、令不行者，未之有也。"[③] 其《赠崔复州序》还云："赋有常而民产无恒，水旱疠疫之不期，民之丰约悬于州，县令不以言，连帅不以信，民就穷而敛愈急。"[④] 认为赋敛是关系到百姓生存的重要事情，管理者应当"仁义"待民，"子养亿兆人庶，无有亲疏远迩；虽在万里之外，岭海之陬，待之一如畿甸之间，辇毂之下"，百姓才能"虽在蛮荒，无不安泰。"(《潮州刺史谢上表》)[⑤]

---

① （唐）韩愈撰：《韩昌黎文集校注》，第 16 页。
② （唐）韩愈撰：《韩昌黎文集校注》，第 53～54 页。
③ （唐）韩愈撰：《韩昌黎文集校注》，第 236～237 页。
④ （唐）韩愈撰：《韩昌黎文集校注》，第 249 页。
⑤ （唐）韩愈撰：《韩昌黎文集校注》，第 618 页。

## 三、德主刑辅，赏罚守信

韩愈认为管理国家应当以礼义为先，礼法兼用。韩愈《复仇状》云："礼法二事，皆王教之端。"① 其《潮州请置乡校牒》还化用《论语》："道之以政，齐之以刑，则民免而无耻。不如以德礼为先，而辅以政刑也。"② 礼乐与刑政并用，作为治国之法，礼乐包括了思想、文化、教育方面，刑政包括了政治、法律方面的。将礼乐与刑政二者结合起来，这是荀子之后的儒家给统治者提供的统治术。韩愈认为管理者应该以"仁义"修身，这是施行德治的前提，其《与鄂州柳中丞书》肯定鄂州刺史柳公绰在这方面的修养："《诗》、《书》、《礼》、《乐》是习，仁义是修，法度是束。"③ 他还引用《礼记》说明管理者应当如何以仁义修身："古之欲明明德于天下者，先治其国；欲治其国者，先齐其家；欲齐其家者，先修其身；欲修其身者，先正其心；欲正其心者，先诚其意。"（《原道》）④ 管理者治国平天下，应当以从正心诚意开始，在礼义方面做出表率，引导百姓从德遵法。韩愈还认为，中国自古以来就有以仁义治国的传统，"民之初生，固若夷狄禽兽然。圣人者立，然后知宫居而粒食，亲亲而尊尊，生者养而死者藏。是故道莫大乎仁义，教莫正乎礼乐刑政。施之于天下，万物得其宜；措之于其躬，体安而气平。尧以是传之舜，舜以是传之禹，禹以是传之汤，汤以是传之文武，文武以是传之周公、孔子，书之于册，中国之人世守之。"（《送浮屠文畅师序》）⑤ 仁义之道和礼乐刑政之教向外通向天下国家，成就社会，即"施之于天下万物得其宜"；向内通向管理者自身生命，置自身生命于其中，达到人格完善，即"措之于其躬，体安而气平"。管理者应该将仁义之道施之于自身修养和社会政治，使二者彼此影响，互相成就，这就是内圣外王之道，修己安人之道，修齐治平之道。

韩愈还主张管理者赏罚守信，达到赏以劝善，罚以止恶的目的。管理者制法、用法，实行赏罚，一定要对百姓守信。宪宗元和十年（公元 815 年），淄青节度使李师道派刺客入京刺杀了宰相武元衡，刺伤裴度。宪宗"以狂贼伤害

---

① （唐）韩愈撰：《韩昌黎文集校注》，第 593 页。
② （唐）韩愈撰：《韩昌黎文集校注》，第 691 页。
③ （唐）韩愈撰：《韩昌黎文集校注》，第 223 页。
④ （唐）韩愈撰：《韩昌黎文集校注》，第 17 页。
⑤ （唐）韩愈撰：《韩昌黎文集校注》，第 252～253 页。

宰臣……特降诏书，明立条格，云有能捉获贼者，赐钱万贯，仍加超授”，但是贼被捕获却没有行赏，至于“群情疑惑，未测圣心”，“闻初载钱置市之日，市中观者日数万人，巡绕瞻视，咨嗟叹息，既去复来，以至日暮”。于是，韩愈上《论捕贼行赏表》请宪宗按诏书的承诺给予奖赏，“百姓小人，重财轻义，不能深达事体，但见不给其赏，便以为朝廷爱惜此钱，不守言信。自近传远，无由辩明。”① 当时藩镇吴元济、王承宗、李师道拒绝服从唐中央，河南、河北仍被割据的藩镇占领，陇右、河西又被吐蕃侵夺。韩愈认为，当此之时应“特宜示人以信”。他还举了秦孝公、周成王、汉高祖的事例来说明赏罚守信对管理者的重要性。《论捕贼行赏表》接着云：“孔子欲存信去食：人非食不生，尚欲舍生以存信；况可无故而轻弃也！昔秦孝公用商鞅为相，欲富国强兵，行令于国，恐人不信，立三丈之木于市南门，募人有能徙置北门者，与五十金。有一人徙之，辄与五十金。秦人以君言为必信，法令大行，国富兵强，无敌天下。三丈之木，非难徙也；徙之非有功也，孝公辄与之金者，所以示其言之必信也。昔周成王尚小，与其弟叔虞为戏，削桐叶为珪，曰：‘以晋封汝。’其臣史佚因请择日立叔虞为侯。成王曰：‘吾与之戏耳。’史佚曰：‘天子无戏言。言之则史书之，礼成之，乐歌之。’于是遂封叔虞于晋。昔汉高祖出黄金四万斤与陈平，恣其所为，不问出入，令谋项羽。平用金间楚，数年之间，汉得天下。论者皆言汉高祖深达于利，能以金四万斤致得天下。以此观之：自古以来，未有不信其言而能有大功者，亦未有不费小财而能收大利者也。”② 韩愈认为君主只有取信于民，赏罚必信，百姓才能听从君主的法令；而只要百姓听从君主的法令，君主就可以成就大功。

韩愈认为军队管理也必须赏罚必信。其《论淮西事宜状》云：“兵之胜负，实在赏罚。赏厚可令廉士动心，罚重可令凶人丧魄，然可集事。不可爱惜所费，惮于行刑。”③

## 四、重才识才，唯才是举

韩愈认为人才对管理具有重要意义。其《守戒》云：“诸侯之于天子，不

---

① （唐）韩愈撰：《韩昌黎文集校注》，第609～610页。
② （唐）韩愈撰：《韩昌黎文集校注》，第611～612页。
③ （唐）韩愈撰：《韩昌黎文集校注》，第644页。

惟守土地奉职贡而已，固将有以翰藩之也……今夫鹿之于豹，非不巍然大矣，然而卒为之禽者，爪牙之材不同，猛怯之资殊也。曰：然则如之何而备之？曰：在得人。”① 用形体大的鹿被形体小的豹擒食做比喻，说明得到人才的重要性。《后廿九日复上书》云：“愈闻周公之为辅相，其急于见贤也，方一食三吐其哺，方一沐三捉其发。当是时，天下之贤才皆已举用，奸邪谗佞欺负之徒皆已除去……故于今颂成王之德而称周公之功不衰。”② 《送温处士赴河阳军序》还云：“夫南面而听天下，其所托重而恃力者惟相与将耳。相为天子得人于朝廷，将为天子得文武士于幕下：求内外无治，不可得也。”③ 但是，中唐时期的人才选拔存在重大的弊端。其《送齐暤下第序》云：“古之所谓公无私者，其取舍进退无择于亲疏远迩，惟其宜可焉。其下之视上也，亦惟视其举黜之当否，不以亲疏远迩疑乎其上之人。故上之人行志择谊，坦乎其无忧于下也；下之人克己慎行，确乎其无惑于上也。是故为君不劳，而为臣甚易：见一善焉，可得详而举也；见一不善焉，可得明而去也。及道之衰，上下交疑，于是乎举仇、举子之事，载之传中而称美之，而谓之忠……于是乎有违心之行，有怫志之言，有内愧之名；若然者，俗所谓良有司也。肤受之诉不行于君，巧言之诬不起于人矣。呜呼！今之君天下者，不亦劳乎！为有司者，不亦难乎！为人向道者，不亦勤乎！是故端居而念焉，非君人者之过也；则曰有司焉，则非有司之过也；则曰今举天下人焉，则非今举天下人之过也。”④ 认为在中唐这个“道衰”的时代，人才选拔中存在诸多“违心之行”、“怫志之言”、“内愧之名”，这些弊端就是管理者选拔人才的方法不当所致，“举仇、举子之事，载之传中而称美之，而谓之忠。见一善焉，若亲与迩不敢举也；见一不善焉，若疏与远不敢去也。众之所同好焉，矫而黜之乃公也；众之所同恶焉，激而举之乃忠也……盖其渐有因，其本有根，生于私其亲，成于私其身。以己之不直，而谓人皆然。其植之也固久，其除之也实难，非百年必世不可得而化也，非知命不惑不可得而改也。”（《送齐暤下第序》）⑤ 因此，韩愈认为必须改革人才选拔的方法，不能求全责备，应当唯才是举，不避公私。

---

① （唐）韩愈撰：《韩昌黎文集校注》，第 51～52 页。

② （唐）韩愈撰：《韩昌黎文集校注》，第 161～162 页。

③ （唐）韩愈撰：《韩昌黎文集校注》，第 282 页。

④ （唐）韩愈撰：《韩昌黎文集校注》，第 240～241 页。

⑤ （唐）韩愈撰：《韩昌黎文集校注》，第 241 页。

韩愈希望管理者能礼贤下士，做识才之伯乐。其《杂说》（其四）云："世有伯乐然后有千里马。千里马常有，而伯乐不常有；故虽有名马，只辱于奴隶人之手，骈死于槽枥之间，不以千里称也。马之千里者，一食或尽粟一石。食马者不知其能千里而食也；是马也，虽有千里之能，食不饱，力不足，才美不外见，且欲与常马等不可得，安求其能千里也！策之不以其道，食之不能尽其材，鸣之而不能通其意，执策而临之曰：'天下无马。'呜呼！其真无马耶？其真不知马也！"[①] 认为世间不是没有人才，关键在于要善于发现，要重才爱才。韩愈渴望管理者能够像伯乐相马那样选拔出优秀的人才。其《送温处士赴河阳军序》云："伯乐一过冀北之野，而马群遂空。夫冀北马多天下，伯乐虽善知马，安能空其群耶？解之者曰：吾所谓空，非无马也，无良马也。伯乐知马，遇其良，辄取之，群无留良焉。"[②] 只要管理者爱才重才，就能够得到优秀的人才，"伯乐之厩多良马，卞和之暖多美玉"（《送权秀才序》）。[③] 伯乐与千里马的比喻，对后世影响深远。

韩愈认为，管理者要唯才是举，应该做到以下两个方面：一是用才如器，惟器是适。其《进学解》云："夫大木为杗，细木为桷，欂栌侏儒，椳闑扂楔，各得其宜，施以成室者，匠氏之工也。玉札丹砂，赤箭青芝，牛溲马勃，败鼓之皮，俱收并蓄，待用无遗者，医师之良也；登明选公，杂进巧拙，纡余为妍，卓荦为杰，校短量长，惟器是适者，宰相之方也。"[④] 管理者要根据各类人才的特点量才使用，做到惟器是适，"下之事上，不一其事；上之使下，不一其事。量力而仕之，度才而处之，其所不能，不强使为，是故为下者不获罪于上，为上者不得怨于下矣。"（《上张仆射书》）[⑤] 人才都各有其能与不能，只有量才使用，才能得其所用。二是不拘一格，拔擢优特。韩愈《论今年权停举选状》云："以臣之愚，以为宜求纯信之士，骨鲠之臣，忧国如家、忘身奉上者，超其爵位，置在左右：如殷高宗之用傅说，周文王之举太公，齐桓公之拔甯戚，汉武帝之取公孙弘。清闲之余，时赐召问，必能辅宣王化，销殄旱灾。"[⑥] 认为对于那些忧国如家、忘身奉上的纯信之士、骨鲠之臣，要"超其

① （唐）韩愈撰：《韩昌黎文集校注》，第35～36页。

②⑤ （唐）韩愈撰：《韩昌黎文集校注》，《韩昌黎文集校注》，第281页。

③ （唐）韩愈撰：《韩昌黎文集校注》，第276页。

④ （唐）韩愈撰：《韩昌黎文集校注》，第47页。

⑥ 《韩昌黎文集校注》，第587页。

爵位”，不拘一格给予重用。

## 五、经济管理

韩愈对中唐的经济管理也有独特的思考。与其他思想家一样，面对中唐国家经济屡现紧张，赋税管理混乱，剥削日深的现实，韩愈主张恢复和发展经济，改善民生，维护社会稳定，并能在一定程度上突破传统思想的束缚，提出一些颇具创造性的思想主张。

首先，韩愈重视农业。韩愈《进士策问十三首》指出，“人之仰而生者”的“谷帛”是人类社会赖以生存的重要生活资料，只有“谷帛丰”，人们才能“无饥寒之患”，然后才能“可以行之于仁义之途”，使社会达到“安平之地”。[①] 他认为要保障人们所需“谷帛”的供给，管理者应当实行仁德教化之政，并注意发展农业，引导民众大力生产“粟米麻丝”。一方面，韩愈主张减轻对农民的剥削。韩愈任监察御史期间，时逢关中大旱，他上奏《御史台上论天旱人饥状》，其中云：“今年以来，京畿诸县夏逢亢旱，秋又早霜，田种所收，十不存一……上恩虽弘，下困犹甚。至闻有弃子逐妻以求口食，拆屋伐树以纳税钱，寒馁道涂，毙踣沟壑。有者皆已输纳，无者徒被追征。臣愚以为此皆群臣之所未言。陛下之所未知者也。臣窃见陛下怜念黎元，同于赤子；至或犯法当戮，犹且宽而宥之：况此无辜之人，岂有知而不救？又京师者，四方之腹心，国家之根本，其百姓实宜倍加忧恤。今瑞雪频降，来年必丰。急之则得少而人伤，缓之则事存而利远。伏乞特敕京兆府：应今年税钱及草粟等在百姓腹内征未得者，并且停征，容至来年，蚕麦庶得少有存立。”[②] 韩愈在真实描述了当时农民在赋繁税苛压迫下艰难生存的状况之后，请求国家停征当年赋税，减少对农民的剥削。另一方面，韩愈还注意保护农业劳动力。他任袁州刺史期间，废除一种欠债人沦为债主家奴的规矩，并上疏请求在全国废除这种做法。据韩愈《应所在典贴良人男女等状》记述，他在袁州采用“计佣折值”的办法，把原先因无钱还债而沦为债主家奴的731余人全部解救出来。《应所在典贴良人男女等状》还奏云：“原其本末，或因水旱不熟，或因公私债负，遂相典贴，渐以成风。名目虽殊，奴婢不别，鞭笞役使，至死乃休。既乖律文，

---

① （唐）韩愈撰：《韩昌黎文集校注》，第106页。

② （唐）韩愈撰：《韩昌黎文集校注》，第588～589页。

实亏政理。袁州至小，尚有七百余人；天下诸州，其数固当不少。今因大庆，伏乞令有司重举旧章，一皆放免。仍勒长吏严加检责，如有隐漏，必重科惩。”①

其次，韩愈重视商业。他从社会分工的必要性出发充分论述了商业在社会经济中的不可或缺性，认为社会上的每个人都不可能生产自己所需要的一切东西，而必须依靠分工协作，向他人提供自己的产品或服务，并从他人那里取得其所需的东西。韩愈《圬者王承福传》云：“粟，稼而生者也；若布与帛，必蚕织而后成者也；其他所以养生之具，皆待人力而后完也：吾皆赖之。然人不可遍为，宜乎各致其能以相生也。”② 他以粟米、布帛等日常生活资料为例，说明了相关条件限制，人们要满足自身对这些生活资料的需要，必须依靠农、工、商各行各业的劳动者各司其业，各尽所能。其《原道》云：“古之时，人之害多矣。有圣人者立，然后教之以相生养之道。为之君，为之师，驱其虫蛇禽兽而处之中土。寒，然后为之衣，饥，然后为之食；木处而颠，土处而病也，然后为之宫室。为之工，以赡其器用；为之贾，以通其有无；为之医药，以济其夭死；为之葬埋祭祀，以长其恩爱；为之礼，以次其先后；为之乐，以宣其壹郁；为之政，以率其怠倦；为之刑，以锄其强梗。相欺也，为之符玺、斗斛、权衡以信之；相夺也，为之城郭、甲兵以守之。害至而为之备，患生而为之防。”③ 可见，他充分认识到了社会各行业、各经济部门是“相生养”的关系，并构成相互联系、相互补充的整体。其《论今年权停举选状》还云：“今年虽旱，去岁大丰，商贾之家，必有储蓄。举选者皆赍持资用，以有易无，未见其弊。”④ 充分肯定了商人的作用。

再次，基于对工商业重要作用的深刻认识，韩愈提出了一些促进工商业发展的思想。他反对政府对工商业的垄断，主张给民营工商业相应的生存空间。穆宗长庆二年（公元 822 年），户部侍郎张平叔建议改革盐法，主张“官自粜盐”，以“笼天下之财”（《新唐书·韦处厚传》），⑤ 即为了增加政府的财赋收入，盐业实行政府垄断经营。对此，韩愈上奏《论变盐法事宜状》，对张平叔

① （唐）韩愈撰：《韩昌黎文集校注》，第 640 页。
② （唐）韩愈撰：《韩昌黎文集校注》，第 53 页。
③ （唐）韩愈撰：《韩昌黎文集校注》，第 15～16 页。
④ （唐）韩愈撰：《韩昌黎文集校注》，第 587 页。
⑤ （北宋）欧阳修、宋祁撰：《新唐书》，中华书局 1975 年版，第 4674 页。

的主张进行了批判，他提出了反对政府垄断，发展民营工商业的思想：

其一，韩愈认为政府垄断经营不如民营方便，而且还增加政府工作负担。其《论变盐法事宜状》云："臣今通计所在百姓，贫多富少，除城郭外，有见钱籴盐者，十无二三。多用杂物及米谷博易。盐商利归于己，无物不取，或从赊贷升斗，约以时熟填还。用此取济，两得利便。今令州县人吏坐铺自粜，利不关己，罪则加身。不得见钱及头段物，恐失官利，必不敢粜。变法之后，百姓贫者，无从得盐而食矣。求利未得，敛怨已多，自然坐失盐利常数。"[①] 从买卖方式看，民营可以使商人获利，而百姓也能够得其所需之盐。而政府经营对于有关官吏"利不关己，罪则加身"，其结果是贫苦百姓没盐可吃，"求利未得，敛怨已多"，于国家有害无益。另外，韩愈认为由于百姓居住分散，"乡村远处，或三家五家，山谷居住"，政府经营不可能"令人吏将盐家至户到"，多带盐可能不能全部卖完，少带了又赚不到钱，甚至"计其往来，自充粮食不足"。相比而言，民营商人"或自负担斗石，往与百姓博易，所冀平价之上，利得三钱两钱"，能够满足边远地区百姓对食盐的需求。因此，政府经营"所利至少，为弊则多"(《论变盐法事宜状》)。[②]

其二，韩愈认为政府垄断经营必然增加百姓的负担，也会增加政府的财政负担。韩愈《论变盐法事宜状》还认为官吏"到村之后，必索百姓供应"，即到各村卖盐需要百姓招待，而且官府要"和雇"百姓及其牛车运送食盐，这种"和雇"实际是强行差配。百姓如果不行贿送礼，打通关节，那么他们在验车、装车、缴车等各个环节上都要受到官吏的刁难，甚至敲诈勒索，"州县和雇车牛，百姓必无情愿。事须差配，然付脚钱；百姓将车载盐，所由先皆无检。齐集之后，始得载盐；及至院监请受，又须待其轮次，不用门户，皆被停留；输纳之时，人事又别：凡是和雇，无不皆然。百姓宁为私家载物取钱五文，不为官家载物取十文钱也"(《论变盐法事宜状》)。[③] 这样就增加了百姓的负担。另外，政府卖盐也增加了国家财政负担。各级政府设置官吏卖盐，必然增加行政开支，"令府县粜盐，每月更加京兆尹料钱百千，司录及两县令每月各加五十千，其余观察及诸州刺史、县令、录事、参军多至每月五十千，少至五千三千

---

① （唐）韩愈撰：《韩昌黎文集校注》，第646页。

② （唐）韩愈撰：《韩昌黎文集校注》，第647页。

③ （唐）韩愈撰：《韩昌黎文集校注》，第649页。

者。臣今计此用钱已多，其余官典及巡察手力所由等粮课，仍不在此数。通计所给，每岁不下十万贯。未见其利，所费已广。”（《论变盐法事宜状》）① 而政府垄断经营所得的盐利并不比民营商人上缴的赋税更多，徒增负担而已。

其三，韩愈驳斥了以政府垄断来打击民间商人的思想。其《论变盐法事宜状》云：“臣以为盐商纳榷，为官粜盐，子父相承，坐受厚利，比之百姓，实则校优。今既夺其业，又禁不得求觅职事，及为人把钱捉店、看守庄磑：不知何罪，一朝穷蹙之也！若必行此，则富商大贾必生怨恨；或收市重责，逃入反侧之地，以资寇盗。此又不可不虑也。”② 韩愈认为民间商人向国家纳税，替官府卖盐，当然其利润比较优厚，生活也比普通百姓优裕。如果政府打击民营商人，不仅于理不通，而且不利于维护社会稳定。可见，韩愈对政府垄断经营带来的危害有比较清楚的认识。他还批驳了张平叔的政府垄断卖盐则百姓人人必须输钱于官，向政府买盐的观点：“平叔又云：‘浮寄奸猾者转富，土著守业者日贫，若官自粜盐，不问贵贱贫富，四民僧道并兼游手，因其所食，尽输官钱；并诸道军诸使家口亲族，递相影占，不曾输税，若官自粜盐，此辈无一人遗漏者。’臣以为此数色人等，官未粜盐之时，从来籴盐而食，不待官自粜然后食盐也。国家榷盐，粜与商人，商人纳榷，粜与百姓，则是天下百姓无贫富贵贱，皆已输钱於官矣，不必与国家交手付钱，然后为输钱于官也。”（《论变盐法事宜状》）③ 因此，韩愈主张给民营工商业相应的生存空间，充分发挥民营商人的积极性。

韩愈反对政府垄断的专卖制度，叙论了民营商人在商品流通及满足百姓生活需要的过程中所起的作用，为民间资本经营活动辩护，体现了他对商业的重视，也体现了他对传统重农抑商思想的突破。

最后，韩愈不仅主张应该发展国内工商业，而且认为应该积极发展对外经济、文化交流。唐代与世界各国的经济、文化交流十分发达，丝绸之路可以到达中亚、西亚各国，甚或远至欧洲。韩愈十分重视对外经济文化交流。其《送郑尚书序》云：“其海外杂国若耽浮罗、流求、毛人、夷亶之州，林邑、扶南、真腊、于陀利之属，东南际天地以万数，或时候风潮朝贡，蛮胡贾人舶交海

① （唐）韩愈撰：《韩昌黎文集校注》，第647～648页。

② （唐）韩愈撰：《韩昌黎文集校注》，第652页。

③ （唐）韩愈撰：《韩昌黎文集校注》，第649页。

中。若岭南帅得其人，则一边尽治，不相寇盗贼杀，无风鱼之灾，水旱疠毒之患，外国之货日至，珠香象犀玳瑁奇物溢于中国，不可胜用。”[①] 认为对外经济文化交流可以获取大量中国缺乏的东西。为了有效保障这种交流活动的进行，韩愈认为应做到如下三个方面：一是要保持边境、沿海地区的社会稳定。他认为必须采取措施切实保证边疆地区“不相盗寇贼杀”，才能保障同海外诸国的友好往来。二是边境地区的官吏必须具有相当高的素质，能够胜任其职，“选帅常重于他镇，非有文武威风，知大体，可畏信者，则不幸往往有事”(《送郑尚书序》)。三是保护外商利益。韩愈《唐正议大夫尚书左丞孔公墓志铭》中记述孔戣任岭南节度使时，“蕃舶之至泊步，有下碇之税，始至有阅货之燕，犀珠磊落，贿及仆隶，公皆罢之”,[②] 即免除外国商船的停泊税，取消外商必须举办的各种宴请及向各级官吏贡交货贿，并保护外商财产安全；对于在唐去世外商的财产，官府可以为其代管三月之久，家属认领一律归还。韩愈高度颂扬了孔戣的这些政策措施。

从总体上，韩愈的经济管理思想反映了中唐经济发展的客观要求，反映了唐代管理思想发展的一些新的倾向，具有一定历史进步性。

① （唐）韩愈撰：《韩昌黎文集校注》，第 284 页。

② （唐）韩愈撰：《韩昌黎文集校注》，第 531 页。

# 第五章　晚唐管理思想

中国管理思想史上的晚唐时期，是指从唐懿宗李漼至唐哀帝李柷统治的时期，历四帝，共计40余年。会昌六年（公元846年），武宗李炎驾崩后，宣宗李忱在神策军中尉宦官马元贽的协助之下即位。次年改元大中。未即位前，宣宗表面上是一位容易被宦官利用的人。但是，他即位后励精图治，唐朝又出现了短暂的复兴景象，时人也因此称他为“小太宗”。宣宗明察沉断，用法无私，从谏如流，重惜官赏，恭谨节俭，惠爱民物；并加强皇权，抑制宦官，结束了牛李党争，时称“大中之治”。大中之治可算是腐败王朝的“中兴”局面。但是，宣宗为人多疑苛察，使得上下莫不粉饰太平；他崇奉道教，一直希望通过服用丹药长生不老，结果由于服食丹药过度而损害了身体，也因服食丹药中毒死亡。实际上宣宗统治时期政治并不稳定，尤其到其晚年，国内已有乱象，他死后不久，大中十三年（公元859年）十二月就爆发了裘甫领导的农民起义。宣宗去世后，宦官王宗实立宣帝长子李漼（原名李温）为帝，是为懿宗，唐王朝由此进入了晚唐时期。

## 第一节　晚唐管理思想概述

唐朝自“安史之乱”以后，大土地私有制更进一步发展，地主庄园成为这一时期的主要土地占有形式，农民的小块土地不断被剥夺，土地问题愈趋严峻。两税法的施行，其他税赋亦未削减，民众不堪重负，加之统治集团的腐朽，集团内部相互倾轧，藩镇割据、宦官专权现象更加严重。不断的边疆战事进一步加深了民众的苦难，许多百姓倾家荡产、逃亡。尤其是晚唐时期，上从皇帝，下至县令，变本加厉地实施暴政，残酷掠夺民脂民膏以维持其奢侈腐朽的生活。政治极端黑暗，宦官把持朝政，甚至皇帝都成为他们的傀儡。藩镇兵祸不息，盗匪横行。在这样的社会背景下，终于激起了王仙芝、黄巢领导的大规模武装起义，唐王朝的统治也在人民起义的猛烈冲击下很快灭亡。

## 一、晚唐管理思想的发展

晚唐时期，懿宗李漼与僖宗李儇都是有名的无能君主，使大唐国势日趋下行。懿宗荒淫残暴，不理政事，宠信宦官。据《资治通鉴》记载："上（懿宗）好音乐宴游，殿前供奉乐工常近五百人，每月宴设不减十余，水陆皆备，听乐观优，不知厌倦，赐与动及千缗。曲江、昆明、灞浐、南宫、北苑、昭应、咸阳，所欲游幸即行，不待供置，有司常具音乐、饮食、幄帟，诸王立马以备陪从。每行幸，内外诸司扈从者十余万人，所费不可胜纪。"[①] 懿宗还到法门寺迎奉佛骨，大臣谏止，他竟然说："朕生得见之，死亦无恨。"于是，"广造浮图、宝帐、香舆、幡花、幢盖以迎之，皆饰以金玉、锦绣、珠翠。自京城至寺三百里间，道路车马，昼夜不绝……佛骨至京师，导以禁军兵仗，公私音乐，沸天烛地，绵亘数十里。仪卫之盛，过于郊祀，元和之时不及远矣。富室夹道为彩楼及无遮会，竞为侈靡。上御安福门，降楼膜拜，流涕沾臆，赐僧及京城耆老尝见元和事者金帛。迎佛骨入禁中，三日，出置安国崇化寺。宰相已下竞施金帛，不可胜纪。"[②] 皇帝贪残淫逸，臣下腐败奢侈。宰相路岩在相位 8 年，奢靡腐化，招权纳贿。"至德令陈蟠叟因上书召对，言：'请破边咸一家，可赡军二年。'上问：'咸为谁？'对曰：'路岩亲吏。'上怒，流蟠叟于爱州，自是无敢言者。"[③] 路岩亲吏的家产可抵国家两年军费开支，可见路岩本人的财富应该远超此数。与路岩同时的宰相曹确、杨收、徐商等人，都是一丘之貉。《南部新书》云："曹确、杨收、徐商、路岩同秉政，外有嘲之曰：'确确无余事，钱财揔被收，商人都不管，货路几时休？'"[④] 在这些极其贪腐的中央高级官员的管理下，刺史、县令这些地方官员更加腐化，定边节度使李师望极为贪残，"聚私货以百万计，戍卒怨怒，欲生食之"；[⑤] 又有"怀州民诉旱，刺史刘

① （北宋）司马光编著：《资治通鉴》卷 250。

② （北宋）司马光编著：《资治通鉴》卷 252。

③⑤　（北宋）司马光编著：《资治通鉴》卷 251。

④ （北宋）钱易撰，黄寿成校点：《南部新书》，中华书局 2002 年版，第 3 页。

仁规揭榜禁之。民怒，相与作乱，逐仁规，仁规逃匿村舍”[1]，此类事件不一一列举。在这些官员的管理下，社会贫富差距巨大，阶级矛盾日趋激化，民变四起。公元 859 年，裘甫在浙东起义，众至数千。此次农民起义军坚持战斗 7 个月，最后被镇压。南诏也在此期间向唐王朝发动战争，并占领交趾。咸通九年（公元 868 年），防备南诏进攻的桂林军人因迟迟不能回乡而哗变，他们推举粮料判官庞勋为首领，再度爆发民变。庞勋率义军北归回到徐州，途中俘获徐泗观察使崔彦曾，民众纷起响应，一时声势大震，众至 20 万人，占据淮口，威胁长安。第二年被唐将康承训等人率军镇压。在这样的情况下，懿宗依然沉湎淫乐，任用奸佞，好大喜功，国家政局更加恶化。

咸通十四年（公元 873 年），懿宗驾崩，宦官刘行深和韩文约拥立李儇（原名李俨）即位，是为僖宗。僖宗专好斗鸡打毬，鲜顾朝政。在位期间宠信宦官田令孜，并呼之为“阿父”，国家重大决策几乎都掌控在田令孜手中。这时盐价飙升，藩镇战火连绵，广大百姓在严重的土地兼并和繁重的赋税下生存危殆，终于酿成王仙芝、黄巢领导的农民大起义。公元 875 年，义军先后起兵豫、鲁，两军会合后攻破中原数州城池。其后，黄巢挥师南下，所过之处烧杀抢掠，并在广州大肆滥杀西域商人。因不适应岭南的气候，黄巢决意北伐，率军先后渡过长江、淮河。广明元年（公元 880 年）十一月，义军攻克长安，僖宗逃奔四川。黄巢在长安称帝，建立大齐政权，年号金统。后来，官军曾一度反攻入长安，但因不得民心而即日被义军赶出。公元 883 年，以朱全忠和沙陀人李克用为首的唐军夺回长安。次年，黄巢被手下杀害，起义以失败告终。此后，唐王朝国力更衰，宦官与藩镇之间再爆斗争，僖宗又被宦官田令孜挟持逃到凤翔，藩镇军队在长安大肆抢掠。文德元年（公元 888 年），僖宗暴疾驾崩，宦官杨复恭僖宗之弟李晔即位，是为昭宗。昭宗即位之初还有恢复之心，但藩镇势力早已坐大，加之昭宗提倡的改革失败，致使其意志日益消沉。天复三年（公元 903 年），昭宗被朱温挟持回京，后者还将宦官全部杀死。天祐元年（公元 904 年）正月，朱温不顾众大臣的反对迁都洛阳，长安宫室因此完全被毁。这年阴历八月，朱温谋杀了昭宗，立昭宗第九子李柷为帝，是为哀帝。此时哀帝完全成为朱温傀儡，唐王朝已名存实亡。天祐二年（公元 905 年），朱温大肆贬逐朝官，并全部杀死于白马驿，投尸黄河，史称“白马之祸”。天祐四年

---

[1] （北宋）司马光编著：《资治通鉴》卷 250。

(公元 907 年),朱温逼哀帝李柷禅位于己,改国号梁(史称后梁),至此唐王朝正式灭亡。

因此,晚唐诸帝、重臣在管理上皆无可称道。但是,正是在这样的背景下,形成了晚唐义军领袖黄巢的管理思想。黄巢领导了晚唐历时 10 年之久,纵横全国 12 个省的大规模农民起义战争,提出并在一定程度上实践了均平社会财富的经济管理思想,还在与唐王朝进行艰苦卓绝的战争过程中实践了他的军事管理思想,对后世管理思想的发展产生了相当的影响。

## 二、晚唐管理思想的代表人物

黄巢(?～公元 884 年),晚唐农民起义军领袖。曹州冤句(今山东曹县西北)人。其家富裕,善击剑骑射。粗通书记文簿,屡举进士不第,以贩卖私盐为业,为盐帮领袖。乾符二年(公元 875 年)初,王仙芝、尚让等人在长垣(今河南长垣东北)起义,晚唐农民起义战争爆发。五月,黄巢与同族兄弟、子侄黄揆和黄恩邺等 8 人募众数千响应,并很快与王仙芝义军会合,协同作战。

黄巢起初领导义军在山东、徐州、河南一带活动,攻占阳翟(今河南禹州)、郏城(今河南郏县)等 8 县;又陷汝州(今河南汝州),东都洛阳震动。乾符四年(公元 878 年)二月,黄巢率军攻陷郓州(今山东郓城),杀节度使薛崇。乾符五年(公元 879 年),王仙芝在黄梅(今湖北黄梅西北)兵败被杀,余部奔亳州(今安徽亳州)投靠黄巢,推黄巢为黄王,号“冲天大将军”(《新唐书·黄巢传》)[①],年号王霸。乾符六年(公元 880 年),黄巢军血洗泉州,劫杀富商万人,并挥兵入广东,攻占潮州,其后又攻克广州,控制岭南;但这一年春夏之际,岭南大疫,黄巢义军“士卒罗瘴疫死者什三四”,[②]于是十月又挥师北上。广明元年(公元 880 年)义军渡过淮河,年底攻下东都洛阳。入城后,军纪严明,闾里晏然。广明元年年底越潼关天险,十一月进入长安,黄巢即位于含元殿,国号大齐,年号金统。原唐朝官员,四品以下酌情留用,三品以上全部罢官。黄巢在长安执行严惩皇族、公卿的政策,唐宗室留长安者几无遗类。还没收富豪的财产,号称“淘物”,富室皆赤脚而行。次年,唐军曾一

① (北宋)欧阳修、宋祁撰:《新唐书》,中华书局 1975 年版,第 6453 页。

② (北宋)司马光编著:《资治通鉴》卷 253。

度攻入长安，义军暂时撤出，当夜反攻，将唐军赶出长安城。

但是，黄巢义军既未追击出逃的僖宗，也没有首先全力歼灭分镇关中的唐朝禁军，加之大齐政权缺乏必要的恢复经济的政策，除劫掠地主富豪之外，生产、财政均无着落。于是，双方力量对比逐渐发生了不利于义军的情况。关中地主豪族坚壁清野，大齐政权遂陷入严重的缺粮危机。中和二年（公元882年），大齐的同州（今陕西大荔）防御使朱温叛变降唐；沙陀族将领李克用应唐朝要求，率劲军南下。此时期，黄巢发现困守关中已很不利，于次年四月东撤，攻逼蔡州（今河南汝南），唐节度使秦宗权战败，投降黄巢。六月，义军开始围攻陈州（今河南淮阳）。守将顽抗，义军久攻不克，朱温和李克用又先后前来增援，黄巢遂于中和四年（公元884年）四月解围，逾汴而北，又遇到唐徐州节度使时溥的阻击，作战不利，最后退至狼虎谷（今山东莱芜西南），于六月十七日兵败自杀（一说为其甥林言所杀）。历时10年的晚唐农民起义战争至此结束。不久后，朱温代唐，唐王朝正式灭亡，历史进入五代十国时期。

## 三、晚唐管理思想的特点

在土地兼并极端严重，贫富差距巨大，民生危殆的晚唐，黄巢提出并在一定程度上实践了均平社会财富的主张，反映了广大中下层劳苦大众的要求，成为晚唐社会最具特点的管理思想。

“均平”思想并非黄巢首倡。早在先秦时期，“均平”就已作为一种比较重要的国家管理思想出现了。“均”是公平、齐平之意，与“不均”相反。先秦时期常以“不均”来针砭时事。《诗经·小雅·北山》云：“大夫不均，我从事独贤。”孔子曾将“不均”看作治国之大患。《论语·季氏篇》记载孔子对冉求、子路云：“有国有家者，不患寡而患不均，不患贫而患不安。盖均无贫，和无寡，安无倾。”杨伯峻认为孔子所谓“贫”、“均”以及“均无贫”，都是着眼于财富的，其意为“无论是诸侯或者大夫，不必着急财富不多，只须着急财富不均；不必着急人民太少，只需着急境内不安。若是财富平均，便无所谓贫穷；境内和平团结，便不会觉得人少；境内平安，便不会顷危。”[①] 可见孔子所说“均”属于经济范畴，是指财富分配的“均”。这一思想对后世的管理思想产生了极为深远的影响。

① 杨伯峻译注：《论语译注》，中华书局1980年版，第173页。

汉代以来，以土地占有不均为代表的社会财富分配不均愈趋严重，以及由此带来的赋役负担不均亦愈趋严重。自汉至唐，一些政治家和思想家论及“均平”思想的时候，更强调使土地占有和赋役分担“均平”，并提出了相应的政策措施。西汉中期，董仲舒《春秋繁露·度制篇》云：“孔子曰：‘不患贫而患不均。’故有所积重，则有所空虚矣。大富则骄，大贫则忧。忧则为盗，骄则为暴，此众人之情也。圣者则于众人之情，见乱之所从生。故其制人道而差上下也，使富者足以示贵而不至于骄，贫者足以养生而不至于忧。以此为度而调均之，是以财不匮而上下相安，故易治也。”[①] 提出“制人道而差上下”、“调均”贫富的管理思想。《三国志·武帝纪》记载，建安九年（公元 204 年）曹操平定河北后，下令“河北罗袁氏之难，其令无出今年租赋”，裴松之注引《魏书》曹操该令详文为：“有国有家者，不患寡而患不均，不患贫而患不安。袁氏之治也，使豪强擅恣，亲戚兼并；下民贫弱，代出租赋，炫鬻家财，不足应命。审配宗族，至乃藏匿罪人，为逋逃主。欲望百姓亲附，甲兵强盛，岂可得邪！其收田租亩四升，户出绢二匹、绵二斤而已，他不得擅兴发。郡国守相明检察之，无令强民有所隐藏，而弱民兼赋也。”[②] 即原则上每户租按亩定额，调则统一上缴定额的绢、绵。曹操以身作则，采取“平赀”之法，即评估家产来确定各户具体上缴调的数额的办法。《三国志·曹洪传》裴注引《魏略》云：“初，太祖为司空时，以己率下，每岁发调，使本县平赀。于时谯令平洪赀财与公家等，太祖曰：‘我家赀那得如子廉耶！’”[③] 这种“平赀”征调之法贯彻了曹操调均贫富的思想，即结合占有财富的多少分别承担相应的赋税。西魏时期，苏绰向宇文泰上奏作为国家管理大政方针的“六条诏书”，其六“均赋役”条云：“夫平均者，不舍豪强而征贫弱，不纵奸巧而困愚拙，此之谓均也。故圣人曰：‘盖均无贫’……租税之时，虽有大式，至于斟酌贫富，差次先后，皆事起于正长，而系之于守令。若斟酌得所，则政和而民悦；若检理无方，则吏奸而民怨。又差发徭役，多不存意。致令贫弱者或重徭而远戍，富强者或轻使而近防。守令用怀如此，不存恤民之心，皆王政之罪人也。”（《周书·苏绰传》）[④] 明确规定依据贫富状况来确定交纳赋税的多少、先后以及服役的轻重、

① （清）苏舆撰：《春秋繁露义证》，中华书局 1992 年版，第 227～228 页。

② （西晋）陈寿撰，（南朝·宋）裴松之注：《三国志》，中华书局 1959 年版，第 26 页。

③ （西晋）陈寿撰，（南朝·宋）裴松之注：《三国志》，中华书局 1959 年版，第 276 页。

④ （唐）令狐德棻等撰：《周书》，中华书局 1971 年版，第 390～391 页。

远近等。

唐代的均田令明确规定“凡给田之制有差”，然后根据丁男、中男、老男、笃疾、废疾、寡妻妾、道士、职事官、王公贵族等不同的受田对象，分别规定授予不同的永业田和口分田定额。(《唐六典·尚书户部》)[①] 贯彻了相对的平均思想。与此同时颁布的租庸调制建立在均田制的基础上，因为均田制的重要目的之一就是向均田农户课取租庸调，所以均田令中规定：“授田：先课役，后不课役；先无，后少；先贫，后富。”[②] 租庸调制以“田一顷”为计税对象来确定税率，贯彻了一种绝对平均的思想。中唐陆贽亦云：“国朝著令，赋役之法有三，一曰租，二曰调，三曰庸……丁男一人，授田百亩，但岁纳粟二石而已。言以公田假人，而收其租入，故谓之租。……每丁各随乡土所出，岁输若绢若绫若絁，共二丈，绵三两。其无蚕桑之处，则输布二丈五尺，麻三斤，以其据丁户，调而取之，故谓之调……每丁一岁定役二旬，若不役则收其庸，日准三尺，以其出绢而当庸直，故谓之庸。此三道者，皆宗本前哲之规模，参考历代之利害，其取法也远，其立意也深，其敛财也均，其域人也固，其裁规也简，其备虑也周。有田则有租，有家则有调，有身则有庸。天下为家，法制均一，虽欲转徙，莫容其奸。”[③] 但是，实施租庸调制的前提是丁男均占有田一顷，这在唐代许多时候都严重脱离土地占有不均的现实。

“安史之乱”后，均田制随着土地兼并愈演愈烈而受到严重破坏，贫富分化加剧，贯彻绝对平均思想的租庸调制已经完全无法推行下去了。建中元年(公元780年)，宰相杨炎改行两税法，纳税贯彻了“人无丁中，以贫富为差”的相对平均原则，符合了中唐时期土地占有和财富分配日益不均的大势，适应了社会历史发展的要求。但是，两税法在施行过程中遇到严重问题：两税法实施的前提是取消租庸调制及各项杂税的征收，只保留户税和地税，但地方上在推行两税法时并未废止租庸调及各项杂税。这导致两税法推行不久，赋役征调不均的现象重新严重起来，朝廷上下对“均平”的讨论主要集中在均税和均役，元稹的《同州奏均田状》就是这些讨论中的代表。元稹《同州奏均田状》云：“贞元四年检责，至今已是三十六年。其间人户逃移，田地荒废。又近河

---

① (唐)李林甫等撰：《唐六典》卷3，文渊阁四库全书影印本。

② (唐)长孙无忌等撰：《唐律疏议》，中华书局1983年版，第249页。

③ (清)董诰等编纂：《全唐文》卷465。

诸县，每年河路吞侵，沙苑侧近，日有沙砾填掩，百姓税额已定，皆是虚额征率。其间亦有豪富兼并，广占阡陌，十分田地，才税二三。致使穷独逋亡，赋税不办，州县转破，实在于斯。臣自到州，便欲遣官检量，又虑疲人烦扰。昨因农务稍暇，臣遂设法各令百姓自通手实状，又令里正、书手等傍为稳审，并不遣官吏擅到村乡。百姓等皆知臣欲一例均平，所通田地，略无欺隐。臣便据所通，悉与除去逃户荒地及河侵沙掩等地，其余见定顷亩，然取两税元额地数，通计七县沃瘠，一例作分抽税。自此贫富强弱，一切均平，征敛赋租，庶无逋欠。"[①] 元稹的做法是让百姓自报田亩实状，再将该州两税的地税旧定额，"通计七县沃瘠，一例作分抽税。自此贫富强弱，一切均平"，可见其"均平"目标仍然是使赋税负担相对平均。

综上所述均平思想的发展，结合晚唐土地兼并极端严重，贫富差距巨大，赋役分担严重不均的社会背景，黄巢在领导唐末农民大起义过程中提出并在一定程度上贯彻实施的"均平"这一思想主张，其主要内容应该包括反对土地兼并，反对财产占有极度不均，反对赋役分担极度不均而导致的沉重剥削，要求实现包括土地在内的财产占有的均平。这一"均平"思想，不仅具有相对均平的内涵，也带有绝对均平的理想色彩，体现了晚唐劳苦大众的现实要求和美好愿望。

## 第二节　黄巢的管理思想

黄巢领导的晚唐农民起义军，10 年之中转战全国 12 个省，写下了在中国农民战争史上的光辉篇章。这场起义战争沉重打击了唐王朝的统治，削弱了藩镇势力，打破了原先中央与藩镇之间、藩镇相互之间的均势。黄巢提出了均平社会财富的主张，建立了革命政权，标志着中国古代史上农民起义战争发展到一个新的阶段，对后世农民斗争产生了深远影响。

### 一、军事管理

黄巢在领导义军南北征战的过程中，在军事上审时度势，主要采用流动作

---

① （唐）元稹撰：《元稹集》，中华书局 1982 年版，第 435 页。

战的形式，并根据形势需要和敌我力量对比自如选择防御，或进攻的策略。

唐僖宗乾符二年（公元 875 年）初，王仙芝、黄巢领导的农民起义在河南、山东一带爆发，到乾符六年（公元 879 年）夏攻占广州，在这约 4 年又 2 个月的时间里，黄巢根据义军力量较弱，战争经验不足，而官军较为强大的现实，选择了避免同敌人硬拼，实行流动作战的积极防御策略。乾符五年（公元 878 年）王仙芝战死，黄巢被将士拥戴为黄王，号“冲天大将军”。面对此时来势较强的官军的围剿，加之王仙芝旧将王重隐又攻陷了洪州，转战于湖南，黄巢决定采取避实击虚的指导思想，采用流动作战、积极防御的战略战术。他亲自率领 10 万大军，避开官军势力强大的中原，长驱南下。黄巢义军渡淮而南，横渡长江天险，接连攻下了虔、吉、饶、信等州。乾符五年八月，黄巢率军攻宣州，在南陵为官军所败，于是进入浙东，经婺州至衢州，然后攻入福建。同年十二月攻下福州。乾符六年九月，攻占广州。不久，占领整个岭南。在此期间，黄巢义军队伍发展到数十万人，积极防御战略基本成功。

乾符六年十月，黄巢率领义军从岭南出发，开始北伐，到广明元年（公元 880 年）十二月底攻下长安，这一年多的时间是义军处在战略进攻，官军处于防守的阶段。为了推翻唐王朝，黄巢根据义军力量的增强，实施了进攻战略，挥师北伐，攻占唐都长安。黄巢在出发前发布文告：“露表告将入关，因诋宦竖柄朝，垢蠹纪纲，指诸臣与中人赂遗交构状，铨贡失才，禁刺史殖财产，县令犯赃者族，皆当时极敝。”（《新唐书·黄巢传》）[①] 这篇文告反映了晚唐社会的弊政，提出义军“禁刺史殖财产，县令犯赃者族”的政策，赢得了民心。于是乾符六年十月，黄巢率数十万大军从桂州出发，顺利攻下永州、衡州、潭州、澧州、江陵。广明元年上半年，转战江南，连克饶、信、婺、睦、歙等十五州，“众至二十万”（《新唐书·黄巢传》），声势浩大。五月，黄巢在信州会战中斩杀唐将张潾，全歼官军。六月，义军攻克宣州。七月，从采石强渡长江，“围天长、六合，兵势甚盛”[②]。九月，义军渡淮，“陷申州，遂入颍、宋、徐、兖之境”[③]。十一月，义军攻入汝州，黄巢向诸道官军发布文牒，称：“各宜守垒，勿犯吾锋！吾将入东都，即至京邑，自欲问罪，无预众人。”[④] 欲利

① （北宋）欧阳修、宋祁撰：《新唐书》，中华书局 1975 年版，第 6455 页。

②③ （北宋）司马光编著：《资治通鉴》卷 253。

④ （北宋）司马光编著：《资治通鉴》卷 254。

用唐中央与藩镇的矛盾，分化瓦解官军。十一月十七日，黄巢率领 60 万大军功陷东都洛阳，“留守刘允章帅百官迎谒。巢入城，劳问而已，闾里晏然”。[①]黄巢并未久留东都，随即率军西向，于年底突破潼关天险，攻下了唐都长安。僖宗和宦官田令孜南逃成都。“金吾大将军张直方帅文武数十人迎巢于霸上。巢乘金装肩舆，其徒皆被发，约以红缯，衣锦绣，执兵以从，甲骑如流，辎重塞涂，千里络绎不绝。民夹道聚观”，并派人晓谕百姓云：“黄王起兵，本为百姓，非如李氏不爱汝曹，汝曹但安居毋恐。”义军在长安大杀官吏、富豪，“杀唐宗室在长安者无遗类”，劫掠他们的财产，分给下层贫民。[②]广明元年十二月十三日（公元 881 年 1 月 16 日），黄巢在长安建立大齐政权，年号金统。黄巢的进攻策略取得了重大胜利。

从广明元年底义军攻占长安，到中和三年（公元 883 年）四月第二次退出长安的两年零五个月的时间，是黄巢义军与官军的相持阶段。为了巩固大齐政权，黄巢义军在长安严厉镇压唐朝皇族、大官僚、大地主及一些顽固仇视义军的敌对分子，唐原宰相豆卢缘、崔亢、左仆射于宗、右仆射刘邺、太子少师裴谂、御史中丞赵蒙、刑部侍郎李溥、京兆尹李汤等大臣，均被捕获处决。表面归降义军，暗中多纳亡命的张直方等贵族官僚被镇压。晚唐诗人韦庄形象记述了当时的情景：“天街踏尽公卿骨，府库烧为锦锈灰。”（《秦妇吟》）同时，官军组织全国力量进行了大规模反扑。为了击败官军对长安的进攻，黄巢实行了主动进攻和主动退却的策略。针对官军的反扑，黄巢审时度势，先向他们主动进攻：以朱温为东南面行营都虞侯，率兵攻陷邓州，阻止荆、襄官军北上；又命尚让、王播率军进攻凤翔，但该路军由于尚让轻敌而被官军打败。广明元年四月，官军渐逼长安。为了更有效地打击官军，黄巢率领义军不动声色撤出长安，以退为进。由于官军进入长安城后大肆抢掠，军纪大乱。夜宿灞上的黄巢当机立断，趁夜回师攻城。官军猝不及防，慌忙弃城逃走。在这互有攻守的相持阶段中，黄巢率军不畏强敌，实行防御和进攻相结合的策略。中和元年（公元 881 年）六月，派遣王播围攻兴平，击败了唐邠宁节度使朱攻。八月，命李详击败唐昭义节度使高浔，收复华州。十一月，孟楷、朱温进攻富平，唐邠、夏二军败归本道。中和二年（公元 882 年）二月，朱温再次攻占同州。至此，黄巢两次粉碎了官军对长安的进攻，捍卫了大齐政权。虽然黄巢义军在相持阶

①② （北宋）司马光编著：《资治通鉴》卷 254。

段多次取得胜利，但战争形势却日趋严峻：在长时间相持的拉锯战中，义军数十万人困在长安孤城，粮食供应、兵员补充遭遇严重困难，甚至出现了“一斗黄金一斗粟，尚让厨中食木皮”（韦庄《秦妇吟》）的严重情况。一些地主武装“入深山筑栅自保”，“农事俱废，长安城中斗米直三十缗”。[①] 加之义军又长期惯于流动作战，往往是攻下城池之后不久又丢弃，像东都洛阳这样的经济、军事重镇也不留兵驻守。在这个危急关头，更为严重的是中和二年九月义军主力之一的朱温军心不稳，变节降唐，致使义军力量大为削弱。因此，从中和三年（公元 883 年）正月开始，当诸路官军云集长安，向义军发起总攻时，形势便急转直下。四月，唐军又一次攻入长安，义军坚阵拒战，顽强抵抗，终因不能坚持撤出长安。至此，黄巢义军与唐军的战略相持阶段结束。

从中和三年四月义军退出长安，至中和四年（公元 884 年）六月黄巢牺牲于泰山狼虎谷的一年多时间，是黄巢义军的战略撤退阶段。黄巢率军撤出长安，开始悲壮的战略大撤退。中和三年五月，黄巢命孟楷率军奔袭蔡州，唐蔡州节度使秦宗权战败投降。接着孟楷又进攻陈州，反被陈州刺史赵犨袭杀。六月，黄巢为替孟楷报仇，与秦宗权合兵围攻陈州。至中和四年三月，黄巢“围陈州几三百日”，“大小数百战”，始终未能攻下陈州，遂解围撤退[②]。五月，在李克用率领的沙陀兵支援下，官军势力大增。当黄巢率军从中牟北汴河王满渡口渡河时，李克用乘势袭击，义军大败，尚让、李谠等人投降官军。黄巢于是率军向北转移，在封丘与李克用追兵激战失利，于是继续东走。六月，黄巢在瑕丘与官军李师悦、尚让部激战，终因寡不敌众，战败，退至泰山狼虎谷自刎死。至此，黄巢领导的晚唐农民起义战争悲壮谢幕。

## 二、经济管理

在土地兼并严重，赋役负担严重不均，社会贫富差距巨大的晚唐，黄巢领导的农民大起义沉重打击了唐王朝的统治，提出了“均平”社会财富的管理思想。这一思想主要表现为限制土地兼并，反对沉重的赋役剥削，要求均平社会财富的主张。尽管由于史料阙如，不能深入考察黄巢“均平”思想的详细内容。但是，现存史料确实表明，黄巢领导的晚唐农民起义战争期间实践了“均

① （北宋）司马光编著：《资治通鉴》卷 254。

② （北宋）司马光编著：《资治通鉴》卷 255。

平”思想，而且从唐代社会思想发展的历史逻辑分析，亦可了解这一思想的大致。

乾符二年（公元 875 年），黄巢率众数千人响应王仙芝起义，“与仙芝攻剽州县，横行山东，民之困于重敛者争归之，数月之间，众至数万”。[①] 黄巢之所以响应王仙芝起义，是因为他们有着共同的斗争目标。王仙芝起义后以“天补均平大将军兼海内诸豪帅都统”的名义传檄诸道，“言吏贪沓，赋重，赏罚不平”（《新唐书·黄巢传》）。[②] 反对沉重的赋敛，正是黄巢和王仙芝共同的斗争目标，也是广大下层民众的迫切愿望。可见，反对沉重的赋税剥削，反对赋役负担的严重不均，是黄巢“均平”思想的重要内容。

黄巢指挥义军占领了广州后，因为形势需要即将北伐，在出发前他向全国发布文告：“露表告将入关，因诋宦竖柄朝，垢蠹纪纲，指诸臣与中人赂遗交构状，铨贡失才，禁刺史殖财产，县令犯赃者族，皆当时极敝。”（《新唐书·黄巢传》）[③] 文告清楚地说明义军的斗争目标是晚唐宦官专权、官吏贪暴、贿赂公行、纲纪败坏、选举不公等弊政，并提出了“禁刺史殖财产，县令犯赃者族”的政策。在古代宗法地主阶级专制社会中，人们最主要的财产是土地，“禁刺史殖财产”实际就是禁止以刺史为代表的官僚地主们大量占有包括土地在内的各种社会财富。可见，限制土地兼并，反对财产占有极度不均，是黄巢“均平”思想的又一项重要内容。

黄巢义军攻占长安后，用实际行动实践了“均平”思想。黄巢部将尚让对“夹道聚观”的民众说：“黄王起兵，本为百姓，非如李氏不爱汝曹，汝曹但安居毋恐。”其部下见贫者“往往施与之”。[④] 义军在长安，“缚箠居人索财，号‘淘物’。富家皆跣而驱……捕得官吏悉斩之，火庐舍不可赀，宗室侯王屠之无类矣”（《新唐书·黄巢传》）。[⑤] 晚唐宰相郑畋曾说黄巢义军“广侵田宅，滥渎货财”（《旧唐书·郑畋传》）。[⑥] 可知，义军在长安劫富济贫，没收官僚地主的土地、财货，施与贫穷百姓，这些都说明黄巢义军确实实践了“均平”思想。

黄巢在领导晚唐农民起义战争的过程中提出的“均平”思想，是古代社会

---

①④　（北宋）司马光编著：《资治通鉴》卷 254。

②　（北宋）欧阳修、宋祁撰：《新唐书》，中华书局 1975 年版，第 6451 页。

③　（北宋）欧阳修、宋祁撰：《新唐书》，中华书局 1975 年版，第 6455 页。

⑤　（北宋）欧阳修、宋祁撰：《新唐书》，中华书局 1975 年版，第 6458 页。

⑥　（后晋）刘昫撰：《旧唐书》，中华书局 1975 年版，第 4635 页。

思想发展的历史必然，反映了广大劳苦大众的迫切要求和愿望，也成为动员广大下层民众起来反抗剥削和压迫的重要思想武器。黄巢起义能够发展成为规模空前、声势浩大的农民战争，义军能够在10年之中转战全国12个省份，并建立了大齐政权，应该说黄巢提出的“均平”思想，并在其力所能及的范围内将其付诸实践，是一个重要的推动力。

# 参考文献


1. （西汉）司马迁撰：《史记》，中华书局 1959 年版。
2. （东汉）班固撰：《汉书》，中华书局 1962 年版。
3. （南朝·宋）范晔撰：《后汉书》，中华书局 1965 年版。
4. （西晋）陈寿撰：《三国志》，中华书局 1959 年版。
5. （北宋）司马光编著：《资治通鉴》，中华书局 1956 年版。
6. （唐）房玄龄等撰：《晋书》，中华书局 1974 年版。
7. （梁）沈约撰：《宋书》，中华书局 1974 年版。
8. （梁）萧子显撰：《南齐书》，中华书局 1972 年版。
9. （唐）姚思廉撰：《梁书》，中华书局 1973 年版。
10. （唐）姚思廉撰：《陈书》，中华书局 1972 年版。
11. （北齐）魏收撰：《魏书》，中华书局 1974 年版
12. （唐）李百药撰：《北齐书》，中华书局 1972 年版。
13. （唐）令狐德棻撰：《周书》，中华书局 1971 年版。
14. （唐）魏徵等撰：《隋书》，中华书局 1973 年版。
15. （唐）李延寿撰：《南史》，中华书局 1975 年版。
16. （唐）李延寿撰：《北史》，中华书局，1974 年版。
17. （后晋）刘昫等撰：《旧唐书》，中华书局 1975 年版。
18. （北宋）欧阳修、宋祁撰：《新唐书》，中华书局 1975 年版。
19. （北宋）薛居正撰：《旧五代史》，中华书局 1976 年版。
20. （北宋）欧阳修撰：《新五代史》，中华书局 1974 年版。
21. （元）脱脱撰：《宋史》，中华书局 1985 年版。
22. （唐）长孙无忌等撰：《唐律疏议》，刘俊文点校，中华书局 1983 年版。
23. （唐）李林甫等撰：《唐六典》，文渊阁四库全书影印本。

24.（唐）张鷟撰：《朝野佥载》，文渊阁四库全书影印本。

25. 无名氏辑录：《李卫公问对》，文渊阁四库全书影印本。

26.（唐）杜佑撰：《通典》，中华书局 1988 年版。

27.（唐）吴兢撰：《贞观政要》，骈宇骞、骈骅译，中华书局 2009 年版。

28.（唐）皮日休著：《皮子文薮》，萧涤非、郑庆笃整理，上海古籍出版社 1981 年版。

29.（唐）李吉甫撰：《元和郡县图志》，中华书局 1983 年版。

30.（唐）温大雅撰：《大唐创业起居注》，上海古籍出版社 1983 年版。

31.（五代）王定保著：《唐摭言》，中华书局 1959 年版。

32.（唐）韩愈撰：《韩昌黎文集校注》，马其昶校注，马茂元整理，上海古籍出版社 1986 年版。

33.（唐）元稹撰：《元稹集》，中华书局 1982 年版。

34.（北宋）钱易撰：《南部新书》，黄寿成校点，中华书局 2002 年版。

35.（北宋）王溥撰：《唐会要》，中华书局 1998 年版。

36.（唐）段成式著：《酉阳杂俎》，齐鲁书社 2007 年版。

37.（清）严可均校辑：《全上古三代秦汉三国六朝文》，中华书局 1958 年版。

38.（清）董诰等编：《全唐文》，上海古籍出版社 1990 年版。

39.（北宋）王钦若等编纂：《册府元龟》，中华书局 1989 年版。

40.（北宋）宋敏求编：《唐大诏令集》，洪丕谟、张伯元等点校，学林出版社 1992 年版。

41. 中国人民解放军军事科学院战争理论研究部《孙子》注释小组注：《孙子兵法新注》，中华书局 1977 年版。

42. ［日］高楠顺次南、渡边海旭等编纂：《大正新修大藏经》（简称《大正藏》），（台北）财团法人佛陀教育基金会出版部 1990 年版。

43.（南宋）叶适撰：《叶适集》，刘公纯等点校，中华书局 1961 年版。

44.（清）赵翼著：《廿二史札记校正》，中华书局 1984 年版。

45. 周振甫译注：《周易译注》，中华书局 1991 年版。

46. 陈鼓应著：《老子注释及评介》，中华书局 1984 年版。

47. 杨伯峻译注：《论语译注》，中华书局 1980 年版。

48. 龚贤编著：《〈论语〉今读》，中央编译出版社 2011 年版。

49. 梁启雄著：《荀子简释》，中华书局 1983 年版。

50. （清）孙希旦著：《礼记集解》，中华书局 1989 年版。

51. 楼宇烈校释：《王弼集校释》，中华书局 1980 年版。

52. 周一良著：《周一良集》，辽宁教育出版社 1998 年版。

53. 王仲荦著：《魏晋南北朝史》，上海人民出版社 1980 年版。

54. 唐长孺著：《魏晋南北朝隋唐史三论》，武汉大学出版社 1993 年版。

55. （清）王夫之撰：《读通鉴论》，中华书局 1975 年版。

56. 陈寅恪著：《唐代政治史略稿》，上海古籍出版社 1988 年版。

57. 岑仲勉著：《隋书求是》，商务印书馆 1958 年版。

58. ［英］崔瑞德编：《剑桥中国隋唐史》，中国社会科学院历史研究所、西方汉学研究课题组译，中国社会科学出版社 1990 年版。

59. ［日］池田温著：《中国古代籍帐研究》，中华书局 1987 年版。

60. 吕思勉著：《隋唐五代史》，上海古籍出版社 2005 年版。

61. 张国刚著：《佛学与隋唐社会》，河北人民出版社 2002 年版。

62. 韩国磐著：《隋唐五代史纲》，人民出版社 1979 年版。

63. 苏东水著：《东方管理》，山西经济出版社 2003 年版。

64. 胡寄窗著：《中国经济思想史》（上、中、下），上海人民出版社，上、中册 1978 年版，下册 1981 年版。

65. 何炼成著：《中国经济管理思想史》，复旦大学出版社 1990 年版。

66. 吴照云主编：《中国管理思想史》，经济管理出版社 2012 年版。

67. 吴照云编著：《战略管理》，中国社会科学出版社 2008 年版。

68. 吴照云著：《管理学通论》，中国社会科学出版社 2007 年版。

69. 方宝璋著：《宋代经济管理思想与当代经济管理》，中国言实出版社 2008 年版。

70. 方宝璋著：《宋代管理思想：基于政策工具视角的研究》，经济管理出版社 2011 年版。

71. 赵靖著：《中国经济思想通史》，北京大学出版社 1997 年版。

72. 叶世昌著：《古代中国经济思想史》，复旦大学出版社 2003 年版。

73. 周三多著：《管理学》，复旦大学出版社 1999 年版。

74. 阎世富著：《东方管理学》，中国国际广播出版社 1999 年版。

75. 李斌城著：《中国古代思想史·隋唐五代卷》，广西人民出版社 2006

年版。

76. 景蜀慧、孔毅著：《中国古代思想史·魏晋南北朝卷》，广西人民出版社 2006 年版。

77. 张岂之主编：《中国思想学说史·魏晋南北朝卷》，广西师范大学出版社 2008 年版。

78. 张岂之主编：《中国思想学说史·隋唐卷》，广西师范大学出版社 2008 年版。

79. 杨随平著：《中国古代官员选任与管理制度研究》，中国社会出版社 2010 年版。

80. 周远成著：《和谐境界与人才发展：大成管理学研究》，中央文献出版社 2007 年版。

81. 周远成著：《大成管理哲学与〈老子〉今说——文史哲管会通实践》，中国言实出版社 2010 年版。

82. 周书俊著：《先秦管理思想中的人性假设》，经济管理出版社 2011 年版。

83. 钟尉著：《兵家战略管理》，经济管理出版社 2011 年版。

84. 龚贤著：《秦汉管理思想》，经济管理出版社 2010 年版。

85. 孙文学、刘佐主编：《中国赋税思想史》，中国财政经济出版社 2005 年版。

86. 刘泽华著：《中国古代政治思想史》，南开大学出版社 2001 年版。

87. 张分田著：《民本思想与中国古代政治思想》，南开大学出版社 2009 年版。

88. 陶希圣著：《中国政治思想史》，中国大百科全书出版社 2009 年版。

89. 葛兆光著：《中国思想史》，复旦大学出版社 2009 年版。

90. 孙培青主编：《中国教育管理史》，人民教育出版社 1996 年版。

91. 张文昌、于维英编著：《东西方管理思想史》，清华大学出版社 2007 年版。

92. 陆进、孙晔著：《中国传统管理思想概论》，中国书籍出版社 2008 年版。

93. 张晋光著：《安史之乱对唐代经济发展影响研究》，中国财政经济出版社 2008 年版。

94. 赵云旗著:《唐代土地买卖研究》,中国财政经济出版社 2002 年版。

95. 黄正建著:《中晚唐社会与政治研究》,中国社会科学出版社 2006 年版。

96. 张安福著:《历代新疆屯垦管理制度发展研究》,中国农业出版社 2010 年版。

97. 王永兴著:《唐代经营西北研究》,兰州大学出版社 2010 年版。

98. 王永兴著:《唐代前期军事史论稿》,昆仑出版社 2003 年版。

99. 张剑光著:《唐五代江南工商业布局研究》,江苏古籍出版社 2003 年版。

# 后 记

世间万物皆因缘而生，近年来我将主要精力投入思想史的研究也不例外。多年从事中国古代文学研究的经历，让我认识到各种文学现象的产生、发展必然有着社会思想的深刻原因，因为文学不仅是情感和生活的载体，也是思想的载体。因此在文学研究中，我时常关注思想史的发展。一个人的学术道路，在夯实了必要的基础之后，就不应有太多的拘限。不仅兴趣会与时迁移，不同学科需要交叉、创新，而且人的思想、发展应该有自由。

本著作完成，首先要感谢江西财经大学副校长、博士生导师吴照云教授。人是不能置身世外的，工作于江西财经大学这样一所以财经、管理类学科为主的学术氛围中，自然受到沾溉。为了系统整理中国管理思想，建构兼容中西的中国管理学理论体系，服务于当代中国乃至世界各国的管理实践，江西财经大学副校长、博士生导师吴照云教授领导的“中国管理思想”研究团队近年来一直努力工作着。因此，谨承吴校长的谆谆教导，侧身于该团队之中，撰成这本《隋唐管理思想》。

其次，感谢江西财经大学经济史首席教授、博士生导师方宝璋老师。方老师在百忙之中抽时间审阅本书稿件，并提出了重要的修改意见。我参考他的意见进一步修改，使相关内容提高不少。方教授还为本书撰写序言，颇为谬赞，我将视之为勉励上进之语。感谢本团队的师友们，每次讨论都能倾其所有，不同见解之间相互激荡启发，助推相关研究取得进展。

本著在撰写过程中，参考了一些先达时彦的研究成果，都在注释或参考文献中标明。谨此向相关学者致以诚谢。由于水平所限和资料阙如，书中不足、疏漏之处定然有之，冀方家通儒不吝赐教。

仰观宇宙之大，俯察品类之盛，思此水木华年，屡兴凡生碌碌之叹。劳顿之余，每与稚子相戏，时品春秋万有，其景采采，其乐怡然。辛卯冬书稿撰毕，恰值残雪几净，即占小诗一首，名之曰《冬咏晴雪》，附此以志：

古木叠金三尺三，
麦光溢浪岭新峦。
万里来龙明天际，
融时霏雪丽江南。

龚贤